Gütersloher Taschenbücher / Siebenstern 617

Sören Kierkegaard
Gesammelte Werke

Herausgegeben von
Emanuel Hirsch und Hayo Gerdes

---

19. Abteilung

Sören Kierkegaard

Der Liebe Tun

Band 2

Etliche christliche Erwägungen
in Form von Reden

Zweite Folge

Gütersloher Verlagshaus
Gerd Mohn

CIP-Kurztitelaufnahme der Deutschen Bibliothek

Kierkegaard, Søren:
Gesammelte Werke / Sören Kierkegaard. Hrsg. von
Emanuel Hirsch u. Hayo Gerdes. – Gütersloh:
Gütersloher Verlagshaus Mohn
Teilw. ohne Angabe d. Hrsg.
NE: Hirsch, Emanuel [Hrsg.]; Kierkegaard,
Søren: [Sammlung ⟨dt.⟩]
Abt. 19. der Liebe Tun / [aus d. Dän. übers. von
Hayo Gerdes].
Bd. 2. Etliche christliche Erwägungen in Form
von Reden: 2. Folge. – 1983.
(Gütersloher Taschenbücher Siebenstern; 617)
ISBN 3-579-00617-7

NE: GT

ISBN 3-579-00617-7

Lizenzausgabe mit freundlicher Genehmigung
des Eugen Diederichs Verlages, Köln und Düsseldorf

Gesamtherstellung: Clausen & Bosse, Leck
Umschlagentwurf: Dieter Rehder, Aachen
Printed in Germany

Aus dem Dänischen übersetzt
von Hayo Gerdes

INHALTSVERZEICHNIS

Der Liebe Tun.
Etliche christliche Erwägungen in Form von Reden.
Zweite Folge.

Titelblatt 227
Inhalt 229
Vorwort 231

I. Liebe erbaut 233
II. Liebe glaubet alles – und wird doch niemals betrogen 250
III. Liebe hoffet alles – und wird doch niemals zu Schanden 272
IV. Liebe suchet nicht ihr Eigenes 292
V. Liebe deckt der Sünden Mannigfaltigkeit 309
VI. Liebe bleibt 331
VII. Barmherzigkeit, ein Tun der Liebe, selbst wenn sie nichts geben kann, und nichts zu tun vermag 347
VIII. Der Sieg der Versöhnlichkeit in Liebe, welche den Überwundenen gewinnt 364
IX. Der Liebe Tun, eines Verstorbenen zu gedenken 378
X. Der Liebe Tun, die Liebe anzupreisen 393

Schluß 411

Anhang

A. Aus den Entwürfen 427
B. Tagebuchaufzeichnungen Kierkegaards zu „Der Liebe Tun" . . . 439

Anmerkungen des Übersetzers I

DER LIEBE TUN

Etliche christliche Erwägungen
in Form von Reden
von
S. KIERKEGAARD

Zweite Folge

Kopenhagen
1847

Dän. Titel (SV IX, 195): Kjerlighedens Gjerninger.
Nogle christelige Overveielser i Talers Form af S. Kierkegaard.
Anden Følge. Kjøbenhavn. Angabe von Verlag und Druckerei. 1847.

INHALT

I. Liebe erbaut 233

II. Liebe glaubet alles - und wird doch niemals betrogen . . . 250

III. Liebe hoffet alles – und wird doch niemals zu Schanden . . 272

IV. Liebe suchet nicht ihr Eigenes 292

V. Liebe deckt der Sünden Mannigfaltigkeit 309

VI. Liebe bleibt 331

VII. Barmherzigkeit, ein Tun der Liebe, selbst wenn sie nichts geben kann, und nichts zu tun vermag 347

VIII. Der Sieg der Versöhnlichkeit in Liebe, welche den Überwundenen gewinnt 364

IX. Der Liebe Tun, eines Verstorbenen zu gedenken 378

X. Der Liebe Tun, die Liebe anzupreisen 393

VORWORT IX 199

Diese christlichen Erwägungen, welche die Frucht vieler Erwägung sind, wollen langsam verstanden werden, aber dann auch leicht, während sie freilich sehr schwierig werden dürften, wenn sie jemand sich durch flüchtiges und neugieriges Lesen sehr schwierig macht. „Jener Einzelne", der zuerst bei sich selbst erwägt, ob er lesen will oder nicht lesen will, er erwäge — falls er dann zu lesen wählt — er erwäge liebevoll, ob nicht doch die Schwierigkeit und die Leichtigkeit, wenn man sie bedachtsam zusammen auf die Waagschale legt, sich richtig zueinander verhalten, so daß das Christliche nicht mit falschem Gewicht ausgegeben wird, indem entweder die Schwierigkeit oder die Leichtigkeit zu groß gemacht wird.

Es sind „christliche Erwägungen", deshalb handeln sie nicht von — „der Liebe", sondern von — „der Liebe Tun".

Es ist „der Liebe Tun", nicht als sei nun hiermit all ihr Tun aufgezählt und beschrieben, o weit entfernt; nicht als sei selbst das einzelne beschriebene Tun jetzt ein für allemal beschrieben, gottlob, bei weitem nicht! Was in seinem ganzen Reichtum *wesentlich* unerschöpflich ist, das ist auch in seinem geringsten Tun *wesentlich* unbeschreibbar, eben weil es wesentlich überall ganz zugegen ist, und *wesentlich* nicht beschrieben werden kann.

S. K.

I IX 201

Liebe erbaut

1. Kor. VIII, 1. *Aber die Liebe erbaut*

Alle menschliche Rede vom Geistigen, selbst die fromme Rede der Heiligen Schrift, ist wesentlich übertragene Rede; und das ist ganz in seiner Ordnung, oder in der Ordnung der Dinge und des Daseins, da der Mensch, wenn er auch vom Augenblick der Geburt an Geist ist, sich seiner doch erst später als Geist bewußt wird, und dergestalt einen bestimmten Abschnitt vorher sinnlich-seelisch durchlebt hat. Aber dieser erste Abschnitt soll dann nicht verworfen werden, wenn der Geist erwacht, ebensowenig wie das Erwachen des Geistes sich auf eine sinnliche oder sinnlich-seelische Weise ankündigt im Gegensatz zu dem Sinnlichen und Sinnlich-Seelischen. Dieser erste Abschnitt muß gerade vom Geist übernommen werden, und derart benutzt derart zu Grunde gelegt, wird er das Übertragene. Der geistige und der sinnlich-seelische Mensch sagen deshalb in gewissem Sinne das gleiche; dennoch ist da ein unendlicher Unterschied, da der letzte das Geheimnis des übertragenen Worts nicht ahnt, während er doch das gleiche Wort gebraucht, aber nicht übertragen. Es ist ein weltweiter Unterschied zwischen den beiden; der eine hat den Übergang gemacht oder hat sich auf jene Seite *hinübertragen* lassen, während der andere auf dieser Seite bleibt; dennoch ist das Verbindende zwischen ihnen, daß beide das gleiche Wort gebrauchen. Derjenige, in welchem der Geist erwacht ist, verläßt ja deshalb nicht die sichtbare Welt, er ist noch ständig, obwohl er sich seiner als Geist bewußt ist, in der Welt des Sichtbaren und ist selber sinnlich sichtbar: ebenso bleibt er auch
innerhalb der Sprache, nur daß seine Sprache die übertragene ist; IX 202
aber das übertragene Wort ist ja kein nagelneues Wort, es ist viel-

mehr das bereits gegebene Wort. Wie der Geist unsichtbar ist, so ist auch seine Sprache ein Geheimnis, und das Geheimnis liegt eben darin, daß er die gleichen Worte gebraucht wie das Kind und der Einfältige, sie aber übertragen gebraucht, wodurch der Geist verneint, daß er das Sinnliche oder Sinnlich-Seelische sei, es aber nicht auf eine sinnliche oder sinnlich-seelische Weise verneint. Der Unterschied ist keineswegs von äußerlich auffallender Art. Wir halten es eben deshalb mit Recht für ein Zeichen falscher Geistigkeit, wenn man mit dem äußerlich auffallenden Unterschied prunkt — was gerade Sinnlichkeit ist, wogegen das Wesen des Geistes das stille, flüsternde Geheimnis des Übertragenen ist — für den, der Ohren hat zu hören.

Einer der übertragenen Ausdrücke, welche die Heilige Schrift am häufigsten gebraucht, oder eines der Worte welche die Heilige Schrift am häufigsten übertragen gebraucht, ist das Wort: e r b a u e n. Und es ist bereits — ja, es ist so erbaulich zu sehen, wie die Heilige Schrift dieses einfachen Wortes nicht müde wird, wie sie nicht geistreich nach Abwechslung und neuen Wendungen trachtet, sondern vielmehr, wie es das wahre Wesen des Geistes ist, den Gedanken erneuert mit dem selbigen Wort! Und es ist — ja, es ist so erbaulich zu sehen, wie die Schrift mit dem einfachen Wort das Höchste bezeichnen kann und zwar auf die innerlichste Weise; es ist fast[172] wie jenes Wunder der Speisung[173] mit dem geringen Vorrat, der dennoch durch die Segnung reichlich genügte und Überfluß zurückließ! Und es ist — ja, es ist erbaulich, wenn es jemandem gelingt, anstatt geschäftig neue Entdeckungen zu machen, die geschäftig das Alte verdrängen sollen, wenn es ihm gelingt, durch demütige Begnügung mit dem Schriftwort, durch dankbare und innerliche Aneignung des von den Vätern Überlieferten, eine neue Bekanntschaft zu stiften mit dem — alten Bekannten. Als Kinder haben wir wohl alle oft Verkleiden gespielt: wahrlich, eben dies ist Ernst, im geistigen Sinne jenen im Ernst erbaulichen Scherz fortsetzen zu können, daß man mit dem alten Bekannten Verkleiden spielt.

„Erbauen“ ist ein übertragener Audruck, doch wollen wir jetzt, mit diesem Geheimnis des Geistes im Sinn, sehen, w a s d i e s e s W o r t i n u n m i t t e l b a r e r R e d e b e z e i c h n e t. „Erbauen“ ist gebildet aus „bauen“ und der Vorsilbe „er“, auf welcher also der Nachdruck liegen muß. Jeder, der erbaut, baut; aber nicht

jeder, der baut, erbaut. Wenn dergestalt ein Mann an sein Haus einen Flügel anbaut, so sagt man nicht, daß er einen Flügel erbaue, sondern daß er *an*baue. Jenes „er“ scheint also die Richtung in die Höhe, die Richtung nach oben anzugeben. Doch ist das auch nicht IX 203
der Fall. Wofern dergestalt ein Mann ein Gebäude, das dreißig Ellen hoch ist, noch zehn Ellen höher führt, so sagen wir doch nicht, daß er das Haus zehn Ellen höher erbaue, wir sagen, daß er *an*baue. Hier beginnt die Bedeutung des Wortes schon erkennbar zu werden; denn es erhellt, daß es doch auch nicht auf die Höhe ankommt. Wofern hingegen ein Mann ein auch noch so niedriges und kleines Haus aufführte, aber von Grund auf, so sagen wir, daß er ein Haus erbaue. „Erbauen“ heißt also, etwas *von Grund auf* in die Höhe führen. Jenes „er“ gibt zwar die Richtung als Höhe an; aber nur, wenn die Höhe umgekehrt zugleich Tiefe ist, sprechen wir von „erbauen“. Daher kommt es daß wir, wenn ein Mann in die Höhe und von Grund auf etwas erbaut, die Tiefe aber der Höhe nicht richtig entspricht, zwar sagen, er habe etwas erbaut, zugleich aber, es sei schlecht erbaut, wogegen wir unter „schlechtem Bauen“ etwas anderes verstehen. Der Nachdruck liegt also in Bezug auf das Erbauen insbesondere darauf, daß man von Grund auf baut. Zwar nennen wir das Bauen im Erdgrund nicht ein Erbauen, wir sprechen nicht vom Erbauen eines Brunnens; soll aber vom Erbauen die Rede sein, so muß, gleichgültig wie hoch oder wie niedrig das Gebäude werde, die Arbeit *von Grund auf* geschehen. Wir können deshalb von jemandem sagen: er habe begonnen, ein Haus zu erbauen, sei aber nicht fertig geworden. Hingegen können wir niemals von jemandem, der einem Gebäude noch so viel an Höhe hinzugefügt hätte, sagen, er habe etwas erbaut, wenn es nicht von Grund auf geschehen ist. Wie wunderlich! Jenes „er“ in dem Wort „erbauen“ gibt Höhe an, gibt aber Höhe umgekehrt als Tiefe an; denn „erbauen“ heißt von Grund auf bauen. Deshalb sagt die Schrift auch von dem törichten Mann, daß er „ohne Grund bauete“; von dem Mann aber, der das Wort zu wahrer Erbauung hört, oder, nach den Worten der Schrift, von dem, der die Rede höret und sie tut, von ihm heißt es dort, daß er gleich ist einem Menschen, der ein Haus bauete „und grub tief“ (Luk. 6, 48). Als deshalb ein Gewässer kam und die Winde an dies fest erbaute Haus stießen[174], da freuten wir uns alle an dem erbaulichen Anblick,

daß die Winde es nicht bewegen mochten. Ach, denn wie gesagt, in Hinsicht auf das Erbauen kommt es insbesondere darauf an, daß man auf Grund baut. Es ist lobenswert, daß ein Mann, ehe er beginnt, überschlägt, „wie hoch er den Turm hinausführen kann“[175] aber falls er ihn erbauen soll, so laß ihn vor allem darauf achten, daß er tief grabe; denn ob der Turm auch, falls das möglich wäre, sich bis zu den Wolken erhöbe, so wäre er doch eigentlich nicht erbaut, wofern er ohne Grundfeste wäre. Etwas völ-
IX 204 lig ohne Grundfeste zu erbauen, ist unmöglich, es heißt, in die Luft bauen. Deshalb sagt man sprachlich richtig „Luftschlösser bauen“, man sagt nicht „Luftschlösser erbauen“, was ein nachlässiger und verkehrter Sprachgebrauch wäre. Denn selbst bei dem Ausdruck für das Nichtssagende muß Übereinstimmung zwischen den einzelnen Worten herrschen; zwischen den Ausdrücken „in der Luft“ und „erbauen“ besteht sie aber nicht, da der erste die Grundfeste wegnimmt, und der letzte sich auf jenes „von Grund auf“ bezieht; die Zusammensetzung wäre deshalb eine unwahre Übertreibung.

So steht es also mit dem Ausdruck „erbauen“ in der unmittelbaren Rede; nun erinnern wir uns daran, daß es ein übertragener Ausdruck ist, und gehen denn über zu dem Gegenstand dieser Erwägung:

Liebe erbaut

Aber ist das Wort „erbauen“ im geistigen Sinne ein für die Liebe derart eigentümliches Beiwort, daß es einzig und allein ihr zukommt? Sonst kann ja von einem Beiwort gelten, daß es mehrere Gegenstände gibt, die gleichermaßen, oder mag es auch in verschiedenem Maße sein, doch alle Anspruch haben auf ein und dasselbe Beiwort. Wofern dies mit dem Wort „erbauen“ der Fall wäre, so wäre es unrichtig, dies Wort so nachdrücklich, wie es diese Erwägung tut, zur Liebe in Beziehung zu setzen, das wäre ein aus Mißverständnis entspringender Versuch, der Liebe eine Anmaßung zu unterstellen, als wolle sie Alleinbesitzerin sein oder wolle an sich reißen, was sie mit anderen teilt — und Liebe ist ja gerade bereit, mit anderen zu teilen, da sie „nicht das Ihre sucht“ (1. Kor. 13, 5). Jedoch ist in Wahrheit „erbauen“ ausschließlich der Liebe eigentümlich; aber auf der andern Seite hat diese Eigenschaft des Erbau-

lichen wieder die Eigentümlichkeit, daß sie sich allem hingeben kann, bei allem zugegen sein kann — gerade ebenso wie die Liebe. So sieht man denn, daß die Liebe sich in dieser ihrer eigentümlichen Eigenschaft nicht absondert, auch nicht auf irgendwelcher Selbständigkeit und Sonderart in der Reihe mit anderem besteht, sondern sich gänzlich hingibt, das Eigentümliche ist eben, daß sie ausschließlich die Eigenschaft hat, sich gänzlich hinzugeben. Es gibt nichts, nichts, was nicht derart getan oder gesagt werden könnte, daß es erbaulich würde; wenn aber etwas erbaulich ist, sei es, was es möge, so ist Liebe dabei anwesend. Die Ermahnung lautet deshalb, gerade wo sie selbst einräumt, es sei schwierig, bestimmte Regeln zu geben: „tut alles zur Erbauung“[176]. Sie könnte ebensogut lauten „tut alles in Liebe“, und sie hätte ganz dasselbe ausgedrückt.
Der eine Mensch kann genau das Gegenteil dessen tun, was der an- IX 205
dere Mensch tut, tun sie aber jeder das Entgegengesetzte — in Liebe, so wird das Entgegengesetzte erbaulich. Es gibt in der Sprache kein Wort, das an und für sich erbaulich wäre, und es gibt kein Wort in der Sprache, das nicht erbaulich werden oder erbaulich gesagt werden könnte, wenn Liebe in ihm gegenwärtig ist. Es ist deshalb ganz und gar nicht so (ach, das ist eben lieblose und streitsüchtige Irrung!), daß das Erbauliche der *Vorzug* einzelner Begabter wäre wie Wissen und Dichtergabe und Schönheit und anderes Derartiges, daß vielmehr gerade umgekehrt jeder Mensch durch sein Leben, seinen Wandel, durch sein alltägliches Verhalten, durch den Umgang mit seinesgleichen, durch seine Worte, seine Äußerungen erbauen sollte und erbauen könnte und es auch täte, falls die rechte Liebe in ihm wäre.

Dies bemerken wir auch selbst, denn wir gebrauchen das Wort „erbaulich“ im weitesten Umfang; aber wir legen uns selbst vielleicht nicht Rechenschaft davon ab, daß wir es doch nur überall dort gebrauchen, wo Liebe zugegen ist. Jedoch ist dies der richtige Sprachgebrauch: genau zu sein, daß man das Wort nur dort gebrauche, wo Liebe zugegen ist, und durch diese Begrenzung seinen Umfang wieder unbegrenzt zu machen, da alles im gleichen Sinne erbaulich sein kann, wie Liebe überall zugegen sein kann. — Wenn wir dergestalt sehen, wie ein einzelner Mensch in lobenswerter Einfachheit sparsam mit Wenigem auskommt, so ehren und preisen wir ihn, wir freuen uns an diesem Anblick, wir werden dadurch im

Guten befestigt; aber wir sagen nicht eigentlich, es sei ein erbaulicher Anblick. Wenn wir hingegen sehen, wie eine Hausmutter, die für viele zu sorgen hat, durch Einfachheit und weise Sparsamkeit liebevoll einen Segen in das Wenige zu legen weiß, so daß doch genug bleibt für alle: so sagen wir, es sei ein erbaulicher Anblick. Das Erbauliche liegt darin, daß wir zugleich mit der Einfachheit und Sparsamkeit, welche wir ehren, die liebevolle Fürsorge der Hausmutter sehen. Dagegen sagen wir, es sei ein wenig erbaulicher, ein abstoßender Anblick, jemanden zu sehen, der auf gewisse Weise im Überfluß hungert, und der doch für andere gar nichts übrig hat. Wir sagen, es sei ein erschütternder Anblick, seine Üppigkeit widert uns an, wir schaudern bei der Vorstellung von der furchtbaren Rache der Genußsucht, dem Hunger im Überfluß; aber die Tatsache, daß wir vergeblich nach der geringsten Liebesäußerung suchen, bestimmt uns, wenn wir sagen, es sei wenig erbaulich. — Wenn wir eine zahlreiche Familie in eine kleine Behausung eingepfercht sehen, und wir sie dennoch in einem gemütlichen, freundlichen — geräumigen Heim wohnen sehen, so sagen wir, das sei ein erbaulicher Anblick, weil wir die Liebe erblicken, die in den einzelnen und in jedem einzelnen zugegen sein muß, da ja ein einziger Liebloser schon genug wäre, um den ganzen Platz einzunehmen, wir sagen es, weil wir sehen, daß wirklich Raum wird, wo offene
IX 206 Herzen sind[177]. Und dagegen ist es so wenig erbaulich, einen unruhigen Geist einen Palast bewohnen zu sehen, ohne daß er in einem einzigen der vielen Säle Ruhe fände, und ohne daß er auch nur das kleinste Gelaß missen oder entbehren könnte. — Ja, was kann nicht alles dergestalt erbaulich sein! Man sollte nicht glauben, daß es erbaulich sein könne, einen Menschen schlafen zu sehen. Und doch, wofern du das Kind am Busen der Mutter schlafen siehst — und du die Liebe der Mutter siehst, siehst, daß sie gleichsam darauf gewartet hat und nun den Augenblick benutzt, während das Kind schläft, um sich recht an ihm zu freuen, weil sie das Kind kaum merken lassen mag, wie unsagbar sie es liebt: so ist das ein erbaulicher Anblick. Ist keine Mutterliebe zu erblicken, versuchst du vergebens in ihrem Antlitz und ihrer Miene den geringsten Ausdruck der Freude über das Kind oder der Fürsorge zu entdecken, der die Mutterliebe verrät, siehst du nur Trägheit und Gleichgültigkeit, die froh sind, das Kind so lange los zu sein: so ist der An-

blick auch nicht erbaulich. Das Kind allein schlafen zu sehen, ist ein freundlicher, ein wohltuender, ein beruhigender Anblick, er ist aber nicht erbaulich. Willst du ihn gleichwohl erbaulich nennen, dann deshalb, weil du doch gleichwohl die Liebe gegenwärtig siehst, deshalb weil du Gottes Liebe das Kind umschweben siehst. — Den großen Künstler sein Meisterwerk vollenden sehen, ist ein herrlicher, ein erhebender Anblick, er ist aber nicht erbaulich. Angenommen, dieses Meisterstück wäre ein Wunderwerk — falls nun der Künstler es aus Liebe zu einem Menschen in Stücke schlüge: so wäre dieser Anblick erbaulich.

Überall, wo das Erbauliche ist, ist Liebe; und überall, wo Liebe ist, ist das Erbauliche. Deshalb sagt Paulus, daß ein Mensch ohne Liebe, selbst wenn er mit Menschen- und mit Engelzungen redete, doch wie ein tönend Erz oder eine klingende Schelle wäre[178]. Was ist wohl auch weniger erbaulich als eine klingende Schelle! Das Weltliche, wie herrlich und wie lauttönend es auch sei, ist ohne Liebe, und deshalb nicht erbaulich; das unbedeutendste Wort, die geringste Tat, bei denen Liebe zugegen ist oder die in Liebe getan werden, sind erbaulich. Deshalb bläset das Wissen auf[179]. Und doch kann ja auch das Wissen und die Mitteilung des Wissens erbaulich sein; ist es das aber, dann deshalb, weil Liebe zugegen ist. Sich selbst zu rühmen scheint wenig erbaulich, und doch kann ja auch dies erbaulich sein; tut Paulus das nicht zuweilen, aber er tut es in Liebe, und deshalb, wie er selbst sagt: „zur Erbauung[180]. Die Rede IX 207
über das, was erbaulich sein kann, wäre deshalb die unerschöpflichste von allen Reden, da alles erbaulich sein kann, sie wäre die unerschöpflichste Rede, ach, ebenso wie es die traurigste Klage ist, die über die Welt erhoben werden kann: daß man so wenig Erbauliches sehe und höre. Ob es nämlich selten ist, daß man Reichtum sieht, hat keine Bedeutung, wir möchten ja auch am liebsten allgemeinen Wohlstand sehen. Ob es selten ist, daß man ein Meisterwerk sieht, nun, das hat in gewissem Sinne keine Bedeutung, und in dieser Hinsicht können die Menschen zum größten Teil selber nichts daran tun. Anders mit dem Erbaulichen. In jedem Augenblick lebt eine zahllose Menge von Menschen; es ist möglich, daß alles, was jeder einzelne Mensch sich vornimmt, alles, was jeder einzelne Mensch sagt, erbaulich sein kann: ach, und doch ist es so selten, daß man etwas Erbauliches hört oder sieht!

Liebe erbaut. Laßt uns nun bedenken, was in der Einleitung entwickelt worden ist, wodurch wir uns sogleich dagegen gesichert haben, daß die Rede nicht in die Irre gehe durch Wählen einer nicht zu bewältigenden Aufgabe, sofern nämlich alles erbaulich sein kann. Erbauen heißt, etwas von Grund auf in die Höhe führen. In der unmittelbaren Rede von einem Haus, einem Gebäude weiß jeder, was unter dem Grund und der Grundfeste zu verstehen ist. Aber was ist, im geistigen Sinne, des Geisteslebens Grund und Grundfeste, die den Bau tragen soll? Es ist eben die Liebe; Liebe ist der Ursprung aller Dinge, und im geistigen Sinne ist die Liebe des Geisteslebens tiefster Grund. In jedem Menschen, in dem Liebe zugegen ist, ist, im geistigen Sinne, die Grundfeste gelegt. Und der Bau, welcher, im geistigen Sinne, aufgeführt werden soll, ist wiederum Liebe; und Liebe ist es, welche erbaut. Liebe erbaut, und das heißt: sie erbaut die Liebe. Dergestalt ist die Aufgabe begrenzt; die Rede zerstreut sich nicht im einzelnen und Mannigfaltigen, beginnt nicht verworren mit etwas, was sie irgendwo ganz willkürlich abbrechen müßte, um doch zu einem Ende zu kommen, nein, sie sammelt sich selbst und die Aufmerksamkeit auf das Wesentliche, auf das eine und gleiche in all dem Mannigfaltigen, die Rede handelt einzig und allein von der Liebe, eben weil das Erbauen die der Liebe eigentümlichste Bestimmung ist. Liebe ist der Grund, Liebe ist der Bau, Liebe erbaut. Erbauen ist das Erbauen der Liebe, und Liebe ist es, die erbaut. Wir sprechen freilich zuweilen in einem allgemeineren Sinne vom Erbauen; wir sprechen, im Gegensatz zu der Verderbtheit, die nur niederreißen will, oder im Gegensatz zu der Verworrenheit, die nur niederreißen und zersplittern kann, davon, daß der Tüchtige erbaue, der, welcher zu regieren und zu führen weiß, der, welcher in seinem Fach nutzbringend zu unterweisen versteht, der, welcher Meister ist in seiner Kunst. Jeder solche erbaut im Gegensatz zum Niederreißen. Aber all diese Erbauung, in Kenntnis, in Einsicht, in Kunstfertigkeit, in
IX 208 Rechtschaffenheit usw. ist doch, soweit sie nicht die Liebe erbaut, nicht im tiefsten Sinne Erbauung. Denn geistig ist Liebe *der Grund*, und erbauen heißt ja, *von Grund auf* in die Höhe führen.

Wenn also die Rede ist von dem Tun der Liebe, daß sie erbaut, so muß das *entweder* bedeuten, daß der Liebende in eines andern

Menschen Herz die Liebe einsenkt: *oder* es muß bedeuten, daß der Liebende voraussetzt, die Liebe sei in des andern Menschen Herz zugegen, und eben unter dieser Voraussetzung in ihm die Liebe erbaut — von Grund auf, sofern er sie ja liebend im Grunde voraussetzt. Eines von beiden muß das Erbauen sein. Aber kann nun etwa der eine Mensch die Liebe in des andern Menschen Herz einsenken? Nein, das ist ein übermenschliches Verhältnis, ein undenkbares Verhältnis zwischen Mensch und Mensch, in dem Sinne kann menschliche Liebe nicht erbauen. Gott, der Schöpfer, muß die Liebe in jeden Menschen einsenken, er, der selber Liebe ist. Es ist deshalb gerade lieblos und keineswegs erbaulich, wenn jemand anmaßend sich einbildet, er wolle und könne die Liebe in dem andern Menschen schaffen; aller geschäftige und wichtigtuerische Eifer in dieser Hinsicht erbaut weder die Liebe noch ist er selbst erbaulich. So ist denn die erste Art des Erbauens undenkbar, also müssen wir an die andere Art denken. Dergestalt haben wir die Erklärung dessen gewonnen, was es heißt, daß Liebe erbaut, und bei dieser Erklärung wollen wir verweilen: *Der Liebende setzt voraus, daß die Liebe in des andern Menschen Herz zugegen ist, und unter dieser Voraussetzung eben erbaut er in ihm die Liebe — von Grund auf, sofern er sie ja liebend im Grunde voraussetzt.*

So kann denn die Rede nicht davon handeln, was der Liebende, welcher erbauen will, nun tun solle, um den andern Menschen umzuschaffen, oder um die Liebe in ihm hervorzuzwingen, sondern sie handelt davon, wie der Liebende sich erbaulich selber bezwingt. Schau, schon dies ist erbaulich zu bedenken, daß der Liebende erbaut, indem er sich selbst bezwingt! Nur der Lieblose bildet sich ein, er solle erbauen, indem er den anderen zwingt; der Liebende setzt ständig voraus, daß die Liebe zugegen ist, eben dadurch erbaut er. Ein Baumeister denkt gering von den Steinen und dem Kies, die er zum Bau gebrauchen soll; ein Lehrer setzt voraus, daß der Schüler unwissend ist; ein Zuchtmeister setzt voraus, daß der andere Mensch verderbt ist: aber der Liebende, welcher erbaut, hat nur ein einziges Verfahren, daß er nämlich die Liebe voraussetzt; was weiter zu tun ist, kann stets nur sein, daß er sich ständig zwingt, die Liebe vorauszusetzen. Dergestalt lockt er das Gute heraus, er liebt die Liebe hervor, er erbaut. Denn Liebe kann und will IX 209 nur auf eine einzige Art behandelt werden, nämlich durch Hervorlieben; sie hervorlieben heißt erbauen. Aber sie hervorlieben heißt ja eben voraussetzen, daß sie im Grunde zugegen ist. Es kann deshalb den Menschen reizen, Baumeister zu sein, Lehrer zu sein, Zuchtmeister zu sein, weil es anscheinend heißt, über andere zu herrschen; aber erbauen, wie die Liebe es tut, kann nicht reizen, denn es heißt eben, der Dienende sein; deshalb hat nur die Liebe Lust zu erbauen, weil sie bereit ist zu dienen. — Der Baumeister kann auf seine Arbeit zeigen und sagen: „Das ist mein Werk", der Lehrer auf seinen Schüler; aber die Liebe, welche erbaut, hat nichts vorzuweisen, denn ihre Arbeit besteht ja nur im Voraussetzen. Wiederum ist dies so erbaulich zu bedenken. Gesetzt, es gelänge dem Liebenden, die Liebe in einem andern Menschen zu erbauen; wenn dann der Bau dasteht: so steht der Liebende beiseite für sich und sagt beschämt: „Das habe ich ja stets vorausgesetzt." Ach, der Liebende hat überhaupt kein Verdienst. Der Bau wird nicht zu einem Denkmal für die Kunst des Baumeisters, oder wie der Schüler zu einer Erinnerung an die Unterweisung des Lehrers; der Liebende hat ja nichts getan, er hat nur vorausgesetzt, daß die Liebe im Grunde da war. Der Liebende arbeitet so stille und wie am Feiertag, und doch sind die Kräfte der Ewigkeit in Bewegung; demütig macht die Liebe sich unbemerkt, gerade wenn sie am meisten arbeitet, ja ihr Arbeiten ist, als täte sie überhaupt nichts. Ach, für die Geschäftigkeit und Weltlichkeit ist dies die größte Torheit: daß etwas, was in gewissem Sinne Nichtstun ist, die schwierigste Arbeit sein sollte. Und doch ist es so. Denn es ist schwieriger, seines Mutes Herr sein als eine Stadt gewinnen[181], und schwieriger, zu erbauen, wie Liebe das tut, als das erstaunlichste Werk auszuführen. Ist es schwierig, in Bezug auf sich selbst seines Mutes Herr zu sein, wie schwierig dann, in Bezug auf einen andern Menschen sich selbst ganz zunichte zu machen, und dennoch alles zu tun und alles zu leiden! Soll es ansonsten schwierig sein, ohne Voraussetzung zu beginnen[182], wahrlich, am allerschwierigsten ist es, das Erbauen mit der Voraussetzung zu beginnen, daß die Liebe zugegen sei, und mit der gleichen Voraussetzung zu enden: dann ist ja die ganze Arbeit, die man tut, im voraus gleichsam zunichte gemacht, sofern nämlich die Voraussetzung zu Anfang und Ende die Selbstverleugnung ist, oder die, daß der Baumeister verborgen ist und gleichsam nicht vorhanden. Wir können deshalb das Erbauen der Liebe nur vergleichen mit dem Arbeiten der Natur im Verborgenen. Während der Mensch schläft[183], schlafen die Kräfte der Natur weder des Nachts noch am Tage; niemand denkt daran, wie sie ständig wirken — während alle sich ergötzen an der Lieblichkeit der Wiese und der Fruchtbarkeit des Ackers. Ebenso verhält sich die Liebe; sie setzt voraus, daß die Liebe zugegen ist wie der Keim im Samenkorn, und gelingt es ihr dann, sie zum Wachsen zu bringen, so hat die Liebe sich verborgen, wie sie verborgen war, während sie früh und spät arbeitete. Doch dies ist ja eben in der Natur das Erbauliche: Du schaust diese ganze Herrlichkeit, und dann ergreift es dich erbauend, wenn dir das Wunderliche in den Sinn kommt, daß du den, der alles hervorbringt, gar nicht siehst. Wofern du Gott mit dem leiblichen Auge erblicken könntest, wofern er, wenn ich so sagen darf, daneben stünde und sagte: „Ich habe das alles hervorgebracht“: so wäre das Erbauliche verschwunden. IX 210

Liebe erbaut, indem sie voraussetzt, daß die Liebe zugegen ist. Dergestalt erbaut der eine Liebende den andern, und hier ist es ja recht leicht, die Liebe vorauszusetzen, wo sie offenkundig zugegen ist. Ach, aber gleichwohl ist Liebe in einem Menschen doch niemals vollkommen gegenwärtig, insofern ist es ja möglich, etwas anderes zu tun, als sie vorauszusetzen, nämlich die eine oder andere Verkehrtheit oder Schwachheit an ihr zu entdecken. Und wenn dann jemand diese lieblos entdeckt hat, will er sie vielleicht, wie es heißt, wegnehmen, will den Splitter wegnehmen[184], um die Liebe recht zu erbauen. Doch die Liebe erbaut. Wer viel liebt, dem wird viel vergeben[185]; aber je vollkommener der Liebende die Liebe voraussetzt, eine desto vollkommnere Liebe liebt er hervor. Es gibt überall in der Welt kein Verhältnis, wo dergestalt gleich um gleich geschieht, wo das, was herauskommt, so genau dem entspricht, was vorausgesetzt ward. Man erhebe keinen Einspruch, man berufe sich nicht auf Erfahrung, denn eben dies ist lieblos, daß man willkürlich einen Tag festsetzt, an dem sich nun zeigen soll, was herausgekommen ist. Darauf versteht die Liebe sich nicht, sie ist ewig gewiß, daß die Voraussetzung sich erfüllt; fehlt diese Gewißheit, so ist die Liebe im Begriff, ihre Kraft zu verlieren.

Liebe erbaut, indem sie voraussetzt, daß die Liebe im Grunde zugegen ist, deshalb erbaut Liebe auch dort, wo, menschlich gespro-

chen, die Liebe zu fehlen scheint, und wo es, menschlich gesprochen, vor allem nötig zu sein scheint, daß man niederreiße, wahrlich nicht um des Vergnügens willen, sondern um der Rettung willen. Das Gegenteil des Erbauens ist das Nießerreißen. Diese Gegensätzlichkeit zeigt sich niemals deutlicher, als wenn die Rede davon ist, daß Liebe erbaut; denn in jedem anderen Zusammenhang, in welchem vom Er-
IX 211 bauen die Rede ist, hat dies doch mit dem Niederreißen das Gemeinsame, daß es heißt, an etwas anderem etwas zu tun. Aber wenn der Liebende erbaut, so ist dies gerade das Gegenteil vom Niederreißen, denn der Liebende tut etwas an sich selbst: er setzt voraus, daß die Liebe in dem andern Menschen zugegen sei — was doch wohl gerade das Gegenteil dessen ist, daß man an dem andern Menschen etwas tut. Das Niederreißen befriedigt nur allzuleicht den sinnlichen Menschen; das Erbauen in dem Sinne, daß man an dem andern Menschen etwas tut, kann auch die Sinnlichkeit befriedigen; aber das Erbauen durch Selbstüberwindung befriedigt nur die Liebe. Und doch ist dies die einzige Art, auf die man erbauen kann. Aber in dem wohlmeinenden Eifer, niederzureißen und zu erbauen, vergißt man, daß letzten Endes doch kein Mensch den Grund der Liebe in dem andern Menschen zu legen vermag.

Schau, hier zeigt sich eben, wie schwierig die Baukunst ist, welche die Liebe übt, und die sich beschrieben findet an jener berühmten Stelle beim Apostel Paulus (1. Kor. 13); denn was *dort* von der Liebe gesagt wird, ist eben die nähere Bestimmung dessen, wie sie sich beim Erbauen verhält. „*Die Liebe ist langmütig*", dadurch erbaut sie; denn Langmut heißt ja eben, beharrlich voraussetzen, daß die Liebe doch im Grunde gegenwärtig ist. Wer urteilt, selbst wenn das langsam geschähe[186], wer urteilt, daß dem andern Menschen die Liebe fehle, der nimmt die Grundfeste weg — er kann nicht erbauen; aber die Liebe erbaut durch Langmut. Deshalb „*trägt sie nicht Neid*"[187] auch nicht „*Groll*"[188]; denn Neid und Groll leugnen die Liebe in dem andern Menschen und verzehren deshalb, falls das möglich wäre, die Grundfeste. Die Liebe, welche erbaut, trägt dagegen des andern Menschen Mißverständnis, seine Undankbarkeit, seinen Zorn — daran hat sie schon genug zu tragen, wie sollte die Liebe dann zugleich Neid und Groll tragen können! So ist es in der Welt verteilt: Wer Neid und Groll trägt, der trägt wieder nicht des andern Menschen Bürden, aber der

Liebende, der nicht Neid und Groll trägt, trägt die Bürden. Jeder trägt seine Bürde, der Neidische und der Liebende, sie werden in gewissem Sinne beide Märtyrer, denn wie ein frommer Mann[189] gesagt hat: auch der Neidische ist ein Märtyrer — aber ein Märtyrer des Teufels. „*Die Liebe suchet nicht das Ihre*", deshalb erbaut sie. Denn wer das Seine sucht, muß ja alles andere beiseite schaffen, er muß niederreißen, um Platz zu bekommen für das Seine, das er erbauen will. Aber Liebe setzt voraus, daß die Liebe im Grunde zugegen ist, deshalb erbaut sie. „*Sie freuet sich* IX 212
nicht der Ungerechtigkeit"; wer aber niederreißen will, oder sich doch selbst wichtig werden will mit der Meinung, es sei notwendig, niederzureißen, von dem muß man sagen, er freue sich der Ungerechtigkeit — sonst wäre da ja nichts niederzureißen. Liebe hingegen freut sich an der Voraussetzung, daß die Liebe im Grunde zugegen ist, deshalb erbaut sie.

„*Liebe verträget alles*"; denn was heißt, alles vertragen, es heißt, in allem doch zuletzt die Liebe finden, die im Grunde vorausgesetzt wird. Wenn wir von einem Menschen mit einer sehr kräftigen Gesundheit sagen, er könne in Bezug auf Speise und Trank alles vertragen, so meinen wir damit, daß seine Gesundheit das Nahrhafte selbst aus dem Ungesunden herausholt (ebenso wie der Sieche selbst an der gesunden Speise Schaden nimmt), wir meinen, daß seine Gesundheit selbst aus demjenigen Nahrung herausholt, was am wenigsten nahrhaft zu sein scheint. Dergestalt verträgt Liebe alles, indem sie stets voraussetzt, daß die Liebe doch im Grunde zugegen ist — und dadurch erbaut sie „*Liebe glaubet alles*"; denn alles glauben heißt ja eben, obwohl es nicht zu sehen ist, ja obwohl das Gegenteil zu sehen ist, voraussetzen, daß die Liebe doch im Grunde zugegen ist, selbst in dem Verirrten, selbst in dem Verderbten, selbst in dem Haßerfülltesten. Mißtrauen nimmt gerade die Grundfeste weg, indem es voraussetzt, daß Liebe nicht zugegen sei, deshalb kann Mißtrauen nicht erbauen. „*Liebe hoffet alles*"; aber alles hoffen, heißt ja, obwohl es nicht zu sehen ist, ja obwohl das Gegenteil zu sehen ist, voraussetzen, daß die Liebe dennoch im Grunde zugegen sei, und daß sie sich schon zeigen werde, in dem Irrenden, in dem Verirrten, selbst in dem Verlorenen. Schau, der Vater des verlorenen Sohns[190] war vielleicht der einzige, der nicht wußte, daß er einen verlorenen Sohn hatte,

denn die Liebe des Vaters hoffte alles. Der Bruder wußte sogleich, daß er hoffnungslos verloren sei. Aber Liebe erbaut; und der Vater fand den verlorenen Sohn wieder, eben weil er, der alles hoffte, voraussetzte, daß die Liebe im Grunde zugegen sei. Es geschah trotz der Verirrung des Sohns kein Bruch von Seiten des Vaters (und ein Bruch ist ja genau das Gegenteil des Erbauens), er hoffte alles, deshalb erbaute er in Wahrheit durch seine väterliche Vergebung, eben weil der Sohn recht lebendig empfand, daß die väterliche Liebe mit ihm ausgehalten hatte, so daß kein Bruch geschehen war. „*Liebe duldet alles*"; denn alles dulden heißt eben voraussetzen, daß die Liebe im Grunde zugegen ist. Wenn wir sagen, daß die Mutter alle Unarten des Kindes erduldet, sagen wir dann damit, daß sie, als Weib betrachtet, geduldig das Böse leidet? Nein, wir sagen etwas anderes, nämlich daß sie, als Mutter, niemals aufhört, daran zu denken, daß es das Kind ist, und demnach vor-
IX 213 aussetzt, daß das Kind sie doch noch liebt, und sich das schon zeigen werde. Sonst sprächen wir ja auch davon, wie Geduld alles erduldet, nicht wie Liebe alles duldet. Denn Geduld erduldet alles und schweigt; und wofern die Mutter dergestalt die Unarten des Kindes erduldete, so sagten wir damit eigentlich, daß die Mutter und das Kind einander doch fremd geworden wären. Dagegen duldet Liebe alles und schweigt geduldig — setzt aber in aller Stille voraus, daß die Liebe doch noch in dem andern Menschen zugegen sei.

Dergestalt erbaut die Liebe. „*Sie blähet sich nicht, sie treibt nicht Mutwillen, sie lässet sich nicht erbittern*"; sie bläht sich nicht in der Meinung, daß sie die Liebe in dem andern Menschen schaffen sollte, sie ist nicht erbittert und mutwillig, ungeduldig, fast hoffnungslos geschäftig, erst niederreißen zu müssen, um dann wieder aufzubauen; nein, sie setzt stets voraus, daß die Liebe im Grunde zugegen ist. Deshalb ist es unbedingt der erbaulichste Anblick, die Liebe erbauen zu sehen, ein Anblick, durch den selbst Engel erbaut werden; und deshalb ist es unbedingt das Erbaulichste, falls es einem Menschen gelänge, recht davon zu reden: wie Liebe erbaut. Es gibt manch freundlichen, manch wohltuenden, manch verzaubernden, manch ergreifenden, manch erhebenden, manch fesselnden, manch überzeugenden Anblick und so denn weiter; aber es gibt nur einen einzigen erbaulichen Anblick, daß man nämlich die Liebe erbauen sieht. Was du deshalb auch an Schrecken und Abscheulichkeit in der Welt gesehen hast, das du wünschtest vergessen zu können, weil es dir deinen Mut, dein Vertrauen niederbrechen will, dir Widerwillen gegen das Leben und Ekel am Weiterleben geben will: bedenke nur, wie Liebe erbaut, und du wirst erbaut zum Leben! Es gibt sehr viele unterschiedliche Gegenstände, über die man reden kann, aber unter ihnen ist nur ein einziger erbaulich: wie nämlich Liebe erbaut. Was dir deshalb auch geschehen wäre, so erbitternd, daß du wünschen könntest, niemals geboren zu sein und je eher desto lieber im Tode zu verstummen: bedenke nur, wie Liebe erbaut, und du wirst wiederum erbaut zum Reden! Es gibt nur einen einzigen erbaulichen Anblick und nur einen einzigen erbaulichen Gegenstand; doch kann alles erbaulich gesagt oder getan werden, denn überall, wo das Erbauliche ist, ist Liebe, und überall, wo Liebe ist, ist das Erbauliche, und sobald Liebe zugegen ist, erbaut sie.

Liebe erbaut, indem sie voraussetzt, daß die Liebe zugegen ist. Hast du das nicht selber erfahren, mein Zuhörer? Wofern jemals ein Mensch derart zu dir gesprochen oder derart gegen dich gehandelt hat, daß du dich dadurch wahrhaft erbaut fühltest, dann war das, weil du recht lebendig empfandest, wie er voraussetzte, daß Liebe in dir zugegen sei. Oder wie soll wohl auch deiner Meinung nach der Mensch sein, der dich in Wahr- IX 214
heit erbauen könnte? Nicht wahr, du wünschtest ihm Einsicht und Kenntnisse und Gaben und Erfahrung; aber du würdest doch nicht glauben, daß es entscheidend auf diese ankäme, vielmehr käme es darauf an, daß er ein verläßlich liebevoller Mensch wäre, d. h. ein in Wahrheit liebevoller Mensch. Du meinst also, für die Erbauung komme es entscheidend und wesentlich darauf an, daß man liebevoll sei oder die Liebe in solchem Maße besitze, daß man sich darauf verlassen kann. Aber was ist nun Liebe? Liebe heißt, Liebe voraussetzen; Liebe haben heißt, bei anderen Liebe voraussetzen, liebevoll sein heißt voraussetzen, daß andere liebevoll sind. Laßt uns einander verstehen. Die Eigenschaften, die ein Mensch haben kann, müssen entweder Eigenschaften sein, die er für sich hat, selbst wenn er von ihnen gegen andere Gebrauch macht, oder Eigenschaften für andere. Weisheit ist eine für sich seiende Eigenschaft; Macht und Gaben und Kenntnisse usw. sind gleichfalls

für sich seiende Eigenschaften. Weise zu sein, will nicht heißen, daß man voraussetzt, andere seien weise, vielmehr kann es ja sehr weise und wahr sein, wenn der in Wahrheit Weise annimmt, durchaus nicht alle Menschen seien weise. Ja, weil „weise" eine fürsichseiende Eigenschaft ist, gibt es kein Denkhindernis für die Annahme, daß ein Weiser leben oder gelebt haben könnte, der sagen durfte, er halte alle anderen für unweise. Für das Denken ist es kein Widerspruch (weise zu sein — und anzunehmen, daß alle anderen unweise sind). In der Wirklichkeit des Lebens wäre eine solche Äußerung Hochmut, aber im Denken nur als solchem ist sie nicht widersprüchlich. Wofern hingegen einer meinte, er sei liebevoll, zugleich aber, alle anderen seien nicht liebevoll, so würden wir sagen: nein halt, hier ist ein Widerspruch im Denken selbst; denn liebevoll sein heißt ja gerade annehmen, voraussetzen, daß andere Menschen liebevoll seien. Liebe ist nicht eine fürsichseiende Eigenschaft, sondern eine Eigenschaft, durch die oder in der du für andere bist. In der Alltagssprache sagen wir freilich, indem wir eines Menschen Eigenschaften aufzählen, er sei weise, verständig, liebevoll — und wir merken nicht, welcher Unterschied ist zwischen der letzten Eigenschaft und den ersten. Seine Weisheit, seine Erfahrung, seine Verständigkeit hat er für sich, selbst wenn er anderen mit ihnen nützt; aber falls er in Wahrheit liebevoll ist, so besitzt er nicht die Liebe im gleichen Sinne, wie er Weisheit besitzt, sondern seine Liebe besteht eben darin, vorauszusetzen, daß wir anderen Liebe haben. Du preist ihn als den Liebevollen, du meinst, es sei eine Eigenschaft, die er besitze, wie das auch der Fall ist, du fühlst dich erbaut durch ihn, eben weil er liebevoll ist, aber du merkst nicht, was die Erklärung ist: seine Liebe bedeutet nämlich, daß er bei dir Liebe voraussetzt, und eben dadurch wirst du erbaut, eben dadurch wird die Liebe in
IX 215 dir erbaut. Wofern es wirklich so wäre, daß ein Mensch liebevoll sein könnte, ohne daß dies bedeutete, bei anderen Liebe vorauszusetzen, so fühltest du dich auch nicht im tiefsten Sinne erbaut, wie verläßlich seine Liebe auch wäre, du fühltest dich nicht im tiefsten Sinne erbaut, so wenig wie du im tiefsten Sinne erbaut würdest durch seine auch noch so verläßliche Weisheit, Verständigkeit, Erfahrung und Gelehrsamkeit. Wofern es möglich wäre, daß er in Wahrheit liebevoll sein könnte, ohne daß dies bedeutete, die Liebe bei anderen vorauszusetzen, so könntest du dich auch nicht gänz-

lich auf ihn verlassen, denn das Verläßliche bei dem Liebenden liegt gerade darin, daß er liebevoll genug ist, die Liebe vorauszusetzen, sogar wenn du über dich selbst verzweifelst, ob Liebe in dir zugegen sei, oder richtiger, daß er dann der Liebende ist, der sie voraussetzt. — Aber du hast gefordert, daß ein Mensch in Wahrheit liebevoll sein müsse, um in Wahrheit zu erbauen. Und nun hat sich gezeigt, liebevoll sein bedeute: bei anderen Liebe vorauszusetzen. Somit sagst du ja ganz das gleiche, was die Rede entwickelt hat.

So kehrt denn die Erwägung zurück zu ihrem Beginn. Erbauen heißt Liebe voraussetzen; liebevoll sein heißt, Liebe voraussetzen; nur Liebe erbaut. Denn erbauen heißt, etwas von Grund auf in die Höhe führen, geistig aber ist Liebe der Grund aller Dinge. Kein Mensch kann den Grund der Liebe in eines andern Menschen Herz einsenken; dennoch ist die Liebe der Grund, und erbauen kann man nur von Grund auf, also kann man nur erbauen, indem man Liebe voraussetzt. Nimm die Liebe fort, so ist niemand da, der erbaut, und niemand, der erbaut wird.

IX 216

II

Liebe glaubet alles – und wird doch niemals betrogen

1. Kor. XIII, 7. Liebe glaubet alles.

„Nun aber bleibt Glaube, Hoffnung, Liebe, diese drei; aber die Liebe ist die größte unter ihnen“[191]; sie ist ja deshalb auch der Grund aller Dinge, ist vor allen Dingen und bleibt, wenn alles andere aufgehört hat. Die Liebe ist also die „größte“ unter „ihnen“; was aber im Sinne der Vollkommenheit (und was gibt es wohl Vollkommneres für den Vergleich als Glaube und Hoffnung!) das Größte ist, muß sich auch, wenn ich so sagen darf, des Tuns der Untergeordneten annehmen können und es noch vollkommener machen können. Weltlich kann wohl zuweilen jemand der Vornehmste sein, ohne im Sinne der Vollkommenheit der Größte zu sein, aber dies ist eben die Unvollkommenheit des Weltlichen. In Wahrheit gilt, daß der Größte muß tun können, was die Geringeren können; und in Wahrheit gilt von der Liebe, daß sie sich des Tuns von Glaube und Hoffnung annehmen und es noch vollkommener machen kann.

Dies wollen wir nun bedenken, indem wir erwägen:

Liebe glaubet alles – und wird doch niemals betrogen.

Wir wollen zuerst erwägen, wie es zu verstehen ist, daß die Liebe alles glaubt, und sodann, wie der Liebende, indem er alles glaubt, eben dadurch vor jedem Betrug sicher sein kann; denn wahrlich, nicht jeder, der alles glaubt, ist deshalb der Liebende, und nicht je-
IX 217 der, der alles glaubt, ist deshalb vor jedem Betrug sicher – nicht

einmal der Glaube ist es, wenn er alles glauben will. Und könnte es auch scheinen, daß die Sicherheit vor jedem Betrug für die Liebe ein Gut ist, ein Vorteil, den sie besitzt, so daß diese Betrachtung sich also nicht als Gegenstand der Erwägung eignete in einer Schrift über der Liebe T u n : so ist es doch so nicht. Vor jedem Betrug sicher zu sein, ist ein Tun, ist eine Aufgabe, völlig übereinstimmend mit der, daß man alles glaube, so daß man unbedingt ebensogut sagen kann, die Liebe glaube alles, wie man sagen kann, sie werde niemals betrogen, da es ein und dasselbe ist; es ist nicht wie sonst, daß eines das Handeln ist, und etwas anderes die Klugheit, welche darauf achtet, daß man nicht betrogen wird. Daß die Liebe niemals betrogen wird, ist auch nicht im Sinne der Klugheit so; denn dergestalt zu lieben, daß man niemals betrogen wird, ist im Sinne und nach der Sprache der Klugheit das Dümmste und das Törichteste, was man tun kann, ja es gereicht der Klugheit zum Ärgernis — und ist daran recht kenntlich als wesentlich dem Christentum zugehörend.

L i e b e g l a u b e t a l l e s. — Leichtsinn, Unerfahrenheit, Arglosigkeit glauben alles, was gesagt wird; Eitelkeit, Einbildung, Selbstzufriedenheit alles Schmeichelhafte, was gesagt wird; Mißgunst, Schadenfreude, Verderbtheit alles Böse, was gesagt wird; Mißtrauen glaubt überhaupt nichts; Erfahrung soll lehren, daß man am klügsten tut, nicht alles zu glauben: aber Liebe glaubet alles.

Also Mißtrauen glaubt überhaupt nichts, es tut gerade das Gegenteil dessen, was die Liebe tut. Im allgemeinen genießt nun freilich das Mißtrauen kein sonderliches Ansehen unter den Menschen; aber daraus folgt doch noch keineswegs, weder, daß man ganz mit sich einig ist, alles Mißtrauen unbedingt abzuschaffen, noch daß man ganz mit sich einig ist, die Liebe, welche alles glaubt, unbedingt zu empfehlen. Eher trifft man vielleicht, merkwürdig genug, ein Übereinkommen, also ein zwiespältiges Übereinkommen zwischen dem Mißtrauen, welches — von Liebe ein wenig berührt doch ein bißchen glaubt, und der Liebe, welche — ein wenig mißtrauisch doch den einen oder anderen Verdacht hat. Ja, wofern man das scharfsinnige Geheimnis des Mißtrauens eindrücklich darstellte, und es in übernatürlicher Größe mit dem blendenden Schein der Klugheit, der List und der Schläue bekleidete, so dürfte es wohl sogar viele verlocken; es gäbe vielleicht jemanden, der uns — stolz auf seine Entdeckung — klug verstehen ließe, eben dies habe er entdeckt. Und im Gegensatz dazu dürfte wohl die Liebe, welche alles glaubt, wie das so oft dem Guten geschieht, sich sehr ärmlich ausnehmen, so daß mancher nicht einmal zu gestehen wagte, daß er wünschen könnte, so einfältig zu sein.

IX 218 Welches[192] ist nämlich das scharfsinnige Geheimnis des Mißtrauens? Es ist ein Mißbrauch des Wissens, ein Mißbrauch, welcher ohne weiteres, im gleichen Atemzug, sein „folglich" an das anknüpfen will, was als Wissen ganz wahr ist, und erst etwas ganz anderes wird, wenn, verkehrterweise, in Kraft seiner geglaubt wird, was ebenso unmöglich wie verkehrt ist, denn man glaubt nicht in Kraft eines Wissens. Was das Mißtrauen sagt oder vorbringt, ist eigentlich bloß ein Wissen; das Geheimnis und die Falschheit liegen darin, daß es nun ohne weiteres dieses Wissen in ein Glauben[193] umsetzt und dabei so tut, als sei nichts geschehen, so tut, als habe das gar nichts zu bedeuten, „da ja jeder, der dasselbe Wissen hat, *notwendig* auf gleiche Weise schließen muß", als sei also ewig sicher und völlig entschieden, daß bei gegebenem Wissen auch gegeben sei, wie man schließt. Der Betrug ist der, daß das Mißtrauen *aus* einem Wissen (denn der Schein und die Falschheit liegen darin, daß es in Kraft eines Wissens geschehe) *in Kraft* des Unglaubens, der in dem Mißtrauischen wohnt, schließt, annimmt und glaubt, was es schließt, annimmt und glaubt, während man *aus* demselben Wissen, in Kraft des Glaubens gerade das Gegenteil schließen, annehmen und glauben kann. Das Mißtrauen sagt: „Der Betrug reicht unbedingt ebensoweit wie das Wahre, die Falschheit unbedingt ebensoweit wie die Ehrlichkeit, es gibt kein unbedingt sicheres Kennzeichen für das Wahre oder für den Ehrlichen und Aufrichtigen. Ebenso steht es auch in Bezug auf die Liebe; Heuchelei und List und Schläue und Verführung reichen mit ihrem Betrug unbedingt ebensoweit, wie die Liebe reicht, sie können der wahren Liebe so täuschend ähnlich sein, daß es kein unbedingtes Kennzeichen gibt, weil mit jeder Äußerung des Wahren oder hier der wahren Liebe die Möglichkeit eines Betruges sich auftut, der jener Äußerung völlig entspricht." Und so ist es auch, so soll es sein.

Eben weil das Dasein „dich" prüfen, „deine" Liebe prüfen soll, prüfen soll, ob in dir Liebe zugegen ist, eben deshalb setzt es dir

mit Hilfe des Verstandes das Wahre und den Betrug in das Gleichgewicht einander entgegengesetzter Möglichkeiten; indem „du" jetzt urteilst, d. h. indem „du" jetzt durch dein Urteil *wählst*, soll nämlich offenbar werden, was in dir wohnt. Ach, mancher glaubt, das Urteil werde erst auf jener Seite des Grabes gefällt, und so ist es auch; aber man vergißt, daß das Urteil weit näher liegt, daß es in jedem Augenblick gefällt wird, weil das Dasein in jedem Augenblick, den du lebst, über dich urteilt, da Leben heißt, über sich selbst urteilen, offenbar werden. Eben deshalb muß das Dasein so eingerichtet sein, daß du nicht mit Hilfe eines verläßlichen Wissens dich vor der Selbstoffenbarung drücken kannst, die darin liegt, daß du urteilst, oder darin, wie du urteilst. Wenn dann der Betrug und das Wahre in das Gleichgewicht einander entgegengesetzter Möglichkeiten gesetzt sind, so ist die Entscheidung die: ob nun in
dir Mißtrauen wohnt oder Liebe. Denn schau, der eine sagt: „Selbst IX 219
was sich als das reinste Gefühl zeigt, könnte dennoch ein Betrug sein" — nun ja, das ist möglich, das soll möglich sein: „folglich wähle ich das Mißtrauen, oder wähle es, nichts zu glauben", d. h. er macht sein Mißtrauen offenbar. Laßt uns den Schluß umkehren: „Wahrheit und Falschheit reichen unbedingt gleich weit, also kann es möglich sein, daß selbst das scheinbar niedrigste Verhalten reine Liebe wäre" — nun ja, das ist möglich, das soll möglich sein: folglich wählt der Liebende es, alles zu glauben, d. h. er macht seine Liebe offenbar. Ein Wirrkopf meint freilich, das Dasein sei ein ziemlich trübes Element: o, nicht einmal das Meer ist so durchsichtig! Kann deshalb jemand beweisen, daß man überhaupt nichts glauben solle aufgrund der Möglichkeit des Betrugs, so kann ich beweisen, daß man alles glauben solle — auf Grund der Möglichkeit des Betrugs. Meint jemand, man solle auch dem besten Menschen nicht glauben, denn es wäre doch möglich, daß er ein Betrüger sei, so gilt ja auch das Umgekehrte, daß du selbst dem schlechtesten Menschen das Gute zutrauen kannst, denn es wäre doch möglich, daß seine Schlechtigkeit ein bloßer Schein wäre.

Liebe ist genau das Gegenteil des Mißtrauens, und doch ist sie in das gleiche Wissen eingeweiht; im Wissen sind die beiden, wenn man so will, nicht voneinander zu unterscheiden (das Wissen ist ja eben das im unendlichen Sinne Gleichgültige); nur in der Schlußfolgerung und der Entscheidung, im *Glauben* (alles glauben, und nichts glauben) sind sie einander genau entgegengesetzt. Wenn Liebe nämlich alles glaubt, so tut sie das keineswegs im gleichen Sinne wie der Leichtsinn, die Unerfahrenheit und die Arglosigkeit, die aufgrund von Unwissenheit und Unkenntnis alles glauben. Nein, die Liebe ist gleichwohl wissend, sie weiß von allem, was das Mißtrauen weiß, doch ohne mißtrauisch zu sein; sie weiß, was die Erfahrung weiß, weiß aber zugleich, daß die sogenannte Erfahrung eigentlich jene Mischung von Mißtrauen und Liebe ist.

„Wieviel Verborgenes kann doch in einem Menschen wohnen, oder wie vieles kann doch verborgen in ihm wohnen; wie erfinderisch ist doch die verborgene Innerlichkeit, wenn es gilt, sich zu verbergen oder zu täuschen oder sich anderen zu entziehen; am liebsten möchte sie, daß man ihr Dasein nicht einmal ahnt, schamhaft fürchtet sie, gesehen zu werden, und fürchtet es wie den Tod, völlig offenbar zu werden! Ist es nicht so, daß niemals ein Mensch den andern völlig versteht; versteht er ihn aber nicht völlig, so bleibt es ja stets möglich, daß das am wenigsten Zweifelhafte dennoch einer ganz anderen Erklärung unterliegen könnte, die auch, wohlgemerkt, die wahre sein könnte, da ja eine Annahme sehr wohl eine große Anzahl Ereignisse erklären und dadurch ihre Wahrheit bekräftigen kann, und sich dennoch als unwahr erweisen kann,
IX 220 sobald das Ereignis kommt, das sie nicht erklären kann — und es wäre ja möglich, daß dies Ereignis oder diese kleine nähere Bestimmung noch im letzten Augenblick käme. Das ist auch der Grund, weshalb alle ruhigen und im geistigen Sinne leidenschaftslosen Beobachter, die sich doch wohl vornehmlich darauf verstehen sollten, forschend und durchschauend in das Innere einzudringen, weshalb gerade sie so unendlich vorsichtig urteilen, oder am liebsten völlig darauf verzichten, weil sie, überreich an Beobachtung, eine entwickelte Vorstellung von jener rätselhaften Welt des Verborgenen haben, und weil sie als Beobachter gelernt haben, ihre Leidenschaften zu beherrschen. Nur oberflächliche, unbesonnene, leidenschaftliche Menschen, die sich selbst nicht kennen und natürlich aufgrund dessen auch nicht wissen, daß sie andere nicht kennen, urteilen frischweg. Niemals handelt so der Einsichtsvolle, der Wissende. Ein junger, unerfahrener Mensch, der vielleicht niemals zuvor auf einem Roß gesessen hat, springt frischweg auf das erste beste; aber der baumstarke und doch so geübte Bereiter — du sollst sehen, wie

genau er das ihm fremde Roß betrachtet, das er zum ersten Mal besteigen soll, wie bedächtig und vorsichtig er sich ans Werk macht, wie er noch kaum wagt, es zu besteigen, sondern es zuerst an einem Seil laufen läßt, um seine Gemütsart zu erforschen; und auf der andern Seite, wie lange er fortfährt zu prüfen, längst, längst nachdem der Unerfahrene es aufgegeben hat. Denn der Unerfahrene, der überhaupt kein Roß kennt, meint: ‚Das eine Roß ist wie das andere — folglich kenne ich sie alle'; nur der Bereiter hat eine entwickelte Vorstellung davon, welche großen Unterschiede es geben kann, wie man sich auf die verschiedenartigste und entgegengesetzteste Weise über ein Roß irren kann, und wie zweifelhaft alle Kennzeichen sind, weil jedes Roß doch etwas Unterschiedliches für sich ist. Und nun der Unterschied zwischen Mensch und Mensch! Wie unendlich! Wofern das nicht der Fall wäre, so wäre der Mensch entwürdigt; denn des Menschen Vorzug vor dem Tiere ist nicht bloß, was man meistens nennt, das Allgemein-Menschliche, sondern zugleich, was man meistens vergißt, die Tatsache, daß jeder einzelne innerhalb des Geschlechts das wesentlich Verschiedenartige oder Eigentümliche ist. Und dieser Vorzug ist recht eigentlich der menschliche Vorzug, der erste Vorzug ist der Vorzug des menschlichen Geschlechts vor den Tier-Gattungen. Ja, wofern es nicht so wäre, daß der eine Mensch ehrlich, aufrichtig, achtenswert und gottesfürchtig unter den gleichen Umständen genau das Gegenteil dessen tun kann, was ein anderer Mensch tut, der doch auch ehrlich, aufrichtig, achtenswert und gottesfürchtig ist: so wäre das Gottesverhältnis nicht wesentlich da, wäre nicht da in seiner tiefsten Bedeutung. Wofern man mit unbedingter Wahrheit über jeden Menschen urteilen könnte nach einem allgemein gegebenen Maßstab, so wäre das Gottesverhältnis wesentlich abgeschafft, so wäre
alles nach außen gekehrt und erfüllte sich nach heidnischer Weise IX 221
im Leben des Staats oder der Gesellschaft, so wäre das Leben viel zu leicht geworden, aber auch überaus leer, so wären sowohl die Anstrengung als auch die Selbstvertiefung weder möglich noch notwendig, die gerade in dem schwierigsten Zusammenstoß des unendlichen Mißverständnisses das Gottesverhältnis in einem Menschen entwickeln."

Kannst du mir nun sagen, wer dies gesagt hat? Nein, das ist unmöglich; denn es ist durch und durch zweideutig, der mißtrauischste u n d der liebevollste Mensch können, in Eigenschaft als Wissende, es gleich gut gesagt haben. Kein Mensch hat es gesagt, es ist unmenschlich gesagt, es ist ein Mitlauten, welches erst zu menschlicher Rede wird in der besondernden Beseelung durch die Persönlichkeit, die es ausspricht, indem sie ihm Stimme beilegt. Es ist ein Wissen, und Wissen ist als solches unpersönlich und soll unpersönlich mitgeteilt werden[194]. Wissen setzt alles in die Möglichkeit, und besteht insofern außerhalb der Wirklichkeit des Daseins in der Möglichkeit; erst mit dem „folglich", mit dem Glauben beginnt der einzelne sein Leben. Aber die meisten merken gar nicht, daß sie auf die eine oder andere Art jede Minute, die sie leben, in Kraft eines „folglich", eines Glaubens leben — so oberflächlich leben sie. Im Wissen gibt es keine Entscheidung; die Entscheidung, die Bestimmung und Bestimmtheit als Persönlichkeit geschieht erst im „folglich", im Glauben. Wissen ist die unendliche Kunst der Zweideutigkeit oder die unendliche Zweideutigkeit, die auf ihrem Gipfelpunkt gerade darin besteht, einander entgegengesetzte Möglichkeiten ins Gleichgewicht zu setzen. Das zu können, heißt wissend zu sein, und nur wer es versteht, einander entgegengesetzte Möglichkeiten gleichgewichtig mitzuteilen, nur der teilt Wissen mit. Entscheidung im Wissen oder Wissen in Entscheidung mitzuteilen, ist Unsinn, der freilich heutzutage — ja, Unsinn ist und bleibt er, aber heutzutage ist er zum tiefechten, zum echten Tiefsinn des tiefen Denkens geworden. Wissen ist nicht Mißtrauen, denn das Wissen ist unendlich gleichwägend, ist die unendliche Gleichgültigkeit im Gleichgewicht; Wissen ist auch nicht Liebe, denn das Wissen ist unendlich gleichwägend, ist die unendliche Gleichgültigkeit im Gleichgewicht, Wissen ist auch nicht Befleckung, da es die unendliche Gleichgültigkeit ist. Der Mißtrauische und der Liebende haben das Wissen gemeinsam, und weder ist der Mißtrauische durch dieses Wissen der Mißtrauische, noch ist der Liebende durch dieses Wissen der Liebende. Aber wenn dann das Wissen in einem Menschen die einander entgegengesetzten Möglichkeiten ins Gleichgewicht gesetzt hat, und er nun urteilen soll oder will: so zeigt sich an dem, was er dann glaubt, wer er ist, ob er mißtrauisch oder liebevoll ist. Nur sehr verwirrte und halb befahrne Menschen glauben, daß sie über einen andern Menschen in Kraft eines Wissens urteilen. Das kommt daher, daß sie nicht einmal wissen, was Wissen ist, daß sie

sich niemals weder Zeit noch Fleiß genommen haben, um den unendlichen, gleichwägenden Sinn für Möglichkeiten zu entwickeln oder um mit der Kunst unendlicher Zweideutigkeit die Möglichkei- IX 222
ten aufzufassen und sie ins Gleichgewicht zu bringen, oder um auf Durchsichtigkeit zu gründen. In einer Art gärendem Zustand haben sie entweder träge oder leidenschaftlich eine Vorliebe für eine bestimmte Art Möglichkeit; ein wenig davon ist genug, dann urteilen sie, und nennen das ein Urteilen in Kraft eines Wissens, und meinen, selbstzufrieden bei einem derartigen — *Glauben* — *in Kraft* eines Wissens (lauter Ungereimtheit), gegen Fehlschlüsse gesichert zu sein — welche dem Glauben vorbehalten sein sollen (eine neue Ungereimtheit)[195].

Immer wieder hört man die Menschen eine große Furcht vor irrigem Urteilen äußern; aber wenn du genauer hinhörst, ach, dann verbirgt sich so oft ein trauriges Mißverständnis hinter dieser — ernsten Furcht. Schau, jener edle, einfältige Weise des Altertums, er wurde, was er wurde — ja, er wurde nichts Großes, weder ein großer Geldmann noch ein hochstehender Staatsdiener in dieser besten Welt; verarmt, verlacht, verspottet, angeklagt, verurteilt, wurde er der edle, einfältige Weise, jedoch der Seltene, nahezu der einzige, der wirklich einen Unterschied machte zwischen dem, was er verstand, und dem, was er nicht verstand, und das wurde er, eben weil er „am allerheftigsten fürchtete, in einem Irrtum befangen zu sein“[196]. Aber ob wohl wirklich die Menschen an diese Erhabenheit, dies Gleichgewicht der Erhabenheit denken, wenn sie sich vor einem irrigen Urteilen fürchten? Vielleicht. Aber es wäre ja doch auch möglich, daß die Furcht zuweilen etwas einseitig ist. Wir Menschen haben eine natürliche Furcht vor dem Irrtum —, von einem Menschen zu viel Gutes zu glauben. Den Irrtum hingegen, von einem andern Menschen zu viel Schlechtes zu glauben, fürchtet man vielleicht nicht, oder doch nicht in dem Maße wie den ersten. Aber dann fürchten wir ja nicht am allerheftigsten, in einem Irrtum befangen zu sein, dann sind wir vielmehr dadurch in einem Irrtum befangen, daß wir eine einseitige Furcht vor einer bestimmten Art Irrtum haben. Es verletzt die Eitelkeit und den Stolz, wenn man dem Hinterlistigen zu sehr glaubt oder geglaubt hat, wenn man so töricht gewesen ist, ihm zu glauben — denn es ist ein Wettkampf zwischen Klugheit und Klugheit. Man ärgert sich über sich

selbst, oder man findet doch, daß es (ja, so sagen wir, und es frommt ja nur wenig, oder richtiger es ist ein Betrug, im erbaulichen Vortrag einen feierlicheren, einen fremdmachenden Ausdruck zu gebrauchen), daß es „so blamabel" ist, zum Narren geworden zu sein. Aber sollte es uns nicht doch, mildest gesprochen, ebenso blamabel scheinen, das Schlechte geglaubt zu haben, oder mißtrauisch nichts geglaubt zu haben, wo das Gute gegenwärtig war! Ob das nicht dereinst in der Ewigkeit mehr als — blamabel sein wird; denn
IX 223 laßt uns ruhig das in der Welt so häufig benutzte Wort gebrauchen, es nimmt sich so gut aus in Verbindung mit der Ewigkeit! Aber hier in der Welt ist es nicht „blamabel", von einem guten Menschen Schlechtes zu glauben, es ist ja eine Überlegenheit, durch die man des Guten auf eine bequeme Weise ledig wird, aber „blamabel" ist es, von einem bösen Menschen Gutes zu glauben, deshalb sichert man sich — da man so sehr fürchtet, in einem Irrtum befangen zu sein.

Der Liebende hingegen fürchtet in Wahrheit, in einem Irrtum befangen zu sein, deshalb glaubt er alles.

Die Welt führt auf vielerlei Art in Versuchung, unter anderm auch dadurch, daß sie den Schein erweckt, es sei so beschränkt, so töricht: *liebend* alles zu glauben. Aber dies ist ein Mißverständnis. Man macht einen Strich durch die Liebe (ach, anstatt sie zu *unter*streichen!), und dann legt man das Gewicht auf das Törichte: alles glauben; anstatt daß alles Gewicht darauf liegt, daß „*die Liebe*" alles glaubt. Wahrlich, nicht das Wissen befleckt einen Menschen, ganz und gar nicht, das Wissen ist gerade als die bloße Durchsichtigkeit am vollkommensten und am reinsten, wie es die Vollkommenheit des Wassers ist, nach nichts zu schmecken. Der Diener der Gerechtigkeit ist nicht befleckt, weil er, besser als der Verbrecher, über alle Schliche Bescheid weiß. Nein, das Wissen befleckt einen Menschen nicht; sondern das Mißtrauen befleckt das Wissen eines Menschen, ebenso wie die Liebe es läutert.

In Bezug auf das Urteilen über einen andern Menschen führt das Wissen höchstens zum Gleichgewicht der einander entgegengesetzten Möglichkeiten — der Unterschied kommt dann in dem nun daraus gezogenen Schluß zum Vorschein. Denn die Schrift warnt vor dem Urteilen, und fügt hinzu: „auf daß ihr nicht gerichtet werdet"[197], so daß es doch aussieht, als könne man zuweilen ur-

teilen, ohne daß wieder über einen selbst geurteilt wird. Aber das
ist nicht der Fall. In derselben Minute, da du über einen andern
Menschen urteilst, oder einen andern Menschen beurteilst, urteilst
du über dich selbst; denn über einen andern urteilen, heißt im letz-
ten Grund nur, über sich selbst urteilen, oder selbst offenbar wer-
den. Du merkst das vielleicht nicht, es entgeht deiner Aufmerksam-
keit, wie ernst das Dasein ist, wie es dich durch Vorweisen all dieser
vielen Menschen gleichsam zum Urteilen veranlaßt, so daß du dich
sogar glücklich preist, unter jenen — ohne ihr Verdienst glücklich
Begünstigten zu sein, welche ein Nichts sind, und deshalb in aller
Sorglosigkeit die bequeme Aufgabe haben, über andere zu urtei-
len: und dann ist es das Dasein, welches höflich oder streng genug
ist, dich nicht für ein Nichts zu halten, dann ist es das Dasein, wel-
ches über dich urteilt. Wie gierig kann doch ein Mensch auf das Ur- IX 224
teilen erpicht sein — wofern er wüßte, was Urteilen heißt: wie lang-
sam würde er werden! Wie begehrlich kann er bloß das geringste
bißchen aufschnappen, um Gelegenheit zum Urteilen zu bekom-
men — d. h. Gelegenheit, sich selbst zu fangen! Durch das Wissen
kommst du nur zum Gleichgewicht, gerade wenn die Kunst voll-
endet geübt wird; aber die Schlußfolgerung kehrt zurück zu dem
Wesen des Urteilenden und macht es offenbar, macht offenbar —
daß er der Liebende ist, denn er schließt: folglich glaube ich
alles.

Das Mißtrauen hingegen hat (natürlich nicht durch sein Wissen, dies ist die unendliche Gleich-Gültigkeit, sondern durch sich selbst, durch seinen Unglauben) Vorliebe für das Schlechte. Daß man überhaupt nichts glaubt, ist genau die Grenze, dort beginnt der Glaube an das Schlechte; das Gute ist nämlich der Gegenstand des Glaubens, und deshalb hat einer, der überhaupt nichts glaubt, begonnen, das Schlechte zu glauben. Daß man überhaupt nichts glaubt, ist der Anfang des Schlecht-S e i n s, denn es heißt, daß man nichts Gutes in sich hat, da der Glaube eben das Gute im Menschen ist, das nicht mit dem vielen Wissen kommt, auch nicht zu fehlen braucht, weil das Wissen gering ist. Das Mißtrauen kann das Wissen nicht im Gleichgewicht halten, es befleckt sein Wissen, und nähert sich deshalb der Mißgunst, der Schadenfreude und der Verderbtheit, welche alles Schlechte glauben. Aber was nun, wenn einer, der so auf das Urteilen erpicht war, um seine Empörung, seine mächtige oder ohnmächtige Erbitterung über einen andern auszuschütten, ohne doch das wirklich zu kennen, worüber er urteilte; was nun, wenn er in der Ewigkeit entdeckt und genötigt ist zu gestehen, daß der Verurteilte nicht bloß zu entschuldigen war, sondern, daß er der edelste, der uneigennützigste, der hochherzigste Mensch war! Man hat gesagt, daß wir einst in der Ewigkeit (ach, in der Hoffnung, daß wir nicht selbst ausgeschlossen werden) gewiß mit Verwunderung den einen oder anderen vermissen werden, den wir so bestimmt dort zu finden erwartet hätten; aber man wird wohl auch mit Verwunderung den einen oder andern dort sehen, den man frischweg ausgeschlossen hatte, und man wird wohl sehen, daß er so viel besser war als man selbst, nicht als sei er das später geworden, sondern gerade in Bezug auf das, was den Verurteilenden dazu bestimmte, ihn auszuschließen. Jedoch der Liebende glaubt alles. Mit der seligen Freude der Verwunderung wird er einst sehen, daß er recht hatte; und ging er darin in die Irre, daß er zu viel Gutes glaubte — das Gute zu glauben ist in sich selbst eine Seligkeit. Liebend das Gute zu glauben, ist ja wohl keine Irrung, aber dann geht man also auch nicht in die Irre damit.

Mißtrauisch überhaupt nichts zu *glauben* (was ganz verschieden ist vom *Wissen* um das Gleichgewicht der einander entgegengesetzten Möglichkeiten) und liebend alles zu *glauben* ist dergestalt nicht Erkenntnis, ist auch kein Erkenntnis-Schluß, sondern eine Wahl, die eintritt gerade wenn das Wissen die einander
IX 225 entgegengesetzten Möglichkeiten ins Gleichgewicht gesetzt hat; und in dieser Wahl, die freilich die Gestalt eines Urteils über andere hat, wird der Urteilende offenbar. Daß Leichtsinn, Unerfahrenheit und Gutgläubigkeit alles glauben, ist eine Erkenntnis, und zwar eine törichte Erkenntnis; *liebend* alles *zu glauben*, ist eine Wahl in Kraft der Liebe. Anstatt daß man, wie das Mißtrauen es tut, seinen Scharfsinn gebraucht, um sich darin zu sichern, daß man nichts glaubt, gebraucht die Liebe ihren Scharfsinn, um das gleiche zu entdecken, daß nämlich der Betrug und die Wahrheit unbedingt gleich weit reichen, und nun schließt sie — in Kraft des Glaubens, den sie in sich selbst hat: folglich glaube ich alles.

Liebe glaubt alles — und wird doch niemals betrogen. Wunderlich! Überhaupt nichts zu glauben, um niemals betrogen zu werden, das läßt sich, scheint's, hören; denn wie sollte man jemanden betrügen können, der überhaupt nichts glaubt! Aber alles zu glauben, und sich dadurch gleichsam hinzuwerfen als Beute für jeden Betrug und jeden Betrüger, und sich dennoch gerade dadurch gegen jeden Betrug unendlich zu sichern: das ist sonderbar. Und doch, selbst wenn man nicht von andern betrogen wird, sollte man dann nicht doch betrogen sein, am schrecklichsten betrogen sein, freilich von sich selbst, indem man überhaupt nichts glaubt, betrogen um das Höchste, um die Seligkeit der Hingebung, der Liebe! Nein, es gibt nur einen einzigen Weg, sich dagegen zu sichern, daß man jemals betrogen wird, nämlich den, daß man liebend alles glaubt.

Laßt uns folgendermaßen sprechen: kann ein Mensch Gott betrügen? Nein, im Verhältnis zu Gott kann ein Mensch nur sich selbst betrügen; denn das Gottesverhältnis ist dergestalt das höchste Gut, daß jemand, der Gott betrügt, am schrecklichsten sich selbst betrügt. Oder laßt uns ein Verhältnis zwischen Mensch und Mensch nehmen. Kann ein Kind seine Eltern betrügen? Nein, das Kind betrügt sich selbst; es ist nur ein Schein (also ein Betrug), eine kurzsichtige Täuschung, daß es für das Kind oder für jemanden, der keinen besseren Verstand hat als das Kind, so aussieht, als betröge das Kind die Eltern, ach, während das arme Kind wesentlich sich selbst betrügt. Man muß vernünftigerweise annehmen, daß die Eltern in Bezug auf das Kind eine solche Überlegenheit an Weisheit und Einsicht haben und deshalb auch eine solche Überlegenheit an wahrer Liebe zu dem Kind, welches sich nur unverständig selbst zu lieben versteht, daß der Betrug der Eltern das größte Unglück wäre, welches einem Kinde widerfahren könnte, das größte Unglück, wenn es nicht seine eigene Schuld wäre. Aber dann sind ja – in Wahrheit – nicht die Eltern betrogen, sondern vielmehr das Kind, und es ist ein Schein (ein Betrug), daß das Kind die Eltern betröge; *im kindlichen* und *unverständigen Sinne* ist *es so*, daß das Kind die Eltern betrogen hat, aber *demnach* ist das ja *nicht wahr*, da es nur wahr ist im „kindlichen und unverständigen Sinne“. Wäre es nicht auf der andern Seite ein jämmerlicher, IX 226
ein widerwärtiger Anblick, einen Vater oder eine Mutter zu sehen, die in Bezug auf das Kind nicht die wahre, ernste, besorgte Vorstellung der Überlegenheit hätten, darin gegründet, daß sie mit ewiger Verantwortung in Wahrheit des Kindes Bestes wollen – wäre es

nicht ein jämmerlicher und widerwärtiger Anblick, einen Vater oder eine Mutter zu sehen, die deshalb zu unschicklichem Gezänk mit dem Kinde herabsinken, um ihrer selbst willen gereizt und erbittert werden könnten, weil der Vater oder die Mutter die kindisch unverständige Meinung hätten, das Kind betröge sie! Ein solches Verhältnis zwischen Eltern und Kind ist ja doch unschicklich, ja beinahe widersinnig, wie wenn das Schlagen eines Kindes bedeutete, daß man sich mit dem Kinde schlägt, und derart, unter Beiseitesetzen aller Würde, Hoheit und vollmächtigen Überlegenheit schlecht und recht nur bewiese, daß der Vater oder die Mutter im körperlichen Sinne die stärksten wären.

Also, die wahre Überlegenheit kann niemals betrogen werden, wofern sie sich selber treu bleibt. Aber die wahre Liebe ist in Bezug auf alles, was nicht Liebe ist, also in Hinsicht auf jeden Betrug, unbedingt die Überlegene: folglich kann sie niemals betrogen werden, wenn sie, indem sie alles glaubt, sich selber treu bleibt, oder dabei beharrt, die wahre Liebe zu sein.

Dies ist freilich sehr leicht einzusehen; die Schwierigkeit ist deshalb eine andere, nämlich die, daß es einen niedrigeren Vorstellungsbereich gibt, der nicht einmal eine Ahnung von der wahren Liebe hat, von der Liebe an und für sich, und von deren Seligkeit in sich selbst; die Schwierigkeit ist, daß eine große Mannigfaltigkeit an Sinnentrug den Menschen in dem niedrigeren Vorstellungsbereich niederhalten will, wo der Betrug und das Betrogenwerden gerade das Gegenteil von dem bedeuten, was sie *in der unendlichen Vorstellung von der Liebe* bedeuten. *In dieser bedeutet betrogen zu werden einzig und allein, die Liebe fahrenzulassen, sich hinreißen zu lassen, die Liebe an und für sich aufzugeben und dadurch ihre Seligkeit in sich selbst zu verlieren.* Denn im unendlichen Sinne ist nur ein einziger Betrug möglich, der Selbstbetrug; unendlich braucht man sich nicht vor denen zu fürchten, die den Leib töten können[198]; getötet zu werden, ist im unendlichen Sinne keine Gefahr, auch ist die Art Betrug, von der die Welt spricht, keine Gefahr. Und das ist wiederum nicht schwer zu verstehen. Das Schwierige ist, die Aufgabe zu erfüllen, daß man die wahre Vorstellung von der Liebe erwerbe, oder richtiger, daß man der wahrhaft Liebende werde, denn dieser wehrt sich eben, indem er alles glaubt, gegen den Sinnentrug, kämpft um die Selbstbewahrung in der wahren Liebe. Aber der Sinnentrug will sich ständig aufdrängen, ungefähr ebenso wie der Sinnentrug, welcher meint, die Sonne bewege sich, ungeachtet man doch weiß, daß die Erde sich bewegt.

Es gibt eine niedrigere Auffassung der Liebe, also eine niedrigere IX 227
Liebe, die keine Vorstellung von der Liebe an und für sich hat. Diese hält das Lieben für eine Forderung (die Forderung ist Gegenliebe), und das Geliebtwerden (die Gegenliebe) für ein irdisches Gut, für zeitliche — ach, und doch für die höchste Glückseligkeit. Ja, wenn es so ist, muß freilich der Betrug den Herrn und Meister spielen können, genauso wie in der Welt des Geldes. Man gibt sein Geld aus, um die eine oder andere Bequemlichkeit zu kaufen; man hat das Geld gegeben, aber die Bequemlichkeit nicht bekommen: ja, dann ist man zum Narren gehalten. Man betreibt den Umsatz der Liebe; man gibt seine Liebe hin, um einzutauschen, hat aber keine Gegenliebe in den Tausch bekommen: ja, dann ist man betrogen. Der Betrug soll also darin bestehen, daß der Betrüger die Liebe des Betrogenen gewonnen hat, so daß dieser es vielleicht nicht lassen kann, ihn zu lieben, weil er sogar in dem Maße liebevoll wäre — daß er nur einen einzigen Menschen lieben könnte, und dieser einzige Mensch wäre der Betrüger. Es ist nicht die Absicht dieser Erwägung zu leugnen, daß der Liebende betrogen ward, auch nicht, daß der Betrüger wahrlich ein elender Betrüger war; aber es ist ihre Absicht zu leugnen, daß dieser Liebende der wahrhaft Liebende gewesen sei. Denn wer — so überaus liebevoll ist, daß er nur einen einzigen Menschen lieben kann, der ist nicht der wahrhaft Liebende, sondern ein Verliebter, und ein Verliebter liebt nur sich selbst, wie früher gezeigt worden ist[199]. Daß man aber jemanden betrügen kann, der sich selbst liebt, hat die Rede niemals bestreiten wollen. Es liegt hier, wie überall, etwas sehr Tiefsinniges im Dasein. Man hört zuweilen jene lauttönende Klage darüber, daß man in der Liebe betrogen sei. Der Kläger will eben beweisen, wie selten liebevoll er selber sei, und damit dann wieder, wie ungewöhnlich lumpenhaft der Betrüger sei und gewesen sei, und dies beweist er, indem er von sich selbst versichert, daß er nur einen einzigen Menschen lieben könne und gekonnt habe. Er merkt nicht, daß diese Anklage, je heftiger sie wird, desto mehr zu einer Selbstanklage

wird, welche anzeigt, daß er sich selbst geliebt habe und liebe und deshalb ganz richtig nur einen einzigen lieben konnte (denn die wahre Liebe liebt alle und zwar ohne daß sie Gegenliebe fordert), und deshalb ganz richtig betrogen werden konnte, was dem wahrhaft Liebenden nicht geschehen kann. Das will heißen: Jeder, der wesentlich und entscheidend behauptet, er sei in der Liebe derart betrogen worden, daß er das Beste, geschweige denn alles verloren habe, zeigt damit an, daß er sich selbst liebt; denn das Beste ist die Liebe an und für sich, und die kann man stets behalten, falls man der wahrhaft Liebende sein will. Jeder deshalb, der nur die niedrigere, die Vorstellung des Betrugs von der Liebe haben will, gebe wohl darauf acht, daß er nicht betrogen werde, er lerne von den
IX 228 Geldleuten oder den Handeltreibenden, welche Vorsichtsmittel gegen Betrüger angewandt werden. Ach, und trotz all dieser Vorsichtsmittel, ja selbst wenn es ihm gelänge, sich durch diese gegen jeden Betrug zu sichern: er und alle Gleichgesinnten sind doch wesentlich betrogen, dieweil sie ihr Leben in der Welt haben, welche Betrug ist, in der Welt, wo alle wesentlich Betrogene sind, ob nun der eine wider den andern seufzt, weil er betrogen worden sei, oder der andere prahlt, weil er nicht betrogen worden sei. Der Unterschied ist nicht größer, als wenn in einer Irrenanstalt der eine Geisteskranke sich einbildete, er sei nicht auf gleiche Weise geisteskrank wie der andere, während sie doch alle wesentlich Geisteskranke sind.

Die niedrigere Vorstellung und der Sinnentrug, der in deren Dienst und Auftrag die Menschen heimsucht, ist die Versuchung; die Schwierigkeit ist eben die, sich handelnd gegen sie zu wehren; denn es ist leicht genug, in einer stillen Stunde[200] einzusehen, daß die wahre Liebe, welche alles glaubt, nicht betrogen werden kann. „Aber es ist doch eine Schande, betrogen zu werden." Falls du selbst der wahrhaft Liebende wärst, der alles glaubt, so sähest du doch wohl leicht ein, daß es eine Unmöglichkeit sei, sähest ein, daß du nicht betrogen wärest. Aber ist es denn eine Schande, sich dessen bewußt zu sein, daß man nicht betrogen ist? Nein. „Aber es ist doch eine Schande, daß es anderen so scheinen muß." Schau, hier liegt der Sinnentrug. Sich dessen bewußt zu sein und zwar mit Recht, daß man nicht betrogen ist, und es dennoch für eine Schande halten, daß es scheint, als sei man betrogen worden, wie nennt man das? Man nennt es Eitelkeit, oder was das gleiche ist, man nennt es: doch nicht gänzlich der wahrhaft Liebende sein. Ach, und könnte die Eitelkeit Gewalt bekommen über den wahrhaft Liebenden, so wäre er freilich betrogen, denn dann lockt sie ihn heraus aus der Liebe, hinab in die niedrige Welt der Kleinlichkeit und des Gezänks, wo man äfft und geäfft wird, eitel darüber, daß man äffen kann, mißvergnügt, daß man geäfft wird, und deshalb eitel darüber, daß man dies vermeiden kann. – Wenn wir den wahrhaft Liebenden von dem Listigen, dem Ränkevollen, dem Heuchler betrogen sehen, so empören wir uns, und weshalb zuweilen? weil wir keine Strafe und Vergeltung im Äußeren sehen, also weil wir das die Sinne befriedigende Schauspiel der Unvollkommenheit und Äußerlichkeit zu sehen verlangen, wo die Vergeltung im Äußeren eintritt, also weil wir in den niedrigeren Vorstellungskreis hinabsinken, also weil wir träge und gedankenlos vergessen, daß man den wahrhaft Liebenden nicht betrügen kann. Wir rufen mit Recht Wehe über den, der einen Blinden in die Irre führt; es ist ganz in Ordnung, daß wir verlangen, hier die Strafe im Äußeren zu sehen, denn einen Blinden kann man betrügen, das Blindsein sichert nicht gegen jeden Betrug; aber den wahrhaft Liebenden, der alles glaubt, kann man nicht betrügen. Wissen kann nämlich in gewissem Sinne IX 229 der Liebende sehr wohl, ob jemand ihn betrügt, aber indem er das nicht glauben will, oder indem er alles glaubt, bewahrt er sich in der Liebe, und ist dergestalt nicht betrogen – so daß man also hier ein Beispiel dafür erblickt, wie töricht es ist, wie unverständig die Betriebsamkeit, welche meint, das Wissen sei höher als das Glauben; denn gerade daß er alles glaubt, sichert den Liebenden, der in gewissem Sinne weiß, daß er betrogen wird, dagegen, betrogen zu werden.

Den wahrhaft Liebenden, der alles glaubt, kann man nicht betrügen, denn *ihn betrügen, heißt, sich selbst betrügen*. Was ist nämlich das höchste Gut und die größte Seligkeit? Doch wohl: in Wahrheit zu lieben; nächst diesem: in Wahrheit geliebt zu werden. Aber dann ist es ja unmöglich, den Liebenden zu betrügen, der eben dadurch, daß er alles glaubt, in der Liebe bleibt. Wofern es möglich wäre, jemanden in Bezug auf Geld dergestalt zu betrügen, daß der sogenannte Betrogene sein Geld behielte: wäre er dann betrogen? Aber eben dies ist hier der Fall. Der

Betrüger wird verächtlich durch seinen Versuch, und der Liebende bewahrt sich in der Liebe, bleibt in der Liebe, also im Besitz des höchsten Gutes und der größten Seligkeit, ist also doch wohl nicht betrogen! Der Betrüger hingegen betrügt sich selbst. Er liebt nicht, und dadurch hat er schon sich selbst um das höchste Gut und die größte Seligkeit betrogen. Nächst diesem kommt das Geliebtwerden von dem, der in Wahrheit liebt — sonst könnte ja das Geliebtwerden einem zum großen Unglück gereichen. Wiederum ist hier der Betrüger im Begriff, sich selbst zu betrügen, sofern er sich daran hindert, den wahren Gewinn davon zu haben, und sofern es ihm gelingen sollte, wenn sein Betrug vermeintlich aufgedeckt würde, die Liebe des andern Menschen zu verscherzen und den Liebenden dadurch unglücklich zu machen, daß dieser aufhörte, in Wahrheit zu lieben — statt alles zu glauben und dadurch in der Liebe zu bleiben, gesichert gegen den Betrug.

Laßt es einmal vor unsern Augen geschehen, auf daß recht deutlich werde, wie erbärmlich der Betrüger sich ausnimmt im Verhältnis zu dem wahrhaft Liebenden — denn es ist viel die Rede von Verführern und Verführungen, von Betrug und Betrügern, aber so selten spricht man von dem *wahrhaft* Liebenden oder stellt ihn dar. Also ich denke mir einen Listigen, einen Ränkevollen, einen Heuchler; ich mache mir ein Vergnügen daraus, ihn, der in alle Geheimnisse des Betrugs eingeweiht ist, mit allen verführerischen Gaben auszurüsten. Was will er nun? Er will den Liebenden betrügen, er will (denn so viel Verstand hat er trotz seiner Verderbtheit, daß er einsieht, ein wie großes Gut es ist, geliebt zu werden) durch seine List erreichen, daß er geliebt wird. Aber wozu all diese Umstände, diese völlig überflüssige Vorsorge
IX 230 an List und Ränken? Den wahrhaft Liebenden will er betrügen; aber der wahrhaft Liebende liebt alle, so daß der Betrüger viel einfacher erreichen kann, daß er geliebt wird. Ja, wäre von einem Verliebten (einem, der sich selbst liebt) die Rede, so wäre doch wenigstens Sinn in dem Betrug; denn der Verliebte kann nur einen einzigen lieben, und nun ginge es also darum, falls das möglich wäre, durch die betrügerische Kunst der List und Falschheit dieser einzige zu werden. Aber im Verhältnis zu dem wahrhaft Liebenden ist der Betrug von Anfang an sinnlos, steht der Betrüger von Anfang an im erbärmlichsten Licht. Nun weiter. Also gelingt es natür-

lich, geliebt zu werden, natürlich — ja der Betrüger glaubt und muß natürlich glauben, er verdanke dies seiner List, seinen Ränken und seiner Kunst; armer Betrogener, er merkt nicht, daß er mit dem wahrhaft Liebenden zu tun hat, der ihn liebt, weil der wahrhaft Liebende alle liebt. In welcher Sinnlosigkeit ist nun des Betrügers Erbärmlichkeit gefangen, nicht als mißglücke der Betrug, nein, diese Strafe ist viel zu gering, nein, der Betrug gelingt, und der Betrüger ist stolz auf seinen Betrug! Aber worin liegt dann der Betrug, von was für einem Betrug spricht er? Natürlich soll der Betrug darin liegen, daß er, während der Liebende ihn liebt, außer dem, daß er dies Gut, geliebt zu werden, genießt, zugleich kalt und stolz und spöttisch die Selbstzufriedenheit genießt, daß er nicht wiederliebt. Es entgeht ihm natürlich ganz und gar (denn wie sollte ein Betrüger darauf verfallen, daß die wahre Liebe zugegen sei!), daß er mit dem wahrhaft Liebenden zu tun hat, welcher liebt, ohne eine Forderung auf Gegenliebe zu erheben, sondern gerade die Liebe und ihre Seligkeit darin gründet, daß er keine Gegenliebe verlangt. Der Betrüger hat also den Liebenden listig dahin gebracht, daß dieser ihn liebt — aber gerade das will ja der Liebende so unendlich gern; der Betrüger hat ihn vermeintlich geäfft dadurch, daß er ihn nicht wiederliebt — aber der wahrhaft Liebende hält ja gerade die Forderung auf Gegenliebe für eine Befleckung, eine Herabwürdigung, und die Liebe ohne den Lohn der Gegenliebe für die höchste Seligkeit. Wer ist dann der Betrogene; von welchem Betrug ist die Rede; der Betrüger redet irre und weiß selbst nicht, was er sagt, ebenso wie jener Mann, über den wir alle lachen, jener Mann, der im Graben lag, und dennoch glaubte, er ritte. Ist ein derartiger Betrug nicht ebenso, wie wenn man Diebstahl nennen wollte, daß man einem Manne Geld zusteckt! Der wahrhaft Liebende ist reicher geworden; denn um jeden mehr, den er lieben kann, und um jedesmal mehr, da er seine Liebe hingibt unter Verzicht auf Gegenliebe, wird er reicher. Oder ist der wahrhaft Liebende betrogen, falls verborgen bleibt, welch unwürdiger Gegenstand für die Liebe der Betrüger ist? Lieben ist ja das höchste Gut, aber dann kann nur die Liebe, welche Gegenliebe fordert, also die unwahre Liebe, betro- IX 231
gen sein, wenn sie darüber unwissend bleibt, daß der Gegenstand unwürdig ist. Oder ist der wahrhaft Liebende betrogen, falls offenbar wird, welch unwürdiger Gegenstand der Betrüger ist und

war? Lieben ist ja das höchste Gut und die größte Seligkeit. Schau, wenn jemand sich in Geldsachen, um selbst Geld zu bekommen, an einen Mann wendet, dem er vertraut hatte, und von dem er geglaubt hatte, er habe Geld: so ist er geäfft, falls der Mann dann unzuverlässig ist und kein Geld hat. Wer aber sein Geld weggeben will und nicht im entferntesten wünscht oder verlangt, es wiederzubekommen, der ist doch wohl nicht geäfft — weil der Empfänger kein Geld hat. Aber der listige Betrüger bewegt sich in den geschmeidigsten und einschmeichelndsten Verrenkungen der Falschheit, und merkt nicht, wie tölpelhaft er sich benimmt. Er glaubt, der Überlegene zu sein, er lächelt selbstzufrieden in sich hinein (ach, als sähest du das selbstzufriedene Lächeln des Geisteskranken, über das man beide lachen und weinen muß!); er ahnt nicht, daß der Liebende der unendlich Überlegene ist. Verblendet ist der Betrüger, er bemerkt nicht einmal seine schreckliche Ohnmacht: sein Betrug gelingt — und er vollbringt eine Wohltat; sein Betrug gelingt — und er macht den wahrhaft Liebenden noch reicher; sein Betrug gelingt ihm, er gelingt ihm— und doch ist er selbst gerade der Betrogene. Armer Betrogener, selbst dieser Weg zur Rettung ist ihm abgeschnitten, daß sein Betrug mißlingt! Wofern ein Geisteskranker einen Verständigen von der Richtigkeit seines unsinnigen Gedankens überzeugen will, und er in gewissem Sinne zum Ziel kommt, ist das dann nicht das Allerschrecklichste, ist es nicht fast wie eine Unbarmherzigkeit des Daseins; denn wäre es mißlungen, so könnte doch der Geisteskranke vielleicht dadurch darauf aufmerksam geworden sein, daß er geisteskrank sei; aber nun ist es vor ihm verborgen, und seine Geisteskrankheit ist wohl unheilbar. Ebenso steht es mit dem Betrüger; aber da ist es nicht unbarmherzig, es ist die gerechte Strafe über ihn, daß sein Betrug gelingt — und eben dadurch sein Verderben.

Worum geht es denn in Wahrheit bei dem Streit zwischen dem Betrüger und dem Liebenden? Der Betrüger will ihm seine Liebe ablisten. Das läßt sich nicht machen; der wahrhaft Liebende hat eben dadurch, daß er unbedingt auch nicht die geringste Gegenliebe fordert, eine uneinnehmbare Stellung eingenommen; ihn um seine Liebe betrügen, läßt sich ebensowenig machen, wie man einem Manne das Geld ablisten kann, das er als Geschenk aussetzt und jemandem gibt.

Der Streit geht deshalb eigentlich um etwas anderes, nämlich ob es möglich sein könne, daß der Betrüger (was er keineswegs beabsichtigt oder in Betracht zieht) Anlaß werde für den Fall des Liebenden, so daß der Liebende von der Liebe abfiele und hinabsänke in die Welt des Sinnentrugs, in das kindische Gezänk mit dem Be- IX 232
trüger, weil der Liebende die Liebe aufgäbe, welche liebt, ohne Gegenliebe zu fordern. Aber dagegen wehrt sich eben der wahrhaft Liebende, indem er alles glaubt, also indem er den Betrüger liebt. Falls der Betrüger das verstehen könnte, müßte er den Verstand verlieren. Ein Verliebter (einer, der sich selbst liebt) glaubt dann betrogen zu sein, wenn der Betrüger ihn dahin betört hat, daß er den Betrüger liebt, während dieser ihn nicht wiederliebt – und der wahrhaft Liebende glaubt sich gerade gerettet, wenn es ihm, indem er alles glaubt, gelingt, den Betrüger zu lieben; der Verliebte hält es für ein Unglück, den Betrüger weiterhin zu lieben, der wahrhaft Liebende hält es für den Sieg, wenn es ihm bloß gelinge, den Betrüger weiterhin zu lieben. Wunderlich! Der Betrüger muß auf seine Weise immer eingebildeter werden, weil ihm der Betrug so außerordentlich geglückt sei; zuletzt endet es wohl damit, daß er den Liebenden für einen beschränkten armen Tropf hält. Und doch ist der wahrhaft Liebende durch eben das Gleiche ewig und unendlich gegen das Betrogenwerden gesichert! Weißt du, mein Zuhörer, einen stärkeren Ausdruck der Überlegenheit als den, daß der Überlegene obendrein wie der Schwächere aussieht? Denn derjenige Stärkere, der aussieht wie der Stärkere, gibt einen Maßstab für seine Überlegenheit an die Hand; wer aber, obgleich überlegen, aussieht wie der Schwächere, der verneint Maßstab und Vergleich, d. h. er ist unendlich überlegen. Hast du im Leben niemals dies Verhältnis unendlicher Überlegenheit gesehen, das freilich nicht unmittelbar zu sehen ist, denn das Unendliche wird niemals unmittelbar gesehen? Nimm den an Verstand anderen unendlich Überlegenen, und du wirst sehen, er sieht aus wie ein einfältiger Tor[201]; nur wer glaubt etwas mehr Verstand zu haben als andere, dessen aber nicht ganz sicher ist, oder beschränkt und töricht genug ist, sich eines Vergleichs-Verhältnisses zu brüsten, nur der bestrebt sich, auszusehen wie ein an Verstand Überlegener.

So steht es mit dem Liebenden, welcher alles glaubt. Dies kann so leicht mit Beschränktheit verwechselt werden, und doch ist die

Tiefe der Weisheit in dieser Einfalt; es kann so leicht mit Schwachheit verwechselt werden, und doch sind die Kräfte der Ewigkeit in dieser Ohnmacht; es kann so leicht aussehen wie ein armer, preisgegebener Mensch, den jeder betrügen kann, und doch ist er der einzige, der ewig und unendlich gegen das Betrogenwerden gesichert ist. Aber das ist nicht unmittelbar zu sehen, menschlich gesprochen liegt die Verwechslung ganz nahe, besonders in diesen klugen Zeiten, die *zu klug* geworden sind, um an *Weisheit zu glauben*. Die Verwechslung liegt ganz nahe; denn der Liebende, der alles glaubt, ist nicht geradezu offenbar, er ist wie jene Pflanzen, deren Fortpflanzung im Verborgenen geschieht: er at-
IX 233 met in Gott, er zieht Nahrung für seine Liebe aus Gott, er stärkt sich an Gott. Daß er, menschlich gesprochen, betrogen wird, sieht er in gewissem Sinne selber; aber er weiß, daß der Betrug und das Wahre gleich weit reichen, und daß es also doch möglich wäre, daß der Betrüger kein Betrüger wäre, und er glaubt deshalb alles. Dazu hat dieser Liebende den Mut, den Mut, alles zu glauben (wahrlich der höchste Mut!), den Mut, die Verachtung und Verhöhnung der Welt zu erdulden (wahrlich der größte Sieg, größer als einer, der in der Welt gewonnen ward, denn dieser überwindet die Welt!) den Mut, auszuhalten, daß die Welt es so unbeschreiblich töricht findet, während sie doch trefflich dasjenige verstehen kann, woraus er schließt, nicht aber seinen Schluß, so wenig wie die *mißtrauische* Welt die Seligkeit verstehen kann, welche der wahrhaft Liebende in sich selber hat.

Doch gesetzt, es erweise sich einst in der Ewigkeit, daß der Liebende *wirklich* betrogen sei! Wie, sollte es wirklich notwendig sein, noch einmal zu wiederholen? Wenn Lieben das höchste Gut und die größte Seligkeit ist; wenn der Liebende, eben indem er alles glaubt, in der Seligkeit der Liebe bleibt: wie sollte er dann, in Zeit oder Ewigkeit, betrogen sein! Nein, nein, in Zeit und in Ewigkeit ist nur ein einziger Betrug möglich in Bezug auf die wahre Liebe: der Selbstbetrug, oder die Aufgabe der Liebe. Der wahrhaft Liebende wird deshalb den Einwand nicht einmal verstehen können. Ach, aber wir andern können das leider nur allzu leicht; denn es ist so schwierig, sich aus dem niedrigeren Vorstellungsbereich und dem Pakt der irdischen Leidenschaften mit dem Sinnentrug loszureißen. Gerade wenn man das Wahre am allerbesten verstanden hat,

kommt plötzlich das Alte wieder auf einen zu. Das Unendliche, das Ewige, also das Wahre, ist dem natürlichen Menschen so fremd, daß es ihm ebenso ergeht wie dem Hund, der zwar lernen kann, einen Augenblick aufrecht zu gehen, sich aber doch stets danach sehnt, auf allen Vieren zu laufen. Man kann das Denken eines Menschen fast zu der Einräumung zwingen, daß der eine Mensch, da der Betrug unbedingt ebensoweit reicht wie das Wahre, über den andern nicht wirklich urteilen kann, sondern daß der Urteilende nur selber offenbar wird – ungefähr wie wenn einer mit aller Kraft auf einen „Lukas" haut, und nichts davon weiß, daß es eine Kraftprobe ist, also glaubt, er schlage wirklich zu, während seine Kraft doch eigentlich nur geprüft wird. Und wenn man das dann verstanden hat, so kann man doch noch *eine* Ausflucht suchen, man kann sich neugierig zur Ewigkeit verhalten, indem man darauf rechnet, daß sie dann offenbar machen soll, ob es nun *wirklich* ein Betrüger war. Aber was beweist das? Es beweist, daß man weder der wahrhaft Liebende sei, der die Seligkeit der Liebe in sich selber hat,
noch auch die Vorstellung wahren Ernstes von der Ewigkeit habe. IX 234
Gibt ein Mensch dieser Einflüsterung nach, so zieht sie ihn sogleich hinab in den niedrigen Bereich der Kleinlichkeit, wo das letzte und höchste nicht die Seligkeit der Liebe in sich selber ist, sondern vielmehr das Gezänk der Rechthaberei. – Aber der wahrhaft Liebende glaubt alles – und wird doch niemals betrogen.

IX 235

III

Liebe hoffet alles – und wird doch niemals zu Schanden[202]

1. Kor. XIII. 7. Liebe hoffet alles.

Unter mancherlei Bildern und durch mancherlei Vorstellungen sucht die Heilige Schrift auf verschiedenartige Weise diesem unserm irdischen Dasein Festlichkeit und Weihe zu geben, sucht Luft und Aussicht zu schaffen durch das Verhältnis zum Ewigen. Und das ist wohl notwendig. Denn wenn die Weltlichkeit des irdischen Lebens, gottverlassen, sich in Selbstzufriedenheit in sich selber verschließt, entwickelt diese eingesperrte Luft Gift in sich und aus sich. Und wenn in der Zeitlichkeit die Zeit in gewissem Sinne so langsam dahinschleicht und doch so hinterlistig rasch, daß man ihres Entschwindens nie mit gesammelter Aufmerksamkeit gewahr wird; oder wenn der Augenblick sich festsetzt und stillezustehen scheint, wenn alles, alles aufgeboten wird, um Sinn und Kräfte dem Augenblick zuzukehren: dann geht die Aussicht verloren, und dieser losgerissene, gottverlassene Augenblick der Zeitlichkeit, er wäre nun kürzer oder länger, wird zu einem Abfall vom Ewigen. Schau, deshalb hat man so oft zu verschiedenen Zeiten das Bedürfnis nach einem erfrischenden, belebenden Luftzug empfunden, einem mächtigen Windstoß, welcher die Luft reinigen und die giftigen Dünste vertreiben könne, hat Bedürfnis empfunden nach der heilbringenden Bewegung eines großen Ereignisses, welches Rettung bringt durch Bewegen des Stillstehenden, Bedürfnis nach der belebenden Aussicht einer großen Erwartung – auf daß man in der Weltlichkeit nicht ersticke oder in dem lastenden Augenblick umkomme.

IX 236 Doch weiß das Christentum nur einen einzigen Weg und einen einzigen Ausweg, während es nichtsdestoweniger allezeit Weg und

Ausweg weiß; mit Hilfe des Ewigen nämlich schafft das Christentum in jedem Augenblick Luft und Aussicht. Wenn die Betriebsamkeit zunimmt, gerade weil der Augenblick sich breitmacht, wenn sie sich unaufhaltsam im Augenblick umherbewegt, der, im ewigen Sinne, nicht von der Stelle kommt, wenn die Betriebsamen säen und ernten und wieder säen und wieder ernten (denn Betriebsamkeit erntet mehrere Male), wenn die Betriebsamen die Scheunen füllen[203] mit dem, was sie geerntet haben, und auf ihren Verdiensten ausruhen — ach, während der, welcher in Wahrheit das Gute will, im Laufe derselben Zeit noch nicht die geringste Frucht seiner Arbeit sieht, und zum Spott wird wie der, welcher nicht zu säen versteht, wie der, welcher vergebens arbeitet und nur in die Luft streicht: dann schafft das Christentum Aussicht durch seine bildliche Rede davon, daß dies irdische Leben die Zeit der Saat, die Ewigkeit die der Ernte sei[204]. Wenn der Augenblick, gerade weil er stillsteht, wie ein Strudel wird (denn der Strudel bewegt sich nicht vorwärts), wenn gestritten wird, gesiegt und verloren und wieder gesiegt, jetzt an dem einen Punkt, jetzt an einem andern — wenn aber der, welcher das Gute in Wahrheit will, der einzige ist, welcher allein der Verlierer ist und alles verliert, wie es scheint: dann schafft das Christentum Aussicht mit Hilfe seiner bildlichen Rede davon, daß dieses Leben der Trübsal und dem Streit gehört, die Ewigkeit dem Sieg[205]. Wenn der Augenblick verharrt in den jämmerlichen Verwicklungen der Kleinlichkeit, die doch äffend selbst das Heiligste, das Gute, das Wahre in der kümmerlichen Verkleinerung wiedergibt, äffend das Spiel spielt, daß sie Ehre und Schande verteilt; wenn alles nichtig gemacht wird dadurch, daß es in diese jämmerliche, verworrene Bewegung hinabgezogen wird: dann schafft das Christentum Luft und Aussicht, schafft dem Leben Feierlichkeit und Weihe, indem es in bildlicher Rede auf jenes Schauspiel in der Ewigkeit hinweist, wo ewig entschieden werden soll, wer den Ehrenkranz gewann und wer zu Schanden ward[206]. — Welch feierliche, ernste Festlichkeit! Wahrlich, was sind auch Ehre und Schande, wenn die Umgebung nicht gesichert ist, die der Ehre und der Schande unendliche Bedeutung gibt! Selbst wenn es verdient wäre, daß ein Mensch hier in der Welt Ehre gewann, welche Weihe hat denn die Welt, um dem Bedeutung zu geben! Laß den Schüler nach Verdienst gescholten werden, oder nach Verdienst

ausgezeichnet werden — wofern die feierliche Handlung im Trep-
penhaus vor sich gehen sollte; wofern der Lehrer, der Ehre und
Schande verteilt, ein jämmerlicher Kerl wäre; wofern keiner oder
so gut wie keiner von jenen Ehrwürdigen eingeladen wäre, welche
die Festlichkeit mit ihrer Anwesenheit beehren, sondern eine um
so größere Schar losen Volks, dessen Ruf sogar zweideutig wäre:
was sind dann Ehre und Schande? Aber die Ewigkeit! Kennst du
IX 237 einen Festbau, der so hoch gewölbt ist wie die Ewigkeit; weißt du
ein Haus, und sei es auch ein Gotteshaus, wo jene heilige Stille
herrscht wie in der Ewigkeit; weißt du einen Kreis von Ehrwür-
digen, selbst den erwähltesten Kreis, welcher derart dagegen ge-
sichert ist, daß niemand anwesend sei, gegen den die Ehre das
geringste, das allergeringste einzuwenden hätte, derart dagegen ge-
sichert, daß niemand anwesend sei, ohne daß die Ehre Ehre von
ihm hätte, wie die Ewigkeit es ist; weißt du einen Festsaal, welcher,
wären auch all seine Wände aus Spiegelglas, derart unendlich und
ausschließlich die Forderung der Ehre widergibt, derart unendlich
auch das geringste, das unbemerkteste Versteck für die Schande
vermissen läßt wie die Ewigkeit — falls dort deine Schande ans
Licht kommen müßte!

Dergestalt schafft das Christentum in Bezug auf Ehre und Schande jeden Augenblick Aussicht mit Hilfe der Ewigkeit, falls du selbst durch Hoffen mithelfen willst. Das Christentum führt dich nicht hinauf zu einer etwas höheren Stelle, von wo aus du doch nur einen etwas weiteren Umkreis überschauen kannst: dies ist doch nur eine irdische Hoffnung und eine weltliche Aussicht. Nein, die Hoffnung des Christentums ist die Ewigkeit; und deshalb ist in seiner Zeichnung des Daseins Licht und Schatten, Schönheit und Wahrheit, und vor allem die Ferne der Durchsichtigkeit. Die Hoffnung des Christentums ist die Ewigkeit, und Christus ist der Weg; seine Erniedrigung ist der Weg, aber auch da er gen Himmel fuhr, war er der Weg[207].

Aber die Liebe, die größer ist denn Glaube und Hoffnung[208], nimmt sich auch des Tuns der Hoffnung an, oder nimmt sich der Hoffnung, der Hoffnung für andere, als ihres Tuns an. Selbst wird sie erbaut und genährt durch diese Hoffnung der Ewigkeit, und handelt dann wieder andern gegenüber liebend in dieser Hoffnung, und das wollen wir nun erwägen:

Liebe hoffet alles — und wird doch niemals zu Schanden;

denn wahrlich, nicht jeder, der alles hofft, ist deshalb der Liebende, auch ist nicht jeder, der alles hofft, deshalb dagegen gesichert, jemals zu Schanden zu werden; aber liebend alles zu hoffen, ist das Gegenteil dessen, daß man verzweifelt gar nichts hofft, weder für sich selbst noch für andere.

Alles zu hoffen, oder was dasselbe ist, allezeit zu hoffen. Zwar scheint es nämlich auf den ersten Blick so, als sei: alles zu hoffen etwas, was ein für allemal getan werden könnte, da „alles" ja das Mannigfaltige zur Einheit sammelt, und insofern zu dem, was man einen ewigen Augenblick nennen muß, als sei die Hoffnung im Verweilen, in der Ruhe. Das ist jedoch nicht so. Das Hoffen ist nämlich zusammengesetzt aus dem Ewigen und dem Zeitlichen, daher kommt es, daß der Ausdruck für die Aufgabe der Hoffnung in der Gestalt der Ewigkeit der ist, daß IX 238
man alles hofft, in der Gestalt der Zeitlichkeit der, daß man allezeit hofft. Der eine Ausdruck ist nicht wahrer als der andere, vielmehr wird jeder der Ausdrücke unwahr, wenn er dem andern Ausdruck entgegengesetzt werden sollte, anstatt daß sie vereint dasselbe ausdrücken: in jedem Augenblick allezeit alles zu hoffen.

Hoffen verhält sich zu dem Zukünftigen, zur Möglichkeit, welche wieder, verschieden von der Wirklichkeit, stets ein Doppeltes ist: Möglichkeit des Fortschritts oder des Rückgangs, der Aufrichtung oder des Untergangs, des Guten oder des Bösen. Das Ewige „ist"; aber indem das Ewige das Zeitliche berührt oder im Zeitlichen ist, treffen sie einander nicht im „Gegenwärtigen", denn dann wäre das Gegenwärtige selbst das Ewige. Das Gegenwärtige, der Augenblick, ist so rasch vorbei, daß es eigentlich nicht da ist, es ist nur die Grenze, und ist also vergangen, während das Vergangene ist, was gegenwärtig war. Wenn also das Ewige im Zeitlichen ist, so ist es im Zukünftigen[209] (denn das Gegenwärtige kann es nicht ergreifen, und das Vergangene ist ja vorbei) oder in der Möglichkeit. Das Vergangene ist das Wirkliche, das Zukünftige das Mögliche; ewig ist das Ewige das Ewige, in der Zeit ist das Ewige das Mögliche, das Zukünftige. Wir nennen ja deshalb den morgigen Tag das Zukünftige, aber auch das ewige Leben nennen wir das Zu-

künftige. Das Mögliche ist als solches stets ein Doppeltes, und das Ewige verhält sich in der Möglichkeit gleichmäßig zu deren Doppelheit. Auf der andern Seite, wenn der Mensch, den das Mögliche angeht, sich gleichmäßig zur Doppelheit des Möglichen verhält, so sagen wir: er steht in Erwartung. In Erwartung stehen schließt dieselbe Doppelheit ein, die das Mögliche hat, und in Erwartung stehen heißt, sich zu dem Möglichen rein und bloß als solchem verhalten. Darauf teilt das Verhältnis sich, je nach dem, wie der in Erwartung stehende Mensch wählt. Sich erwartend zur Möglichkeit des Guten verhalten, heißt hoffen, was eben deshalb keine zeitliche Erwartung sein kann, sondern eine ewige Hoffnung ist. Sich erwartend zur Möglichkeit des Bösen verhalten, heißt fürchten. Aber sowohl der Hoffende wie auch der Fürchtende stehen in Erwartung. Doch sobald die Wahl getroffen ist, ist das Mögliche verändert, denn die Möglichkeit des Guten ist das Ewige. Nur im Augenblick der Berührung ist die Doppelheit des Möglichen gleichgewichtig; durch die Entscheidung, daß man die Hoffnung wählt, entscheidet man deshalb unendlich mehr als es scheint, denn es ist eine ewige Entscheidung. Nur in der bloßen Möglichkeit, also für den lediglich oder gleichgültig in Erwartung Stehenden ist die Möglichkeit des Guten und des Bösen gleichgewichtig; in der Unterscheidung (und die Wahl ist ja unterscheidend) ist die Möglichkeit des Guten mehr als Möglichkeit, denn
IX 239 sie ist das Ewige. Daher kommt es, daß jemand, der hofft, niemals betrogen werden kann; denn hoffen heißt, die Möglichkeit des Guten erwarten, aber die Möglichkeit des Guten ist das Ewige.

So muß man denn genauer bestimmen, was Hoffnung ist; im alltäglichen Sprachgebrauch nennt man oft Hoffnung, was keineswegs Hoffnung ist, sondern Wunsch, Sehnsucht, sehnsüchtige Erwartung bald des einen, bald des anderen, kurz das Verhältnis eines Erwartenden zur Möglichkeit des Mannigfaltigen. Derart verstanden (wenn Hoffnung eigentlich nur Erwartung bedeutet) fällt es dem Jüngling und dem Kinde recht leicht zu hoffen, weil der Jüngling und das Kind selbst noch eine Möglichkeit sind. Und dagegen ist es dann wieder in Ordnung, wenn man sieht, wie zumeist mit den Jahren das Mögliche und die Hoffnung oder der Sinn für Möglichkeit in einem Menschen abnehmen. Hieraus läßt sich wieder erklären, daß die Erfahrung abweisend von der Hoffnung

spricht, als sei sie nur Jugendlichkeit (was freilich das Hoffen des Kindes und des Jünglings auch ist), als sei das Hoffen, ebenso wie das Tanzen, etwas Jugendliches, wozu der Ältere weder Lust noch Leichtigkeit hat. Nun ja, Hoffen heißt ja auch, sich leicht machen mit Hilfe des Ewigen, d. h. mit Hilfe der Möglichkeit des Guten. Und ist das Ewige auch ganz und gar nicht Jugendlichkeit, so hat es doch weit mehr gemeinsam mit der Jugendlichkeit als mit der Verdrossenheit, die oft genug mit dem Namen des Ernstes beehrt wird, der Trägheit der Jahre, die in einigermaßen glücklichen Lebensumständen so einigermaßen zufrieden und ruhig ist, aber um alles in der Welt nichts mit der Hoffnung zu schaffen hat, und in unglücklichen Lebensumständen lieber griesgrämig murrt als daß sie hofft. In der Jugend hat ein Mensch Erwartung und Möglichkeit genug, sie entwickeln sich von selbst im Jüngling wie die köstliche Myrrhe, die von den Bäumen Arabiens herabtropft. Aber wenn ein Mensch dann älter geworden ist, so bleibt sein Leben meistens, was es nun einmal geworden ist, eine schläfrige Wiederholung und Umschreibung des gleichen; keine Möglichkeit schreckt weckend auf, keine Möglichkeit belebt und verjüngt; die Hoffnung wird etwas, das nirgends seinen Platz hat, und die Möglichkeit etwas ebenso Seltenes wie das Grün im Winter. Man lebt ohne das Ewige mit Hilfe von Gewohnheit, Klugheit, Nachahmung, Erfahrung, Schick und Brauch. Und wahrlich, nimm das alles, gieß es zusammen, bereite es zu mit dem Feuer der glosenden oder nur irdisch aufflakkernden Leidenschaften, und du wirst sehen, du kannst allerhand daraus machen, einen verschiedenartig zubereiteten, zähen Schleim, den man Lebensklugheit nennt; aber nie hat jemand Möglichkeit da herausbekommen, Möglichkeit, dieses Wunderbare, das so unendlich zerbrechlich ist (nicht der zarteste Stengel des Frühjahrs ist so zerbrechlich!), so unendlich empfindlich (nicht das am feinsten verarbeitete Linnen ist so empfindlich!) und das doch gerade zuwegegebracht, gebildet wird mit Hilfe der Ewigkeit, und doch stärker IX 240
ist denn alles, falls es die Möglichkeit des Guten ist.

Man glaubt aus Erfahrung zu sprechen, wenn man eines Menschen Leben in bestimmte Abschnitte und Lebensalter teilt, und dann den ersten Abschnitt den der Hoffnung oder der Möglichkeit nennt. Welche Torheit! Man läßt also in der Rede von der Hoffnung das Ewige ganz aus, und doch spricht man von der Hoffnung.

Aber wie ist das möglich, da die Hoffnung sich ja zu der Möglichkeit des Guten verhält, und dadurch zu dem Ewigen! Und auf der andern Seite, wie ist es möglich, derart von der Hoffnung zu sprechen, daß man ihr ein bestimmtes Lebensalter anweist; das Ewige reicht doch wohl für das ganze Leben, so ist also Hoffnung und soll Hoffnung sein bis zum letzten, so gibt es also kein Lebensalter, welches das der Hoffnung ist, sondern das ganze Leben eines Menschen soll die Zeit der Hoffnung sein! Man glaubt also, aus Erfahrung von der Hoffnung zu sprechen – indem man das Ewige abschafft. Wie man im Schauspiel durch Verkürzen der Zeit und Verdichten der Begebenheiten im Laufe einiger weniger Stunden den Inhalt mehrerer Jahre zu sehen bekommt: ebenso will man sich schauspielartig innerhalb der Zeitlichkeit einrichten. Man verwirft Gottes Anlage des Daseins: daß die Zeitlichkeit ganz und gar die Entwicklung und die Verwicklung ist – die Ewigkeit die Auflösung; man richtet das Ganze innerhalb der Zeitlichkeit ein, weist zwei Dutzend Jahre der Entwicklung zu, dann zehn Jahre der Verwicklung, dann zieht man einige Jahre den Knoten stramm, und dann folgt die Auflösung. Unleugbar, der Tod ist ja auch eine Auflösung, und dann ist es vorbei, man wird begraben – doch nicht ehe die Auflösung der Verwesung eingetreten ist. Aber wahrlich jeder, der nicht verstehen will, daß sein ganzes Leben die Zeit der Hoffnung sein soll, ist verzweifelt, gleichgültig, völlig gleichgültig, ob er davon weiß oder nicht, ob er sich glücklich preist in seinem vermeintlichen Wohlergehen, oder sich durch Langeweile und Schererei hindurchschuftet. Jeder, der die Möglichkeit aufgibt, daß sein Dasein im nächsten Augenblick verscherzt sein könne – falls er denn diese Möglichkeit nicht deshalb aufgibt, weil er die Möglichkeit des Guten *hofft*, also jeder, der ohne Möglichkeit lebt, ist verzweifelt, er bricht mit dem Ewigen, er schließt willkürlich die Möglichkeit ab, setzt ohne die Zustimmung der Ewigkeit den Schluß, wo kein Schluß ist, anstatt daß er, wie der, welcher nach dem Vorsprechen eines anderen schreibt, ständig die Feder für das Nächste bereit hat, so daß er sich nicht anmaßt, sinnlos den Punkt zu setzen, ehe der Satz zu Ende ist, oder aufrührerisch die Feder hinzuwerfen.

Wenn man einem Kinde bei einer sehr großen Aufgabe helfen will, wie verhält man sich dann? Ja, man setzt ihm nicht die ganze Aufgabe auf einmal vor, denn dann verzweifelt das Kind und gibt die Hoffnung auf; man setzt ihm jeweils ein kleines Stück vor, aber stets so viel, daß das Kind keinen Augenblick zum Haltmachen kommt, als sei es fertig, und auch nicht so viel, daß das Kind es nicht bewältigen kann. Das ist der fromme Betrug der Erziehung; sie verschweigt eigentlich etwas; wird das Kind betrogen, so kommt das daher, daß der Erzieher ein Mensch ist, der für den nächsten Augenblick nicht einstehen kann. Nun aber die Ewigkeit; sie ist doch wohl die größte Aufgabe, die einem Menschen gestellt ist, und auf der andern Seite kann sie doch wohl für den nächsten Augenblick einstehen; und das Kind der Zeitlichkeit (der Mensch) verhält sich ja doch nur wie ein kleines Kind zu der unendlichen Aufgabe! Wollte die Ewigkeit auf einmal, und in ihrer Sprache, dem Menschen die Aufgabe stellen, ohne Rücksicht auf sein Fassungsvermögen und seine schwachen Kräfte: so müßte der Mensch verzweifeln. Aber da ist es das Wunderliche, daß diese größte Macht, die Ewigkeit, sich so klein machen kann, sich dergestalt teilen läßt, sie, die doch ewig eines ist, daß sie die Gestalt des Zukünftigen, des Möglichen annimmt und mit Hilfe der Hoffnung das Kind der Zeitlichkeit (den Menschen) erzieht, ihn hoffen lehrt (denn das Hoffen ist die Unterweisung selbst, ist das Verhältnis zum Ewigen), falls er dann nicht willkürlich wählt, durch Strenge entmutigt zu werden mit Hilfe der Furcht, oder frech wählt zu verzweifeln, d. h. sich der Erziehung durch die Möglichkeit zu entziehen. In der Möglichkeit setzt das Ewige, richtig verstanden, ständig nur jeweils ein kleines Stück vor. Die Ewigkeit ist durch das Mögliche stets *nahe* genug, um bei der Hand zu sein, und doch *fern* genug, um den Menschen in der Bewegung auf das Ewige zu im Gang, im Fortgang zu halten. Dergestalt lockt und zieht die Ewigkeit einen Menschen in der Möglichkeit von der Wiege bis zum Grabe, falls er denn die Hoffnung wählt. Denn die Möglichkeit ist, wie gesagt, ein Doppeltes, und eben deshalb die wahre Erziehung; die Möglichkeit ist ebenso streng, oder kann doch ebenso streng sein, wie sie milde sein kann. Die Hoffnung liegt nicht ohne weiteres in der Möglichkeit, denn in der Möglichkeit kann auch die Furcht liegen. Aber wer die Hoffnung wählt, den erzieht die Möglichkeit mit Hilfe der Hoffnung zum Hoffen. Jedoch bleibt die Möglichkeit der Furcht, die Strenge, als eine Möglichkeit verborgen gegenwärtig, falls sie um der Erziehung willen,

IX 241

um zu wecken, notwendig werden sollte; sie bleibt aber verborgen, während das Ewige lockt mit Hilfe der Hoffnung. Denn locken heißt, ständig ebenso *nahe* wie *fern* zu sein, wodurch der Hoffende darin bewahrt wird zu hoffen, alles zu hoffen, bewahrt wird in der Hoffnung auf das Ewige, welches in der Zeitlichkeit das Mögliche ist.

So verhält es sich damit, daß man alles hofft. Aber *liebend* alles zu hoffen, bezeichnet das Verhältnis des Liebenden zu anderen Menschen, daß er nämlich in Bezug auf sie, für sie hoffend, stets die Möglichkeit offen hält mit unendlicher Vorliebe für die
IX 242 Möglichkeit des Guten. Er hofft also liebend, daß in jedem Augenblick Möglichkeit da sei, die Möglichkeit des Guten für den anderen Menschen, bedeute diese Möglichkeit des Guten nun immer herrlicheren Fortschritt im Guten von einer Vollkommenheit zur anderen, oder Erhebung aus dem Fall, oder Rettung aus dem Verderben, und so denn weiter.

Daß der Liebende recht damit hat zu glauben, in jedem Augenblick sei Möglichkeit da, läßt sich leicht einsehen. Ach, aber manch einer verstünde das vielleicht weit leichter, wenn wir die Verzweiflung das gleiche sagen ließen — denn die Verzweiflung sagt in gewissem Sinne das gleiche. Der Verzweifelte *weiß* auch, was in der Möglichkeit liegt, und doch gibt er die Möglichkeit auf (denn die Möglichkeit aufgeben heißt eben verzweifeln), oder noch richtiger, er erdreistet sich frech, die Unmöglichkeit des Guten *anzunehmen*. Wiederum zeigt sich hier, daß die Möglichkeit des Guten mehr ist als Möglichkeit; denn wenn jemand sich erdreistet, die Unmöglichkeit des Guten *anzunehmen*, so erlischt für ihn die Möglichkeit überhaupt. Der Furchtsame *nimmt* nicht die Unmöglichkeit des Guten *an*; er fürchtet die Möglichkeit des Bösen, aber er macht keine Schlußfolgerung, er erdreistet sich nicht, die Unmöglichkeit des Guten anzunehmen.

„Es ist möglich", sagt die Verzweiflung, „es ist möglich, daß selbst der am ehrlichsten Begeisterte doch einmal müde würde, sein Streben aufgäbe und in den Dienst der Erbärmlichkeit hinabsänke; es ist möglich, daß selbst der am innerlichsten Glaubende doch einmal den Glauben aufgäbe und den Unglauben wählte; es ist möglich, daß selbst die brennendste Liebe einmal abkühlte und gefröre; es ist möglich, daß selbst der rechtschaffenste Mensch doch auf einen Abweg kommen könnte und verlorenginge; es ist möglich, daß selbst der beste Freund sich in einen Feind verwandeln könnte, selbst die treueste Gattin in eine Meineidige: es ist möglich, verzweifle deshalb, gib die Hoffnung auf, hoffe vor allem auf keinen Menschen oder für keinen Menschen!" — Ja, gewiß ist es möglich, aber dann ist ja auch das Gegenteil möglich. „Gib deshalb niemals lieblos einen Menschen oder die Hoffnung für ihn auf, denn es wäre möglich, daß selbst der verlorenste Sohn doch gerettet würde; daß der erbittertste Feind, ach der, welcher dein Freund gewesen, — es ist doch möglich, daß er wieder dein Freund werden könnte; es ist möglich, daß der, welcher am tiefsten gesunken ist, ach, weil er so hoch stand, es ist doch möglich, daß er sich wieder erheben könnte; es ist doch möglich, daß die Liebe, die erkaltet ist, wieder brennend werden könnte: gib deshalb niemals einen Menschen auf, auch nicht im letzten Augenblick, verzweifle nicht, nein, hoffe alles!"

Also „es ist möglich", so weit sind der Verzweifelte und der Liebende sich über das gleiche einig; aber dann trennen sie sich für ewig, denn die Verzweiflung hofft überhaupt nichts für andere, die Liebe hofft alles. Die Verzweiflung sinkt zusammen und benutzt nun zuweilen die Möglichkeit als ein ergötzendes Reizmittel, IX 243
wenn anders man sich am unsteten, eitlen, gespenstischen Aufflakkern der Möglichkeit ergötzen kann. Es ist recht merkwürdig und zeigt, wie tief die Hoffnung in einem Menschen gegründet ist, daß man gerade bei Menschen, die in Verzweiflung erstarrt sind, eine vorherrschende Neigung findet, mit der Möglichkeit zu tändeln und zu buhlen, einen wollüstigen Mißbrauch der Einbildungskraft. Kalt und trotzig will der Verzweifelte in Bezug auf den andern Menschen nicht hoffen, noch weniger für die Möglichkeit des Guten in ihm arbeiten; aber es ergötzt den Verzweifelten, das Schicksal des andern Menschen in der Möglichkeit vor sich hingaukeln zu lassen, gleichgültig ob in der Möglichkeit der Hoffnung oder der Furcht, es ergötzt ihn, mit dem Schicksal des andern Menschen zu spielen, bald die eine, bald die andere Möglichkeit zu ersinnen, ihn gleichsam in die Luft zu wippen, während er selbst, stolz und lieblos, das Ganze verachtet[210].

Doch mit welchem Recht nennen wir denjenigen einen Verzweifelten, der einen andern Menschen aufgibt? Eines ist es ja doch,

selbst zu verzweifeln, etwas anderes, über einen andern zu verzweifeln. O ja, aber wofern es doch wahr ist, was der Liebende versteht, und wofern es wahr ist, daß man, falls man der Liebende ist, versteht, was der Liebende versteht, daß nämlich in jedem Augenblick für den andern Menschen die Möglichkeit des Guten da ist: so ist also das Aufgeben eines andern Menschen als hoffnungslos verloren, als gebe es keine Hoffnung für ihn, ein Beweis dafür, daß man selber kein Liebender ist; und also ist man ja der Verzweifelte, der die Möglichkeit aufgibt. Niemand kann hoffen, ohne zugleich zu lieben, er kann nicht *für sich selber hoffen*, ohne zugleich zu lieben, denn das Gute hangt unendlich zusammen; liebt er aber, so hofft er zugleich für andere. Und im gleichen Maße, wie er für sich selber hofft, ganz im gleichen Maße hofft er für andere; denn ganz im gleichen Maße, wie er für sich hofft, ganz im gleichen Maße ist er der Liebende. Und im gleichen Maße, wie er für andere hofft, ganz im gleichen Maße hofft er für sich selber; denn dies ist das unendlich genaue, ewige gleich um gleich, welches in allem Ewigen ist. O, überall, wo Liebe mit im Spiel ist, findet sich ein so unendlicher Tiefsinn! Der wahrhaft Liebende sagt: „Hoffe alles, gib keinen Menschen auf, denn ihn aufgeben heißt, deine Liebe zu ihm aufgeben – falls du sie nämlich nicht aufgibst, hoffst du; gibst du aber deine Liebe zu ihm auf, so hörst du selbst auf, der Liebende zu sein.“ Schau, wir sprechen gewöhnlich auf eine andere Weise, auf eine herrschsüchtige und lieblose Weise von unserm Verhältnis zu der Liebe in uns, als sei man selber Herr und Selbstherrscher über seine Liebe im gleichen Sinne, wie man es über sein Geld ist. Wenn jemand sagt: „Ich habe meine Liebe zu diesem Menschen aufgege-
IX 244 ben“, so denkt er, dieser Mensch verliere etwas, dieser Mensch, welcher der Gegenstand seiner Liebe war; der Redende selber glaubt seine Liebe zu behalten, im gleichen Sinne, wie wenn jemand, der einen andern Menschen mit Geld unterstützt hat, sagt: „Ich habe aufgehört, ihm diese Unterstützung zu geben“, so daß der Geber selbst nun das Geld behält, das vorher der andere bekam, der andere, welcher den Verlust hat; denn der Geber ist ja weit davon entfernt, durch diese geldliche Veränderung Verlust zu erleiden. Aber mit der Liebe ist es nicht ebenso; vielleicht erleidet derjenige, welcher Gegenstand der Liebe war, Verlust, aber er, welcher „seine Liebe zu diesem Menschen aufgegeben hat“, ist der Verlierer; er

merkt es vielleicht selbst nicht, er merkt vielleicht nicht einmal, daß die Sprache seiner spottet, denn er sagt ja: „Ich habe meine Liebe aufgegeben." Hat er aber seine Liebe aufgegeben, so hat er ja aufgehört zu lieben. Freilich fügt er hinzu: meine Liebe „zu diesem Menschen", aber das hilft nichts, auf die Art läßt sich ohne Verlust für einen selbst mit Geld verfahren, nicht aber mit der Liebe. Das Beiwort „liebend" kommt mir nicht zu, wenn ich meine Liebe zu „diesem Menschen" aufgegeben habe, ach, ungeachtet ich mir vielleicht sogar einbildete, jener sei der Verlierer. Und genauso steht es auch mit der Verzweiflung über einen andern Menschen; es heißt, selbst verzweifelt sein. Ja, diese Betrachtung ist ein wenig störend! Es ist leider so leicht und so bequem, über einen andern Menschen zu verzweifeln — und vermeintlich seiner selbst sicher zu sein, voll von Hoffnung für einen selbst; und gerade die Menschen, welche selbstzufrieden in Betreff ihrer selbst am allersichersten sind, sind gern am allerraschesten bereit, über andere zu verzweifeln. Aber wie leicht das auch geht, es läßt sich doch wirklich nicht machen — es sei denn in Gedankenlosigkeit, die freilich für viele Menschen am leichtesten ist. Nein, hier zeigt sich wieder das gleich um gleich der Ewigkeit: über einen andern Menschen verzweifeln heißt, selbst verzweifelt sein.

Denn der Liebende hofft alles. Und es ist wahr, was der Liebende sagt, daß nach allem, was er verstehen kann, noch im letzten Augenblick die Möglichkeit des Guten bestehe, selbst für den am tiefsten Verlorenen, also noch Hoffnung sei. Es ist wahr, und es wird für jeden wahr sein in seinem Verhältnis zu anderen Menschen, wofern er seine Einbildungskraft in Ruhe halten will, ungestört und unumwölkt von lieblosen Leidenschaften, mit der ewigen Blickrichtung auf den Widerschein des Ewigen in der Möglichkeit. Wenn darum ein Mensch nicht verstehen kann, was der Liebende versteht, dann deshalb, weil er nicht der Liebende ist; dann deshalb, weil etwas ihn daran hindert, die Möglichkeit rein zu halten (denn wird die Möglichkeit rein gehalten, ist alles möglich), während er liebend die Möglichkeit des Guten wählt oder für den IX 245
anderen Menschen hofft; dann deshalb, weil etwas ihn drückt und ihm eine Neigung gibt, das Verzagen, den Untergang, das Verderben des anderen Menschen zu erwarten. Dieses Drückende sind die irdischen Leidenschaften eines weltlichen und so denn lieblosen

Sinns; denn Weltlichkeit ist an sich lastend, schwer, träge, verdrossen, mißmutig, verstimmt, und kann sich nicht mit dem Möglichen einlassen, am wenigsten mit der Möglichkeit des Guten, weder um ihrer selbst noch um eines andern willen. — Es gibt eine Klugheit, welche, beinahe stolz darauf, glaubt, eine besonders gegründete Kenntnis der nächtlichen Seite des Daseins zu haben, daß alles doch in Erbärmlichkeit ende: wie sollte diese Klugheit noch im letzten Augenblick liebend für einen andern Menschen hoffen können, sie, die schon früh am Tage beginnt, seinen Untergang zu erwarten und darauf vorbereitet zu sein! — Es gibt einen Zorn und eine Erbitterung, welche, selbst wenn sie keinen Mord auf ihr Gewissen laden, den Verhaßten doch hoffnungslos aufgeben, ihm also die Möglichkeit nehmen; aber heißt das nicht, ihn geistig totschlagen, ihn geistig in den Abgrund stürzen — soweit es auf den Zorn und die Erbitterung ankommt! — Es gibt einen bösen Blick; wie sollte ein böser Blick liebend die Möglichkeit des Guten erblicken können! — Es gibt eine Mißgunst; sie ist rasch dabei, einen Menschen aufzugeben, und doch, sie gibt ihn ja eigentlich nicht auf, als ließe sie ihn fallen, nein, sie ist zeitig am Werk, bei seinem Untergang mitzuhelfen. Und ist dieser erst sicher, so eilt die Mißgunst heim in ihren finsteren Winkel und ruft ihre noch abscheulichere Gesippin, welche Schadenfreude heißt, damit sie sich gemeinsam freuen können — zu ihrem eigenen Schaden. — Es gibt einen feigen, furchtsamen Kleingeist, der nicht den Mut gehabt hat, für sich selbst etwas zu hoffen, wie sollte er die Möglichkeit des Guten für andere hoffen; dazu ist er zu kleinlich, und steht zu sehr in Verwandtschaft mit der Mißgunst! — Es gibt einen weltlichen, eitlen Sinn, der vor Schimpf und Scham sterben möchte, falls er es erleben sollte, sich zu irren, zum Narren zu werden, lächerlich zu werden (der schrecklichste von allen Schrecken!), weil er für einen andern Menschen gehofft hätte, was nicht eingetreten ist. So sichert dieser weltliche, eitle Sinn sich beizeiten, indem er nichts hofft, und findet es so unendlich töricht und unendlich lächerlich, liebend alles zu hoffen. Aber darin greift die Eitelkeit der Welt doch fehl, denn was töricht ist, ist niemals unendlich; derjenige, welcher lebenslang genug von der Torheit der Welt erdulden mußte, hatte ja gerade den Trost, daß er stets sagen konnte: „Unendlich ist die Torheit nicht, nein, Gott sei gelobt, sie nimmt ein Ende." Auch hat die Erfahrung nicht recht darin, daß es das Klügste sei, nicht alles für einen andern Menschen zu hoffen — doch, das versteht sich, die Erfahrung hat recht, sonst müßte sie umlernen, und lernen, wie töricht es ist, andere um des eigenen Vorteils willen zu lieben; und nur sofern man das tut, ist es unklug, alles zu hoffen. IX 246

Wenn nun all dies, diese Klugheit, dieser Zorn und diese Erbitterung, diese Mißgunst und Schadenfreude, dieser feige, furchtsame Kleingeist, dieser weltliche, eitle Sinn, wenn all dies oder etwas davon in einem Menschen zugegen ist, und im gleichen Maße, wie es das ist: so ist die Liebe nicht in ihm zugegen und ist es im gleichen Maße weniger. Ist aber weniger Liebe in ihm zugegen, so ist auch weniger Ewiges in ihm zugegen; ist aber weniger Ewiges in ihm zugegen, so ist auch weniger Möglichkeit zugegen, weniger Sinn für Möglichkeit (denn Möglichkeit entsteht ja dadurch, daß das Ewige im Menschen in der Zeit vom Ewigen berührt wird; ist nichts Ewiges in diesem Menschen, so bleibt die Berührung des Ewigen vergeblich, es entsteht keine Möglichkeit); ist aber weniger Möglichkeit zugegen, so ist auch weniger Hoffnung zugegen, eben weil und dem Maße nach, wie weniger Liebe zugegen ist, welche liebend die Möglichkeit des Guten hoffen könnte. Der Liebende hingegen hofft alles; keine träge Gewohnheit, kein kleinlicher Verstand, keine spitzfindige Klugheit, keine rechnende Erfahrung, nicht die Trägheit der Jahre, nicht die Bitterkeit böser Leidenschaften verderben ihm seine Hoffnung oder verfälschen ihm die Möglichkeit; jeden Morgen, ja jeden Augenblick erneuert er seine Hoffnung und frischt die Möglichkeit auf, während die Liebe bleibt, und er in ihr[211].

Selbst wenn der Liebende nicht das geringste andere für andere zu tun vermöchte, überhaupt keine andere Gabe zu bringen vermöchte: er bringt dennoch die beste Gabe, er bringt die Hoffnung. Wo alles so hoffnungsvoll erscheint und so reich an Erwartung für den vielversprechenden Jüngling, da bringt doch die Liebe die beste Gabe, die Hoffnung; aber auch dort, wo die Menschen schon längst glauben, bis zum letzten ausgehalten zu haben, auch da hofft die Liebe bis zum letzten, ja, bis zum „Jüngsten Tag", denn erst dort ist die Hoffnung vorbei. Hast du einen Arzt unter den Kranken umhergehen sehen, so hast du wohl darauf geachtet, daß die beste

Gabe, die er bringt, besser als alle Arzneien und als all seine Fürsorge, die ist, daß er Hoffnung bringt, wenn gesagt wird: „Der Arzt hofft." Doch ein Arzt hat nur mit dem Zeitlichen zu tun, deshalb muß ja immer wieder der Augenblick kommen, da es unwahr wäre, wenn er leugnete, daß er den Kranken aufgegeben hat, daß die Krankheit zum Tode ist. Aber der Liebende — welche Freude für den Liebenden, daß er allezeit hoffen darf; welche Freude für ihn, daß die Ewigkeit ihm dafür einsteht, daß allezeit Hoffnung ist. Denn der Liebende, der wahrhaft Liebende hofft nicht, w e i l die Ewigkeit ihm dafür einsteht, sondern er hofft, w e i l er der Liebende ist, und er dankt der Ewigkeit, daß er hoffen darf. Und
IX 247 so bringt er denn stets die beste Gabe, besser als der Glückwunsch zum höchsten Glück, besser als alle menschliche Hilfe beim größten Unglück; denn die Hoffnung, die Möglichkeit des Guten, ist die Hilfe der Ewigkeit. Als alles Unglück über das menschliche Geschlecht kam, blieb doch die Hoffnung zurück[212]. Darin sind das Heidentum und das Christentum sich einig; der Unterschied ist der, und zwar ist es ein unendlicher Unterschied, daß das Christentum eine unendlich geringere Vorstellung hat von all diesem Unglück, und eine unendlich seligere Vorstellung von der Hoffnung. Aber die Hoffnung, die zurückblieb, blieb nur bei dem Liebenden zurück. Wofern es die Liebe nicht gäbe, gäbe es auch keine Hoffnung, sie bliebe liegen wie ein Brief, der auf Abholung wartet; falls es keine Liebe gäbe, stünde es mit der Hoffnung wie mit einem Brief, dessen Inhalt selig, ja selig wäre, aber für dessen Beförderung man niemanden hätte. Da ergriff die Liebe, obwohl größer als die Hoffnung, es als ihren Dienst und ihr Tun, die Hoffnung zu bringen.

Doch ist nicht etwas Dunkles, etwas Unklares in dieser ganzen Erwägung, so daß man nicht recht klug daraus werden kann, welches ihr Gegenstand ist; denn „Liebe hoffet alles" kann bedeuten, daß der Liebende für sich selber alles hofft, und es kann bedeuten, daß der Liebende liebend alles für andere hofft. Aber dies ist ja ein und dasselbe, und diese Dunkelheit ist eben die Klarheit des Ewigen, falls jemand gänzlich versteht, daß es gänzlich ein und dasselbe ist. Wenn allein die Liebe alles hofft (und Paulus sagt nicht, daß die Hoffnung alles hofft, sondern daß die Liebe alles hofft, eben weil die Liebe, wie er sagt, größer ist denn die Hoff-

nung), so folgt daraus (daraus, daß es die Liebe ist und aus dem Wesen der Liebe), daß der Liebende alles für andere hofft, da ja seine Liebe seine Hoffnung für ihn selber bedingt. Nur irdischer Verstand (und dessen Klarheit ist doch wohl nicht zu preisen), nur irdischer Verstand, der sich weder auf das Wesen der Liebe noch auf das der Hoffnung versteht, glaubt, es seien zwei ganz verschiedene Dinge, für sich selbst zu hoffen und für andere zu hoffen, samt dem, daß die Liebe wieder etwas Drittes für sich selber sei. Der irdische Verstand glaubt, man könne sehr gut für sich selber hoffen, ohne für andere zu hoffen; und daß man dann der Liebe nicht bedürfe, um für sich selbst zu hoffen, während man sehr wohl der Liebe bedürfe, um für andere zu hoffen, für die, welche man liebt, und weshalb sollte man für andere hoffen als für diese. Der irdische Verstand merkt nicht, daß die Liebe keineswegs etwas Drittes für sich selber, sondern die Zwischenbestimmung ist: ohne Liebe keine
Hoffnung für einen selbst, mit Liebe Hoffnung für alle anderen; im IX 248
gleichen Maße, wie man für sich selber hofft, hofft man für andere, denn im gleichen Maße liebt man.

Selig der Liebende, er hofft alles; noch im letzten Augenblick hofft er die Möglichkeit des Guten für den am meisten Verlorenen! Das lernte er von der Ewigkeit; aber nur weil er der Liebende war, konnte er von der Ewigkeit lernen, und nur weil er der Liebende war, konnte er dies von der Ewigkeit lernen. Wehe dem, der in Bezug auf einen anderen Menschen Hoffnung und Möglichkeit aufgegeben hat, wehe ihm, denn er hat dadurch selber die Liebe aufgegeben.

Liebe hoffet alles — und wird doch niemals zu Schanden. Wir sprechen in Bezug auf Hoffnung und Erwartung davon, daß man zu Schanden wird; wir meinen, daß jemand zu Schanden werde, wenn seine Hoffnung oder Erwartung nicht in Erfüllung geht. Worin soll nun die Schande liegen? Wohl darin, daß eines Menschen berechnende Klugheit nicht richtig gerechnet hat, daß es (zu seiner Schande) offenbar wird, daß er sich unverständig verrechnet habe. Aber Herr Gott, diese Schande wäre doch nicht so gefährlich; sie ist es doch eigentlich wohl auch nur in den Augen der Welt; indessen soll man es sich nicht zur Ehre machen, deren Begriffe von Ehre und Schande sich anzueignen. Denn was die Welt am meisten bewundert und wem allein sie die Ehre gibt, das ist die Klugheit oder das Klughandeln; aber das Klughandeln ist gerade das Allerverächtlichste. Ob ein Mensch klug ist, liegt in gewissem Sinne nicht an ihm selbst; er soll sich auch nicht schämen, seine Klugheit zu entwickeln; wohl aber um so mehr, klug zu handeln. Und es ist sicher (was besonders heute, in diesen klugen Zeiten, gesagt werden muß, wo die Klugheit eigentlich das geworden ist, was mit Hilfe des Christentums überwunden werden soll, wie einstmals Roheit und Wildheit), wofern die Menschen nicht lernen, das Klughandeln ebenso tief zu verachten, wie man das Stehlen und das Falsch-Zeugnis-Ablegen verachtet: so schafft man zuletzt das Ewige gänzlich ab, und damit alles, was heilig ist und der Ehre wert — denn das Klughandeln heißt eben, mit seinem ganzen Leben falsch Zeugnis ablegen wider das Ewige, heißt eben, sein Dasein von Gott stehlen. Das Klughandeln ist nämlich *Halbheit*, mit der man unleugbar in der Welt am weitesten kommt, die Güter und Vorteile der Welt und die Ehre der Welt gewinnt, weil die Welt und der Vorteil der Welt, im ewigen Sinne, Halbheit sind. Aber niemals haben das Ewige oder die Heilige Schrift einen Menschen gelehrt, danach zu streben, daß er es in der Welt weit oder am weitesten bringe, vielmehr warnt die Heilige Schrift davor, es in der Welt zu weit zu bringen, damit man sich womöglich von der Befleckung der Welt rein behalte[213]. Steht es jedoch so, dann scheint es nicht empfehlenswert zu sein, danach zu trachten, daß man es in der Welt am weitesten oder weit bringe.

IX 249 Soll nun in Wahrheit davon gesprochen werden, daß man in Bezug auf Hoffnung und Erwartung zu Schanden wird, so muß die Schande tiefer liegen, muß in dem liegen, was man hofft, so daß man also wesentlich gleich sehr zu Schanden wird, ob nun die Hoffnung, die man hat, in Erfüllung geht oder nicht; der Unterschied wird nur folgender sein: wenn die Hoffnung nicht in Erfüllung geht, wird vielleicht an der Erbitterung und Verzweiflung, die man zeigt, offenbar, wie fest man an dem hing, was zu hoffen man sich schämen mußte. Wäre die Hoffnung nicht erfüllt worden, so wäre dies vielleicht nicht offenbar geworden, aber die Schande wäre doch wesentlich dieselbe geblieben.

Doch wofern man etwas hofft, das zu hoffen man sich schämen muß, gleichgültig ob es in Erfüllung geht oder nicht, so hofft man eigentlich nicht. Es ist ein Mißbrauch des edlen Wortes „Hoffnung“, es mit dergleichen in Verbindung zu bringen; denn das Hoffen verhält sich wesentlich und ewig zum Guten – und dann kann man ja niemals durch Hoffen zu Schanden werden.

Man kann (um einen Augenblick den unwahren Sprachgebrauch zu benutzen) zu Schanden werden durch Hoffen auf den einen oder anderen irdischen Vorteil – wenn dieser dann ausbleibt. Aber die Schande ist eigentlich nicht die, daß der Vorteil nicht kam, daß die Hoffnung nicht in Erfüllung ging, die Schande liegt darin, daß sich nun, aufgrund der getäuschten Erwartung, zeigt, wie wichtig einem ein solcher irdischer Vorteil war. Dies ist deshalb auch kein Hoffen, es ist ein Wünschen, Begehren, Erwarten; und deshalb kann man zu Schanden werden. – Man kann zu Schanden werden, wenn man die Hoffnung auf einen andern Menschen aufgibt – und es sich nun zeigt, daß er doch gerettet ward, oder vielleicht sogar, daß sein Untergang unsere Einbildung war. Hier wird man nun wirklich zu Schanden, weil es an und für sich eine Schande ist, einen andern Menschen aufzugeben, gleichgültig, wie die Sache dann ausgeht. – Man kann zu Schanden werden, wenn man Böses für einen Menschen hofft – und sich dann zeigt, daß sich alles für ihn zum Guten wendet. Der Rachsüchtige sagt zuweilen, er hoffe bei Gott, daß die Rache den Verhaßten noch treffen solle. Aber wahrlich, das ist kein Hoffen, das ist Haß; und es ist unverschämt, es eine Hoffnung zu nennen, und Gotteslästerung, Gott zum Helfershelfer des Hasses machen zu wollen. Der Rachsüchtige wird dabei nicht deshalb zu Schanden, weil nicht geschieht, was er erwartet hatte, sondern er ist und war schon zu Schanden geworden, gleichgültig was dann geschehen mag.

Der Liebende hingegen hofft alles und wird doch nicht zu Schanden. Die Schrift spricht von einer Hoffnung, die nicht beschämt werden soll[214]. Dabei denkt sie zunächst an die Hoffnung, die den
Hoffenden selbst angeht, seine Hoffnung auf die Vergebung der IX 250
Sünden und seine dereinstige Seligkeit, seine Hoffnung auf eine selige Vereinigung mit dem, was der Tod oder das Leben von ihm geschieden haben[215]. Und nur in Bezug auf diese Hoffnung, welche *die* Hoffnung ist, könnte die Rede davon sein, daß man zu Schanden würde; denn wahrlich, diese Hoffnung zu haben, wäre nicht an und für sich eine Schande, sondern vielmehr eine Ehre, und also könnte es scheinen, daß die Schande käme, falls die Hoffnung

nicht erfüllt würde. So übereinstimmend mit sich selbst ist der Sprachgebrauch der Heiligen Schrift; sie nennt nicht allerlei Erwartung, die Erwartung des Mannigfaltigen, Hoffnung, sie kennt nur eine einzige Hoffnung, die Hoffnung, die Möglichkeit des Guten, und von dieser Hoffnung, der einzigen, die zu Schanden werden könnte, weil es eine Ehre ist, sie zu haben, sagt die Schrift, sie solle nicht beschämt werden.

Doch wenn die Hoffnung des Liebenden einem anderen Menschen gilt, wäre es dann nicht möglich, daß der Liebende zu Schanden würde — wofern diese Hoffnung sich nicht erfüllte? Ist es nicht möglich, daß ein Mensch auf ewig verlorenginge? Aber falls nun der Liebende alles gehofft hätte, die Möglichkeit des Guten für diesen Menschen gehofft hätte, so würde er ja zu Schanden mit seiner Hoffnung.

Wie denn! Wofern der verlorene Sohn in seinen Sünden stürbe, und also mit Schanden begraben würde — und der Vater, der noch im letzten Augenblick alles hoffte, dabeistünde: müßte er dann beschämt sein? Ich glaubte, es sei der Sohn, der die Schande hätte, der Sohn, der dem Vater Schande machte — aber dann muß ja der Vater die Ehre haben, denn es ist unmöglich, dem Schande zu machen, der in Schanden ist. Ach, der bekümmerte Vater denkt wohl am wenigsten an die Ehre; aber wahrlich, er stünde doch in Ehren da! Falls es auf jener Seite des Grabes keine Rettung gäbe für den verlorenen Sohn, falls er ewig verdammt wäre — und der Vater, der, solange er lebte, dabeigeblieben wäre, alles zu hoffen, noch in der Todesstunde alles hoffte: ward er dort in der Ewigkeit zu Schanden? In der Ewigkeit! Nein, die Ewigkeit hat ja die Vorstellung der Ewigkeit von Ehre und Schande; die Ewigkeit versteht nicht einmal, sie scheidet von sich als etwas Entehrendes ab die Klugheit, die nur davon sprechen will, wie weit nun die Erwartung eines Menschen in Erfüllung ging, aber überhaupt nicht in Betracht ziehen will, welches die Erwartung war. In der Ewigkeit wird jeder genötigt werden zu verstehen, daß nicht der Ausgang die Ehre oder die Schande bestimmt, sondern die Erwartung an sich. In der Ewigkeit wird deshalb eben der Lieblose, der doch vielleicht recht bekam in dem, was er kleinlich, mißgünstig, haßvoll von einem anderen Menschen erwartete, zu Schanden werden — ungeachtet seine Erwartung in Erfüllung ging. Die Ehre aber kommt dem Liebenden zu. Und der wird in der Ewigkeit kein müßiges Gerede darüber hören, daß er doch fehlgegriffen habe – es wäre denn vielleicht auch ein Fehlgriff, selig zu werden; nein, in der Ewigkeit gibt es nur einen einzigen Fehlgriff: daß man mitsamt seinen erfüllten kleinlichen, mißgünstigen, haßvollen Erwartungen von der Seligkeit ausgeschlossen wird! Und in der Ewigkeit wird kein Spott den Liebenden treffen, daß er so töricht gewesen sei, sich lächerlich zu machen, indem er alles hoffte; denn in der Ewigkeit hört man noch weniger als im Grabe den Ruf des Spottes, weil in der Ewigkeit nur selige Stimmen gehört werden! Und in der Ewigkeit wird keine Mißgunst den Ehrenkranz antasten, den der Liebende in Ehren trägt, nein, so weit reicht die Mißgunst nicht[216], wie weit sie sonst auch reiche, sie reicht nicht von der Hölle zum Paradies.

IX 251

IX 252

IV

Liebe suchet nicht ihr Eigenes

1. Kor. XIII, 5. *Liebe suchet nicht ihr Eigenes.*

Nein, Liebe sucht nicht Ihr Eigenes; denn sein Eigenes suchen ist ja gerade Selbstliebe, Eigenliebe, Selbstsucht, oder welch andere Namen der lieblose Sinn haben mag. Und doch, ist Gott nicht Liebe? Aber er, der den Menschen ihm zum Bilde schuf, damit er ihm gleich sei[217], vollkommen werde, wie er vollkommen ist[218], also die Vollkommenheit erreiche, die Gott eigen ist, dem Bilde gleiche, welches Gottes eigenes ist: sucht er nicht sein Eigenes? Ja, er sucht sein Eigenes, welches Liebe ist, er sucht es, indem er alles gibt, denn Gott ist gut, und es ist nur einer gut[219]: Gott, der alles gibt. Oder war Christus nicht Liebe? Aber er kam ja in die Welt, um das Vorbild zu werden, um die Menschen zu sich zu ziehen, damit sie ihm gleich würden, in Wahrheit sein Eigen würden: suchte *er* dann nicht sein Eigenes? Ja, er suchte sein Eigenes, indem er sich für alle hingab, damit sie ihm nun gleich würden in dem ihm Eigenen, in aufopfernder Hingebung. Doch in dem Sinne sein Eigenes zu suchen, ist ja etwas ganz anderes, und keineswegs denken wir daran, wenn wir davon sprechen, daß man sein Eigenes sucht oder davon, daß man nicht sein Eigenes sucht. Liebe ist gerade Hingebung; daß sie Liebe sucht, ist wiederum Liebe und zwar die höchste Liebe. Das will
IX 253 heißen, so ist es im Verhältnis zwischen Gott und Mensch. Denn wenn ein Mensch die Liebe eines andern Menschen sucht, selbst geliebt zu werden sucht, dann ist das nicht Hingebung; diese bestünde gerade darin, dem andern Menschen dahin zu helfen, daß er Gott suche. Nur Gott ist es vorbehalten, Liebe suchen zu können und selbst ihr Gegenstand zu bleiben, ohne doch sein Eigenes zu suchen. Aber kein Mensch *ist Liebe*. Wofern deshalb ein Mensch Ge-

genstand der Liebe eines andern Menschen zu werden sucht, sucht er bewußt und lügenhaft sein Eigenes; denn der einzige wahre Gegenstand für eines Menschen Liebe ist die Liebe, d. h. Gott, der doch deshalb im tieferen Sinne kein Gegenstand ist, da er die Liebe selbst ist.

So laßt uns denn mit dem Tun der aufopfernden Hingebung im Sinne (und es ist ja eigentlich kein Tun, daß man dies oder jenes nicht tut) davon sprechen, daß

Liebe nicht ihr Eigenes sucht.

Liebe sucht nicht ihr Eigenes; denn in der Liebe gibt es kein Mein und Dein. Aber Mein und Dein ist nur eine Verhältnis-Bestimmung des „Eigenen"; gibt es also kein Mein und Dein, so gibt es auch kein Eigenes; gibt es aber gar nichts Eigenes, so ist es ja unmöglich, sein Eigenes zu suchen.

Die Gerechtigkeit ist daran kenntlich, daß sie jedem das Seine gibt, ebenso wie sie auch wieder das Ihre fordert; d. h. die Gerechtigkeit führt die Sache des Eigentums, sie teilt und mißt zu, bestimmt, was jeder mit Recht sein Eigen nennen darf, richtet und straft, falls jemand nicht unterscheiden will zwischen Mein und Dein. Mit diesem dem Streit unterworfenen und ihm rechtlich doch zukommenden Mein hat der Einzelne das Recht zu tun, was er will; und wenn er sein Eigenes nicht auf andere Weise sucht, als wie die Gerechtigkeit es zuläßt, so hat die Gerechtigkeit ihm nichts vorzuwerfen und hat kein Recht, ihm etwas vorzuhalten. Dergestalt behält jeder das Seine; sobald einem das Seine entwendet wird, oder sobald einer einem andern das Seine entwendet: greift die Gerechtigkeit ein, denn sie hütet die allgemeine Sicherheit, in der jeder das Seine hat, das er mit Recht besitzt. — Aber nun tritt zuweilen eine Veränderung ein, eine Umwälzung, ein Krieg, ein Erdbeben oder ein anderes ähnlich furchtbares Unglück, und alles gerät in Verwirrung. Vergebens sucht die Gerechtigkeit jedem das Seine zu sichern, den Unterschied zwischen Mein und Dein zu behaupten, sie kann es nicht, sie kann in der Verwirrung das Gleichgewicht nicht halten, sie wirft deshalb die Waage fort: sie verzweifelt!

Furchtbares Schauspiel! Und doch, verursacht nicht die Liebe in gewissem Sinne, wenn auch auf die seligste Art, die gleiche Verwir-
IX 254 rung? Aber die Liebe ist eben auch ein Ereignis, das allergrößte, aber daneben das erfreulichste; Liebe ist eine Veränderung, die allermerkwürdigste, aber auch die wünschenswerteste — wir sprechen ja gerade im vorzüglichen Sinne davon, daß jemand, der von Liebe ergriffen wird, sich ändere oder verändert werde; Liebe ist eine Umwälzung, die allertiefste, aber auch die seligste! So ist denn mit der Liebe die Verwirrung da; in dieser holdseligen Verwirrung gibt es für die Liebenden keinen Unterschied zwischen Mein und Dein. Verwunderlich, da gibt es ein Du und ein Ich, und kein Mein und Dein! Denn ohne Du und Ich keine Liebe, und mit Mein und Dein keine Liebe; aber Mein und Dein (diese besitzanzeigenden Fürwörter) sind ja von Du und Ich abgeleitet, und scheinen also überall dort sein zu müssen, wo Du und Ich sind. Das ist auch überall der Fall, nur nicht in der Liebe, sie ist eine Umwälzung von Grund auf. Je tiefer die Umwälzung ist, je vollkommener der Unterschied zwischen Mein und Dein verschwindet, desto vollkommener ist die Liebe; ihre Vollkommenheit beruht wesentlich auf dem Erweis, daß nicht versteckt im Grunde doch ein Unterschied zwischen Mein und Dein gelegen habe oder liege, sie beruht also wesentlich auf dem Grad der Umwälzung. Je tiefer die Umwälzung ist, desto stärker schaudert die Gerechtigkeit; je tiefer die Umwälzung ist, desto vollkommener ist die Liebe.

Wird nun in Minne und Freundschaft der Unterschied von Mein und Dein gänzlich aufgehoben? In Minne und Freundschaft geschieht eine Umwälzung mit der Selbstliebe, es wird an der Selbstliebe und ihrem streitbaren Mein und Dein gerüttelt. Der Verliebte fühlt sich deshalb außer sich, außerhalb des Eigenen, hingerissen in die holdselige Verwirrung, daß für ihn und den geliebten Menschen, für ihn und den Freund kein Unterschied zwischen Mein und Dein besteht; „denn“, sagt der Verliebte, „alles, was mein ist, ist sein ... und was sein ist ... ist mein!“ Wie denn; ist dann der Unterschied von Mein und Dein aufgehoben? Wenn Mein Dein geworden ist, und Dein Mein, so ist da ja gleichwohl ein Mein und Dein, nur bezeichnet und verbürgt der geschehene Tausch, daß nicht länger das Mein der ersten, der unmittelbaren Selbstliebe streitbar gegen ein Dein steht. Durch den Tausch ist das streitbare

Mein und Dein das gemeinsame Dein und Mein geworden. Es besteht also eine Gemeinsamkeit, eine vollkommene Gemeinsamkeit von Mein und Dein. Indes Mein und Dein getauscht werden, entsteht das „Unser", in welcher Bestimmung Minne und Freundschaft ihre Stärke haben, zumindest sind sie in ihr stark. Aber das „Unser" ist für die Gemeinsamkeit völlig das gleiche wie das „Mein" für den einzelnen, und das „Unser" ist ja abgeleitet — nicht aus dem streitbaren Mein und Dein, denn daraus kann keine Vereinigung entstehen, sondern aus dem vereinten, dem getauschten Dein und Mein. Schau, deshalb sind Minne und Freundschaft, *als solche*[220], doch nur veredelte und erweiterte Selbstliebe, während unleugbar Minne des Lebens schönstes Glück ist, und Freundschaft IX 255
das größte zeitliche Gut! In Minne und Freundschaft geschieht die Umwälzung der Selbstliebe keineswegs tief genug und von Grund auf; deshalb schlummert doch darin als eine Möglichkeit der streitlustige Unterschied zwischen Mein und Dein, den die ursprüngliche Selbstliebe kennt. Man hält es ja für ein ganz bezeichnendes Sinnbild der Minne, daß die Brautleute die Ringe miteinander tauschen; wahrlich, es ist auch ganz bezeichnend, aber es ist ein dürftiges Sinnbild für die wahre Liebe — es heißt ja, daß man tauscht. Und ein Tausch hebt keineswegs den Unterschied zwischen Mein und Dein auf, denn das, was ich mir ertausche, wird dann wieder das Meine. Wenn die Freunde ihr Blut miteinander vermischen, ist das freilich eine Grund-Veränderung, denn durch das Vermischen des Blutes entsteht ja eine Verwirrung: ist es mein Blut, das in meinen Adern fließt, nein, es ist das meines Freundes; aber dann ist es wieder mein Blut, das in den Adern des Freundes fließt. Das will heißen, das Ich ist nicht mehr sich selbst das erste, sondern das Du, doch umgekehrt ist das gleiche auch der Fall.

Wie wird denn der Unterschied von Mein und Dein gänzlich aufgehoben? Der Unterschied von Mein und Dein ist ein Gegensatz-Verhältnis, sie sind nur in- und miteinander; nimm deshalb die eine Unterscheidung ganz fort, so verschwindet auch die andere gänzlich. Laßt uns zuerst versuchen, bei dem Unterschied von Mein und Dein die Unterscheidung Dein gänzlich fortzunehmen, was haben wir dann? Dann haben wir das Verbrechen, die Missetat; denn der Dieb, der Räuber, der Betrüger, der Gewalttäter, sie wollen beim Unterschied von Mein und Dein schlechterdings kein Dein

anerkennen. Aber gerade deshalb verschwindet für den Verbrecher auch völlig die Unterscheidung „Mein". Ob er das auch nicht versteht, ob er sich auch wider das Verständnis verhärtet, die Gerechtigkeit versteht, daß ein Verbrecher eigentlich kein „Mein" besitzt, er ist als Verbrecher außerhalb dieses Unterschiedes gesetzt; und auf andere Weise: je reicher der Verbrecher durch das gestohlene „Dein" wird, desto weniger „Mein" besitzt er. – Nimm nun bei dem Unterschied von Mein und Dein die Unterscheidung „Mein" ganz fort, was haben wir dann? Dann haben wir die aufopfernde, die sich selbst in allem verleugnende wahre Liebe. Aber dann verschwindet wieder völlig die Bestimmung „Dein", was für das Nachdenken verständlich ist, wenn es auch einen Augenblick ein sonderbarer Gedanke scheint. Es ist der Fluch über den Verbrecher, daß sein „Mein" verschwindet, weil er das „Dein" gänzlich abschaffen will; es ist der Segen über den wahrhaft Liebenden, daß die Bestimmung „Dein" verschwindet, so daß alles dem wahrhaft Liebenden gehört, wie Paulus sagt „es ist alles euer"[221], und wie der wahrhaft Liebende in einem bestimmten frommen Sinne sagt: es ist alles mein. Und dennoch, dennoch geschieht dies einzig und allein dadurch, daß er schlechterdings kein „Mein" besitzt, also: „Es ist
IX 256 alles mein, meiner, der ich schlechterdings kein ‚Mein' besitze". Aber daß es alles sein ist, ist ein göttliches Geheimnis; denn menschlich gesprochen ist der wahrhaft Liebende, der aufopfernde, der sich opfernde und in allem sich gänzlich verleugnende Liebende, er ist, menschlich gesprochen, der Unrecht Leidende, der am meisten von allen Unrecht Leidende, wenn er sich auch selbst dazu macht, indem er sich fortwährend selbst opfert. Dergestalt ist er ganz genau das gerade Gegenteil des Verbrechers, welcher der Unrecht Tuende ist. Ein Verliebter ist nicht genau das Gegenteil des Unrecht Tuenden, wie verschieden er auch von ihm sei; denn ein Verliebter sucht doch in einem bestimmten, meist unbewußten Sinne das Seine, und besitzt dergestalt ein „Mein". Nur für die Liebe der Selbstverleugnung verschwindet die Bestimmung „Mein" völlig, und wird der Unterschied von Mein und Dein völlig aufgehoben. Wenn ich nämlich nichts weiß, was mein ist, wenn überhaupt nichts mein ist, so ist ja alles dein, was es auch in gewissem Sinne ist, und so meint es die aufopfernde Liebe; doch alles, unbedingt alles kann nicht „Dein" sein, da „Dein" ein Gegensatz-Verhältnis ist, und in „alles" gibt

es keinen Gegensatz. Da geschieht das Wunderliche, was des Himmels Segen über die Liebe der Selbstverleugnung ist, daß im rätselvollen Sinne der Seligkeit alles sein wird, seiner, der überhaupt kein „Mein" besaß, seiner, der in der Selbstverleugnung alles Seine zum „Dein" machte. Gott ist nämlich alles, und eben dadurch, daß die Liebe der Selbstverleugnung schlechterdings kein „Mein" besaß, gewann sie Gott und gewann alles. Denn wer seine Seele verliert, der wird sie gewinnen[222]; aber der Unterschied von Mein und Dein oder das Dein und Mein von Minne und Freundschaft ist ein Bewahren des Seelischen. Nur die Liebe des Geistes hat den Mut, überhaupt kein „Mein" besitzen zu wollen, den Unterschied von Dein und Mein gänzlich aufheben zu wollen, deshalb gewinnt sie Gott — durch Verlieren ihrer Seele. Wiederum sieht man hier, was die Alten darunter verstanden, daß die Tugenden der Heiden doch glänzende Laster seien[223].

Der wahrhaft Liebende sucht nicht sein Eigenes. Er versteht sich nicht auf die Forderungen des strengen Rechts oder der Gerechtigkeit, nicht einmal auf die der Billigkeit in Bezug auf das „Eigene"; auch versteht er sich nicht auf einen Tausch, wie es die Minne tut, die zugleich darauf zu achten weiß, daß sie nicht geäfft werde (also auf ihr Eigenes zu achten weiß); auch versteht er sich nicht auf die Gemeinsamkeit, wie es die Freundschaft tut, die zugleich darauf zu achten weiß, ob nun gleich um gleich gegeben wird, damit die Freundschaft gewahrt bleibe (also auf ihr Eigenes zu achten weiß). Nein, der wahrhaft Liebende versteht sich nur auf eines: geäfft zu werden, betrogen zu werden, alles hinzugeben, ohne das geringste wiederzubekommen — schau, das heißt, nicht sein Eigenes zu suchen. O, der arme Tor, wie ist er doch lächerlich — in den Augen der IX 257
Welt! Der wahrhaft Liebende wird der unbedingt Unrecht Leidende — wozu er sich in gewissem Sinne durch die Selbstverleugnung selber macht. Doch dann hat die Umwälzung von Mein und Dein ihren Gipfelpunkt erreicht, und deshalb auch die Liebe ihre höchste Seligkeit in sich selbst. Kein Undank, keine Verkennung, keine ungewürdigte Aufopferung, kein Spott als Dank, nichts, weder das Gegenwärtige noch das Zukünftige[224] können ihn früher oder später dahin bringen, daß er versteht, er besitze ein „Mein", oder können offenbar machen, daß er doch nur für einen Augenblick den Unterschied von Mein und Dein vergessen habe; denn er hat die-

sen Unterschied ewig vergessen und hat sich ewig darin verstanden, aufopfernd zu lieben, sich darin verstanden, geopfert zu werden.

Liebe sucht nicht ihr Eigenes. Denn der wahrhaft Liebende liebt nicht seine Eigentümlichkeit, er liebt hingegen jeden Menschen nach dessen Eigentümlichkeit; aber „seine Eigentümlichkeit" ist ja eben das ihm Eigene, also sucht der Liebende nicht sein Eigenes; gerade umgekehrt liebt er des andern Eigenes.

Laßt uns einen Augenblick die Natur betrachten. Mit welch unendlicher Liebe umfaßt die Natur oder Gott in der Natur all das Unterschiedliche, welches Leben und Dasein hat! Erinnere dich nur an die Lieblichkeit der Feldmark, an deren Betrachtung du dich ja so oft gefreut hast! Da gibt es keinen, o gar keinen Unterschied an Liebe — aber was für eine Unterschiedlichkeit an Blüten! Selbst das geringste, das unbedeutendste, das unansehnlichste, das sogar von seiner nächsten Umgebung übersehene arme kleine Ding, das du kaum entdeckst, ohne genau hinzusehen, — es ist, als habe es auch zu der Liebe gesagt: laß mich etwas für mich selbst werden, etwas Eigentümliches. Und da hat die Liebe ihm geholfen, sein Eigentümliches zu werden, aber weit schöner als das arme kleine Ding jemals hätte hoffen dürfen. Was für eine Liebe! Das erste ist, daß sie keinen Unterschied macht, schlechterdings keinen; das nächste, welches dem ersten gleich gilt, ist, daß sie sich unendlich unterschiedlich macht in der Liebe zu dem Unterschiedlichen. Wunderliche Liebe! Denn was ist doch so schwierig, wie in der Liebe überhaupt keinen Unterschied zu machen; und wenn man überhaupt keinen Unterschied macht, was ist dann so schwierig, wie Unterschied zu machen! Denk dir, die Natur wäre, wie wir Menschen sind: streng, herrschsüchtig, kalt, parteiisch, kleinlich, launisch — und denk dir, ja denk dir dann, was aus der Lieblichkeit der Feldmark werden müßte!

Ebenso steht es auch mit dem Verhältnis der Liebe zwischen Mensch und Mensch, nur die wahre Liebe liebt jeden Menschen nach seiner Eigentümlichkeit. Dem Strengen, dem
IX 258 Herrschsüchtigen fehlt Nachgiebigkeit und fehlt Willigkeit, um andere zu begreifen, er fordert von jedem sein Eigenes, will, daß jeder in seine Form umgeschaffen, zurechtgestutzt werde

nach seinem Zuschnitt vom Menschen. Oder er macht, was er dann für ein seltenes Maß von Liebe hält, er macht ganz selten einmal eine Ausnahme, er versucht, so sagt er, einen einzelnen Menschen zu begreifen, d. h. er stellt sich auf eine ganz bestimmte und besondere — und willkürliche Weise etwas Bestimmtes unter diesem Menschen vor, und verlangt nun, daß der andere diese Vorstellung erfülle. Ob dies nun gerade die Eigentümlichkeit dieses anderen Menschen ist oder nicht, tut nichts zur Sache, denn es ist das, was der Herrschsüchtige sich unter ihm vorgestellt hat. Schaffen kann der Strenge und Herrschsüchtige nun einmal nicht, so will er wenigstens umschaffen, d. h. er sucht sein Eigenes, auf daß er, überall wohin er deutet, sagen kann: Schau, das ist mein Bild, das ist mein Gedanke, das ist mein Wille. Ob dem Strengen und Herrschsüchtigen ein großer Wirkungskreis angewiesen ist oder ein kleiner, ob er Tyrann in einem Kaiserreich ist, oder Haus-Tyrann in einem kleinen Zimmer unter dem Dach, macht wesentlich keinen Unterschied, das Wesen ist das gleiche: herrschsüchtig nicht aus sich selbst herausgehen wollen, herrschsüchtig des andern Menschen Eigentümlichkeit erdrücken oder das Leben aus ihr herausfoltern wollen. Das Wesen ist das gleiche — der größte Tyrann, der gelebt hat und der eine Welt tyrannisieren konnte, ward dessen müde, und endete damit, Fliegen zu tyrannisieren, aber wahrlich, er blieb der gleiche![225]

Und wie der Strenge und Herrschsüchtige nur sein Eigenes sucht, ebenso auch d i e K l e i n l i c h k e i t, die mißgünstig-herrschsüchtige, die ängstlich-feige Kleinlichkeit. Was ist Kleinlichkeit? Ist Kleinlichkeit eine Eigentümlichkeit, d. h., ist irgendein Mensch ursprünglich, aus Gottes Hand, kleinlich? Nein! Kleinlichkeit ist die eigene, kümmerliche Erfindung des Geschöpfs, wenn es sich weder wahrhaft stolz noch wahrhaft demütig (denn Demut vor Gott ist der wahre Stolz)[225a] gestaltet, und zugleich Gott umgestaltet, als sei er auch kleinlich, als könne er Eigentümlichkeit nicht ertragen, — er, der liebend a l l e s gibt, und dennoch, dennoch allem Eigentümlichkeit gibt. Kleinlichkeit darf deshalb nicht mit geringer Begabung verwechselt werden oder mit dem, was wir Menschen kleinlich genug Unbedeutendheit nennen. Nimm einen solchen Unbedeutenden — wofern er den Mut gehabt hat, vor Gott er selbst zu sein, so hat er Eigentümlichkeit; aber wahrlich, ein solcher Unbe-

deutender, doch was sage ich, nein, ein solcher Edler ist auch nicht
IX 259 kleinlich. Man hüte sich wohl vor dieser Verwechslung; und ebenso verwechsle man auch nicht eine einfache, edle Einfalt, die nicht vieles versteht, mit einer kleinlichen Beschränktheit, die feige und störrisch nur ihr Eigenes verstehen will. Der Kleinliche hat niemals den Mut gehabt zu jenem gottwohlgefälligen Wagestück der Demut und des Stolzes: *vor Gott* er selbst zu sein – denn der Nachdruck liegt auf dem „vor Gott", da dies der Ursprung und Quell aller Eigentümlichkeit ist. Wer das gewagt hat, der hat Eigentümlichkeit, er hat erfahren, was Gott ihm bereits gegeben hatte; und er glaubt ganz im gleichen Sinne an die Eigentümlichkeit jedes Menschen. Eigentümlichkeit haben, heißt an die Eigentümlichkeit jedes anderen glauben; denn die Eigentümlichkeit ist nicht mein, sondern ist Gottes Gabe, durch die er mir das Dasein gibt, und er gibt ja allen, und gibt allen das Dasein. Dies eben ist der unergründliche Quell der Güte in Gottes Güte, daß er, der *Allmächtige*, dennoch dergestalt gibt, daß der Empfänger Eigentümlichkeit empfängt, daß er, der aus nichts schafft, dennoch Eigentümlichkeit schafft, so daß das Geschöpf vor ihm nicht nichts wird, obwohl es von nichts genommen ist und nichts ist, sondern Eigentümlichkeit wird. Die Kleinlichkeit hingegen, die *unnatürlichen Wesens* ist, hat keine Eigentümlichkeit, d. h. sie hat nicht an ihre eigene Eigentümlichkeit geglaubt, deshalb kann sie auch nicht an die eines andern glauben. Der Kleinliche hat sich an eine ganz bestimmte Gestalt und Form festgeklammert, die er sein eigen nennt; nur diese sucht er, nur diese kann er lieben. Findet der Kleinliche sie, so liebt er. So hält denn Kleinlichkeit mit Kleinlichkeit zusammen, sie wachsen zusammen, was im geistigen Sinne ebenso verderblich ist, wie wenn ein Nagel ins Fleisch wächst. Dieser kleinliche Zusammenhalt wird dann als die höchste Liebe gepriesen, als die wahre Freundschaft, als die wahre, treue, aufrichtige Eintracht. Man will nicht verstehen, daß man sich, je mehr man dergestalt zusammenhält, um so mehr von wahrer Liebe entfernt, die Unwahrheit der Kleinlichkeit um so größer wird – und um so verderblicher, wenn sie obendrein Gott für die Klüngelei in Anspruch nimmt, so daß die Kleinlichkeit vermeintlich der einzige Gegenstand der Liebe Gottes sein soll, der einzige, an dem er Wohlgefallen hat. Jener kleinliche Zusammenhalt ist dann gleichermaßen

kleinlich in beiden Richtungen: gleichermaßen kleinlich in der Vergötterung eines ganz einzelnen Menschen, welcher vom „Eigenen" der Kleinlichkeit ist, vielleicht deren Erfinder ist, oder doch jemand ist, von dem in der kleinlichsten Prüfung befunden wird, daß er bis zur geringsten Kleinlichkeit ganz und gar das Angesicht, die Miene, die Stimme, den Gedankengang, die Redensarten, die Herzlichkeit der Kleinlichkeit habe; und gleichermaßen kleinlich in dem Willen, alles andere zu verdrängen. Eben weil die Kleinlichkeit unnatürlichen Wesens, und also die Unwahrheit ist, eben weil sie sich nicht im tiefsten Grund und niemals freimütig mit Gott eingelas- IX 260
sen, sondern engherzig sich selber verpfuscht und Gott verfälscht hat, eben deshalb hat sie ein böses Gewissen. Für jemanden, der Eigentümlichkeit hat, ist keine fremde Eigentümlichkeit ein Gegenbeweis, sie ist eher ein Mitbeweis, oder ein Beweis mehr; denn es kann ihn nicht irremachen, daß sich die Eigentümlichkeit eines andern zeigt, wie es seinem Glauben entspricht. Aber für die Kleinlichkeit ist jede Eigentümlichkeit ein Gegenbeweis; sie empfindet deshalb eine kalte, unheimliche Angst, wenn sie eine fremde Eigentümlichkeit sieht, und nichts ist ihr wichtiger als diese fortzubekommen; die Kleinlichkeit fordert gleichsam von Gott, daß jede solche Eigentümlichkeit zugrunde gehen müsse, damit sich nun zeige, daß die Kleinlichkeit recht habe und daß Gott ein eifernder Gott sei — eifernd für die Kleinlichkeit. Als Entschuldigung mag zuweilen dienen, daß die Kleinlichkeit sich wirklich selbst einbildet, ihre kümmerliche Erfindung sei das Wahre, so daß es demnach sogar aufrichtige Freundschaft und wahre Teilnahme sei, wenn sie jeden andern zur Gleichheit mit sich verpfuschen und verderben will. Wenn es so steht, ist die Kleinlichkeit gern reich an herzlichen Redensarten und Versicherungen. Aber eigentlich ist es doch, was meistens verschwiegen wird, Notwehr, Selbsterhaltungstrieb, was die Kleinlichkeit so tätig macht, alles andere denn das ihr Eigene fortzubekommen. Man hört es an ihrer Engbrüstigkeit, die nach Linderung japst, wie sie denn umkäme, falls sie jenes Unheimliche, Ängstende nicht wegbekäme; man sieht es an ihrem Blick, wie unsicher seiner selbst er im Grunde ist, und wie lauernd und zugleich wie raubgierig er deshalb auf die Beute wartet: auf den Erweis, daß die Kleinlichkeit dennoch das Recht und den Sieg habe. Wie einer, der in Lebensgefahr ist, sich alles erlaubt, weil es um

Leben und Tod geht, ebenso macht es auch die Kleinlichkeit; nur sind natürlich all die Mittel, die sie benutzt, um ihr Leben zu verteidigen und dem Eigentümlichen sein Leben zu nehmen, ja, sie sind natürlich äußerst kleinlich; denn obwohl sie sich alles erlaubt, kann man doch dessen sicher sein, daß dies „alles“, welches sie sich erlaubt, alles kleinlich ist.

„Aber Minne und Freundschaft lieben doch wohl den Geliebten und den Freund nach deren Eigentümlichkeit?“ Ja, das ist wahr, und doch ist es nicht immer ganz wahr; denn Minne und Freundschaft haben eine Grenze, sie können zwar um des andern Eigentümlichkeit willen alles aufgeben, können aber nicht sich selbst, Minne und Freundschaft, um der Eigentümlichkeit des andern willen aufgeben. Gesetzt nun, daß des andern Eigentümlichkeit gerade dies Opfer forderte! Gesetzt, der Liebende sähe, ihm zur Lust, daß er geliebt würde, sähe aber zugleich, daß es äußerst verderblich wäre für die Eigentümlichkeit des geliebten Menschen, daß es dessen Verderben werden müsse, wie sehr dies auch gewünscht
IX 261 würde: ja dann vermag die Minne als solche[226] jenes Opfer nicht zu bringen. Oder gesetzt, der Geliebte sähe, daß das Verhältnis der Ruin des Liebenden werde, seine Eigentümlichkeit völlig zerstören müsse: ja, dann hat die Minne als solche dennoch nicht die Kraft, jenes Opfer zu bringen.

Aber die wahre Liebe, die aufopfernde Liebe, liebt jeden Menschen nach seiner Eigentümlichkeit, und ist bereit, jedes Opfer zu bringen: sie sucht nicht ihr Eigenes.

Liebe sucht nicht ihr Eigenes; denn sie gibt am liebsten dergestalt, daß die Gabe aussieht, als sei sie des Empfängers Eigentum.

Wenn wir in bürgerlichen Verhältnissen von den Lebensumständen eines Menschen sprechen, so unterscheiden wir zwischen denen, die ihre eigenen Herren, und denen, die abhängig sind, und wir wünschen jedem, er möge es einmal erreichen, sein eigener Herr zu werden, wie es heißt. Aber in der Welt des Geistes ist es eben auch das Höchste, sein eigener Herr zu werden – und es ist die größte Wohltat, einem andern liebevoll dazu zu verhelfen, dazu, er selbst zu werden, frei, unabhängig, sein eigener Herr, ihm zu helfen, daß er allein stehe. Welches ist also die größte Wohltat? Ja, es ist die, welche wir genannt haben, wenn dabei, wohlgemerkt, der Liebende zugleich versteht, sich unbemerkt zu machen, so daß der Hilfsbedürftige nicht dadurch von ihm abhängig wird — daß er ihm die größte Wohltat schuldet. Das will heißen, die größte Wohltat ist eben: die Art und Weise, auf welche die einzige wahre Wohltat getan wird. Sie kann wesentlich nur auf eine einzige Weise getan werden, wenn auch in einem andern Sinne auf mannigfaltige Weise; wenn die Wohltat nicht auf diese Weise getan wird, ist sie ganz und gar keine große Wohltat, vielleicht sogar überhaupt keine Wohltat. So kann man also nicht unmittelbar sagen, welches die größte Wohltat ist, da die größte Wohltat, nämlich einem andern zum Alleinstehen zu verhelfen, nicht unmittelbar getan werden kann.

Laßt uns das recht verstehen. Wenn ich sage: „Durch meine Hilfe steht dieser Mensch allein", und es ist wahr, was ich sage: habe ich dann das Höchste für ihn getan? Laß sehen! Was sage ich damit? Ich sage: „Er steht einzig und allein durch meine Hilfe" — aber dann steht er ja nicht allein, dann ist er ja nicht sein eigener Herr geworden, dann schuldet er ja dies alles meiner Hilfe — und er weiß das. Einem Menschen auf diese Weise helfen, heißt eigentlich, ihn betrügen. Und doch ist dies die Weise, auf welche die größte Wohltat am häufigsten in der Welt getan wird, d. h. auf eine Weise, auf die sie nicht getan werden kann; und doch ist dies die Weise, die in der Welt sonderlich Anerkennung findet — was ganz natürlich ist, denn die wahre Weise macht sich unsichtbar, wird also nicht gesehen und macht somit die Welt ebenso wie die Betreffenden von aller Abhängigkeit frei. Aber jemand, dem auf die unrechte, die sinnlose Weise geholfen ward, der ist unerschöpflich darin, mich zu preisen und mir zu danken für die größte Wohltat (daß er allein steht mit Hilfe des Abhängigkeitsverhältnisses zu mir); er und seine Familie und allesamt ehren und preisen mich als seinen größten Wohltäter, daß ich ihn liebevoll von mir abhängig gemacht habe, oder — ja, es ist sonderbar, man drückt seine Dankbarkeit auf eine völlig sinnlose Weise aus, denn anstatt zu sagen, daß ich ihn von mir abhängig gemacht hätte, sagt man, ich hätte ihm geholfen, allein zu stehen. IX 262

Also auf die Weise läßt die größte Wohltat sich nicht tun, daß der Empfänger erfährt, er schulde sie mir; denn erfährt er das, so ist es gerade nicht die größte Wohltat. Wofern hingegen jemand sagt: „Dieser Mensch steht allein — durch meine Hilfe“, und es ist wahr, was er sagt: ja, dann hat er für diesen Menschen das Höchste getan, was ein Mensch für den andern tun kann, hat ihn frei gemacht, unabhängig, hat ihn zu seinem eigenen Herrn gemacht, und hat ihm eben durch Verbergen seiner Hilfe dazu verholfen, allein zu stehen. Also: allein zu stehen—durch die Hilfe eines anderen! Schau, es gibt viele Schriftsteller, die bei jeder Gelegenheit den Gedankenstrich gebrauchen aus Mangel an Gedanken; und es gibt ja auch die, welche den Gedankenstrich mit Einsicht und Geschmack gebrauchen: aber wahrlich, niemals ist ein Gedankenstrich bezeichnender gebraucht worden und niemals kann er bezeichnender gebraucht werden als in jenem kleinen Satz — wenn er dort, wohlgemerkt, von jemandem gebraucht wird, der das Gesagte erfüllt hat, falls es denn einen solchen gibt; denn in jenem kleinen Satz ist der Gedanke der Unendlichkeit auf die sinnreichste Weise enthalten, ist der größte Widerspruch überwunden. Er steht allein — das ist das Höchste; er steht allein, mehr siehst du nicht; du siehst keinerlei Hilfe oder Unterstützung, keines unordentlichen Pfuschers Hand, die ihn festhält, so wenig wie es ihm selbst einfällt, daß ihm jemand geholfen habe, nein, er steht allein — durch die Hilfe eines anderen. Aber diese Hilfe eines andern ist verborgen, verborgen für den, welchem geholfen ward, nein, verborgen für die Augen des Unabhängigen (denn weiß er davon, daß ihm geholfen ward, so ist er ja nicht im tiefsten Sinne der Unabhängige, der sich selbst hilft und geholfen hat), sie ist verborgen hinter dem Gedankenstrich.

Es gibt eine edle Weisheit, die doch zugleich in gutem Sinne so unendlich listig und verschlagen ist. Sie ist wohlbekannt; falls ich das Fremdwort nennte, mit dem sie benannt wird, dürfte es heut-
IX 263 zutage kaum jemanden geben, der sie nicht — dem Namen nach kennt[227]: vielleicht gibt es jedoch nicht so viele, die sie erkennen, wenn man sie beschreibt, ohne ihren Namen zu nennen. Sie und ihr Name werden in der Welt oft getadelt; und das ist freilich nicht so erstaunlich, denn die Welt ist ein sehr unklarer Kopf, der vor lauter Gedanken weder Zeit noch Geduld hat, auch nur einen einzigen Gedanken zu denken. Jener edle Einfältige des Altertums[228] war der Meister dieser Weisheit, und wahrlich, jener Edle war dennoch nicht eben ein schlechter oder ein böser Mensch, er war zugleich

— daß ich mich ein wenig schalkhaft ausdrücke —, er war — das kann man ihm eigentlich nicht abstreiten — eine Art Denker, wenn auch nicht so tiefsinnig wie die Redensarten der neueren Denkungsweise, wenn auch nicht so bewundernswert wie diese in der Kunst des Erklärens — denn er brachte es niemals so weit, mehr erklären zu können als was er verstand[228a].

Jener edle Schalk hatte tiefsinnig verstanden, das Höchste, was ein Mensch für den andern tun könne, sei, daß er ihn frei mache, ihm helfe allein zu stehen — und zugleich hatte er sich selbst im Verständnis dessen verstanden, d. h. er hatte verstanden, wenn das geschehen solle, müsse der Helfer sich selbst verbergen können, müsse hochherzig sich selbst zunichte machen wollen. Er war, wie er sich selbst nannte, im geistigen Sinne ein Geburtshelfer[229], und er arbeitete in diesem Dienst uneigennützig unter jeglicher Aufopferung — denn das Uneigennützige lag eben darin, daß es dem Hilfsbedürftigen verborgen blieb, wie und daß ihm geholfen ward, das Uneigennützige lag darin, daß die Welt seine Uneigennützigkeit nicht verstehen und also nicht würdigen konnte, was sie niemals kann, denn sie kann eben nicht begreifen, weshalb jemand nicht eigennützig sein will, wohl aber, daß ein Eigennütziger in noch gesteigertem Eigennutz wünschen kann, für uneigennützig gehalten zu werden.

In diesem Verständnis, wie einem andern Menschen geholfen werden könne, sind der wahrhaft Liebende und jener Schalk sich einig. Dieser letzte ist sich dessen bewußt, und zwar mit Recht, daß er dem andern Menschen die größte Wohltat erwiesen habe, er ist sich dessen bewußt, wie er dafür gearbeitet habe, welche Zeit und Fleiß und Kunst es ihn gekostet habe, den andern in die Wahrheit hineinzutäuschen, wieviel Mißverständnis er habe ertragen müssen von seiten dessen, dem er half, indem er ihm seine Torheiten entwand und ihm das Wahre einblies. Denn die Ausübung der Kunst, jemandem seine Torheiten zu entwinden, ist gefährlich; jener Edle sagt selbst, „die Menschen hätten derart zornig gegen ihn werden können, daß sie ihn jedesmal ordentlich hätten beißen mögen, wenn er ihnen eine Dummheit entwunden habe“[230] — denn sie IX 264
in ihrer Torheit zu bestärken, nennen sie Liebe, was wunders da, daß sie zornig werden, wenn jemand ihnen diese, ihren besten Schatz, entwinden will! Dergestalt arbeitete er; und wenn dann die Arbeit fertig war, sagte er ganz sachte zu sich selbst: „Nun

steht dieser Mensch allein." Aber darauf kommen wir zu dem Gedankenstrich; und bei dem Gedankenstrich tritt das Lächeln auf die Lippen des Edlen und doch so Schalkhaften, und er sagt: „Nun steht dieser Mensch allein — durch meine Hilfe", er behält das Geheimnis dieses unbeschreiblichen Lächelns für sich. Wahrlich, es ist nicht eine Spur vom Bösen in diesem Lächeln, er ist sich dessen bewußt, daß er wohlmeinend gehandelt hat, er ist sich dessen bewußt, daß es in Wahrheit die Wohltat ist und in Wahrheit die einzige Weise, auf welche sie sich tun läßt: aber das Lächeln verrät doch das Selbstbewußtsein der geistigen Kraft.

Anders steht es mit dem Liebenden. Er sagt auch: „Nun steht dieser Mensch allein." Darauf kommt der Gedankenstrich. O, aber dieser Gedankenstrich bedeutet für den Liebenden etwas anderes als ein Lächeln; denn wie edel und hochherzig und uneigennützig auch jener Schalkhafte war, er liebte doch den, welchem er helfen wollte, nicht im Sinne der Bekümmerung. Während nun jener Schalkhafte sich gerade unendlich leicht macht in der Hinterlist des Gedankenstrichs — und eben dies ist die Kunst, alles für den andern Menschen getan haben können und so tun, als habe man überhaupt nichts getan —: ist der Gedankenstrich für den Liebenden, mag er auch im Sinne des Denkens die unendliche Leichtigkeit sein, in einem andern Sinne (doch wohlgemerkt, das ist nicht zu merken) wie ein schwerer Atemzug, beinahe wie ein tiefer Seufzer. Denn in diesem Gedankenstrich ist die Schlaflosigkeit der Angst verborgen, nächtliche Arbeit, beinahe verzweifelte Anstrengung; in diesem Gedankenstrich ist Furcht und Zittern verborgen, welches, und eben das macht es um so furchtbarer, niemals einen Ausdruck gefunden hat. Der Liebende hat verstanden, es sei in Wahrheit die größte, die einzige Wohltat, die ein Mensch dem andern tun kann, daß er ihm dazu verhilft, allein zu stehen, er selbst zu werden, sein eigener Herr zu werden; aber er hat auch die Gefahr und das Leiden unter dieser Arbeit verstanden und vor allem den Schrecken der Verantwortung. Mit Dank gegen Gott sagt er deshalb: „Nun steht dieser Mensch allein — durch meine Hilfe." Aber in diesem letzten ist keine Selbstzufriedenheit; denn der Liebende hat verstanden, daß wesentlich doch jeder Mensch allein steht — durch Gottes Hilfe, und daß die Selbstvernichtigung des Liebenden eigentlich nur geschieht, um das Gottesverhältnis des anderen Menschen nicht

zu verhindern, so daß alle Hilfe des Liebenden in dem Gottesverhältnis unendlich verschwindet. Er arbeitet ohne Lohn; denn er macht sich selbst zu nichts, und eben in dem Augenblick, da die Rede davon sein könnte, daß er doch den Lohn des stolzen Selbst- IX 265
bewußtseins behalten könne, tritt Gott hinzu, und er ist wiederum zunichte gemacht, was ihm dennoch seine Seligkeit ist. Schau, ein Hofmann hat es ja in seiner Macht, sich selbst Bedeutung zu verschaffen bei dem, für welchen es so wichtig ist, mit der Majestät zu sprechen. Aber falls nun folgendes Verhältnis sich denken ließe: daß ein Hofmann, eben indem er sich selbst beiseite schaffte, dem Bittsteller dazu verhelfen könnte, jeden Augenblick bei der Majestät Gehör zu finden: würde dann nicht der Bittsteller in der Freude darüber, jeden Augenblick mit der Majestät sprechen zu können, den armen Hofmann völlig vergessen; den armen Hofmann, der es in seiner Macht gehabt hätte, *lieblos*, indem er dem Bittsteller hin und wieder einmal Zugang zur Majestät verschafft hätte, sich ihm so besonders verbunden zu machen, sich von ihm geliebt zu machen um seiner Liebe willen; den armen Hofmann, der es stattdessen *liebend* wählte, sich selbst beiseite zu schaffen und eben damit dem Bittsteller jeden Augenblick Zugang zur Majestät zu verschaffen, ihm zu der Unabhängigkeit zu verhelfen, die jeden Augenblick zur Majestät Zugang findet!

So steht es mit aller Arbeit des Liebenden. Wahrlich, er sucht nicht sein Eigenes, denn er gibt ja eben dergestalt, daß es aussieht, als sei die Gabe das Eigentum des Empfängers. Soweit es der Liebende vermag, sucht er einem Menschen dazu zu verhelfen, er selbst zu werden, sein eigener Herr zu werden. Aber dergestalt wird auf gewisse Weise im Dasein überhaupt nichts verändert, nur der Liebende, der verborgene Wohltäter, wird hinausgestoßen, da es jedes Menschen Bestimmung ist, frei, unabhängig, er selbst zu werden. Ist der Liebende in dieser Hinsicht Gottes Mitarbeiter gewesen, so ist doch alles geworden – wie es nach der Bestimmung war. Wird bemerkt, daß der Liebende geholfen hat, so ist das Verhältnis zerstört, oder so hat der Helfer nicht liebend, der Liebende nicht richtig geholfen[230a].

Wunderliches Gedenken, welches der Liebende erwirbt als Dank für all seine Arbeit! Er kann auf gewisse Weise sein ganzes Leben in einen Gedankenstrich einschließen. Er kann sagen: Ich habe gearbeitet wie niemand sonst, früh und spät, aber was habe ich ausgerichtet – einen Gedankenstrich! (Könnte nämlich unmittelbar gesehen werden, was er ausgerichtet hätte, so hätte er weniger liebevoll gearbeitet.) Ich habe gelitten, schwer wie nur irgendein Mensch, innerlich, wie nur Liebe leiden kann; aber was habe ich für Nutzen geschaffen – einen Gedankenstrich! Ich habe das Wahre verkündet, klar und wohl durchdacht, wie niemand sonst; aber wer hat es sich angeeignet – ein Gedankenstrich! Wäre er nämlich nicht der Liebende gewesen, so hätte er das Wahre, weniger wohl durchdacht, unmittelbar ausgeschrieen, und dann hätte er sogleich Anhänger gehabt, die sich das Wahre angeeignet – und ihn als Meister gegrüßt hätten.

Ist denn das Leben des Liebenden nun vergeudet, hat er ganz umsonst gelebt, dieweil es nichts, schlechthin nichts gibt, das von
IX 266 seinem Wirken und Streben zeugt? Antwort: Heißt es denn sein Leben vergeuden, wenn man nicht sein Eigenes sucht? Nein, wahrlich, dies Leben ist nicht vergeudet, dessen ist der Liebende sich in seliger Freude selber bewußt, und er hat Gott als Mitwisser. Sein Leben ward in gewissem Sinne gänzlich an das Dasein verschwendet, an das Dasein anderer; ohne irgendwelche Zeit oder Kraft dafür zu vergeuden, sich selbst zu behaupten, etwas für sich selbst zu sein, ist er in Selbstaufopferung bereit, zugrunde zu gehen, d. h., er ist ganz und gar verwandelt zu einem bloßen Werkzeug in Gottes Hand. Daher kommt es, daß sein Wirken nicht sichtbar werden kann. Sein Wirken bestand ja gerade darin, einem anderen oder anderen Menschen dazu zu verhelfen, daß sie ihre eigenen Herren würden, was sie in gewissem Sinne vorher waren. Aber wenn jemand *wirklich* durch eines andern Hilfe sein eigener Herr geworden ist, so kann man ganz unmöglich sehen, daß es des andern Hilfe ist; denn sehe ich des andern Hilfe, so sehe ich ja, daß der, dem geholfen ward, nicht sein eigener Herr geworden ist.

V

IX 267

Liebe deckt der Sünden Mannigfaltigkeit[231]

Das Zeitliche hat drei Zeiten, und ist deshalb eigentlich niemals ganz gegenwärtig, oder in einer von ihnen ganz zugegen; das Ewige *ist*. Ein zeitlicher Gegenstand kann viele verschiedene Eigenschaften haben; in einem gewissen Sinne kann man sagen, er habe sie auf einmal, insofern er in diesen bestimmten Eigenschaften ist, was er ist. Aber Verdoppelung in sich selbst hat ein zeitlicher Gegenstand niemals[232]; wie das Zeitliche in der Zeit vergeht, so ist es auch nur in den Eigenschaften gegenwärtig. Wenn jedoch das Ewige in einem Menschen zugegen ist, so verdoppelt dieses Ewige sich dergestalt in ihm, daß es, jeden Augenblick, da es in ihm zugegen ist, auf eine doppelte Weise in ihm zugegen ist: in der Richtung nach außen hin und in der Richtung nach innen hin zurück in sich selbst, aber dergestalt, daß dies ein und dasselbe ist; denn sonst ist es keine Verdoppelung. Das Ewige ist nicht bloß in seinen Eigenschaften gegenwärtig, sondern ist in seinen Eigenschaften bei sich selbst, es hat nicht bloß die Eigenschaften, sondern ist bei sich selbst, indem es die Eigenschaften hat.

Ebenso steht es nun mit der Liebe. Was Liebe tut, das ist sie; was sie ist, das tut sie — und zwar in ein und demselben Augenblick; im selben Augenblick, da sie aus sich herausgeht (die Richtung nach außen hin), ist sie bei sich selbst (die Richtung nach innen hin); und im selben Augenblick, da sie bei sich selbst ist, geht sie damit aus sich heraus, dergestalt, daß dies Herausgehen und dies Zurückkehren, dies Zurückkehren und dies Herausgehen das gleichzeitige ein und selbige ist. — Wenn wir sagen: „Liebe gibt Freimut", so sagen wir damit, der Liebende mache durch sein Wesen andere freimütig; überall, wo die Liebe zugegen ist, breitet sie Freimut aus; man nähert sich gern dem Liebenden, denn er treibt die Furcht aus[233]; IX 268 während der Mißtrauische alle abschreckt, während der Listige und Verschlagene Angst und peinigende Unruhe um sich verbreitet, während die Gegenwart des Herrschsüchtigen lastet wie der dumpfe Druck von Gewitterluft: gibt die Liebe Freimut. Aber wenn wir sagen: „Liebe gibt Freimut", so sagen wir eben damit zugleich etwas anderes, daß nämlich der Liebende Freimut habe, wie es denn heißt: „Liebe gibt Freimut am Tage des Gerichts"[234], d. h. sie macht den Liebenden freimütig im Gericht. — Wenn wir sagen: „Liebe rettet vom Tode", dann ist sogleich die Verdoppelung in dem Gedanken: der Liebende rettet einen anderen Menschen vom Tode, und er rettet, entweder ganz im gleichen oder doch in einem andern Sinne, sich selbst vom Tode; er tut das zugleich, es ist ein und dasselbe; er rettet nicht in dem einen Augenblick einen anderen, und in einem andern Augenblick sich selbst, sondern in dem Augenblick, da er den andern rettet, rettet er sich selbst vom Tode. Nur denkt Liebe niemals an dies letzte, an die eigene Rettung, an den eigenen Gewinn des Freimuts; der Liebende denkt bloß liebend daran, Freimut zu geben und einen andern vom Tode zu retten. Doch ist deshalb der Liebende nicht vergessen. Nein, wer liebend sich selbst vergißt, sein Leiden vergißt, um an das eines andern zu denken, all sein Elend vergißt, um an das eines andern zu denken, den eigenen Verlust vergißt, um liebend den Verlust eines andern zu bedenken, seinen Vorteil vergißt, um liebend auf den eines andern bedacht zu sein: wahrlich, ein solcher ist nicht vergessen. Einer denkt an ihn: Gott im Himmel; oder die Liebe denkt an ihn. Gott ist Liebe, und wenn ein Mensch aus Liebe sich selbst vergißt, wie sollte Gott seiner vergessen! Nein, während der Liebende sich selbst vergißt und an den anderen Menschen denkt, denkt Gott an den Liebenden. Der sich selbst Liebende setzt alles in Bewegung, er schreit und lärmt und besteht auf seinem Recht, um sich gegen das Vergessenwerden zu sichern — und er ist dennoch vergessen; aber der Liebende, der sich selbst vergißt, an den erinnert die Liebe sich. Einer denkt an ihn, und daher kommt es, daß der Liebende empfängt, was er gibt.

Schau hier die Verdoppelung: Was der Liebende tut, das ist er, oder das wird er; was er gibt, das hat er, oder richtiger, das empfängt er — verwunderlich wie „daß Speise von dem Fresser ging"[235]. Doch sagt vielleicht jemand: „Es ist doch nicht so wunderlich, daß der Liebende hat, was er gibt, das ist ja stets der Fall; was man nicht hat, das wird man schon nicht geben." Nun ja, aber ist es denn auch stets der Fall, daß man behält, was man gibt, oder daß man selbst empfängt, was man einem anderen gibt, daß man gerade durch Geben empfängt, und eben das gleiche empfängt, was man gibt, so daß dies Geben und dies Empfangen ein und dasselbe ist? Sonst ist das doch wohl nicht der Fall, sondern vielmehr: was ich gebe, das empfängt der andere, nicht etwa empfange ich selbst, was ich einem anderen gebe.

IX 269

Dergestalt ist Liebe stets in sich selbst verdoppelt. Das gilt nun auch, wenn davon gesprochen wird, daß Liebe der Sünden Mannigfaltigkeit deckt.

In der Schrift lesen wir, was die eigenen Worte „der Liebe" sind, daß die vielen Sünden dem vergeben sind, der viel geliebt hat[236] — weil die Liebe in ihm die Mannigfaltigkeit der Sünden deckt. Doch davon wollen wir diesmal nicht sprechen. In dieser kleinen Schrift handeln wir stets vom Tun der Liebe, wir betrachten also die Liebe in der Richtung nach außen hin. In diesem Sinne wollen wir nun davon sprechen,

daß Liebe die Mannigfaltigkeit der Sünden deckt.

Liebe deckt die Mannigfaltigkeit der Sünden. Denn sie entdeckt die Sünden nicht; aber nicht entdecken, was doch da sein muß, sofern es sich entdecken läßt, das heißt decken.

Der Begriff „Mannigfaltigkeit" ist in sich selbst unbestimmt. Wir sprechen dergestalt alle von der Mannigfaltigkeit der Schöpfung, doch bedeutet dieses gleiche etwas sehr Unterschiedliches in Bezug darauf, wer der Redende ist. Ein Mensch, der sein ganzes Leben an einer abgelegenen Stätte zugebracht, und der darüber hinaus nur wenig Sinn dafür gehabt hat, die Natur kennenzulernen: wie gering ist doch sein Wissen, während er doch auch von der Mannigfaltigkeit der Schöpfung spricht! Der Naturforscher hingegen, der die ganze Welt bereist hat, überall gewesen ist, beide über und unter der Erdoberfläche, der all das viele gesehen hat, was er sah, darüber hinaus mit bewaffnetem Auge bald fernsichtig sonst unsichtbare Sterne entdeckt hat, bald außerordentlich nah-

sichtig das sonst unsichtbare Gewürm: wie erstaunlich vieles kennt er doch, dennoch gebraucht er das gleiche Wort: „Mannigfaltigkeit der Schöpfung". Und weiter; während der Naturforscher froh ist über das, was zu sehen ihm gelungen ist, räumt er willig ein, daß es keine Grenze der Entdeckungen gebe, da es ja nicht einmal eine
IX 270 Grenze der Entdeckungen gibt in Hinsicht auf die Geräte, welche für Entdeckungen gebraucht werden, so daß also die Mannigfaltigkeit stets immer größer wird, je nach dem, wie man sie entdeckt, oder wie man neue Geräte für Entdeckungen entdeckt, und daß sie stets noch größer werden kann, d. h. sich als noch größer erweisen kann — während das doch alles in allem in dem Wort „Mannigfaltigkeit der Schöpfung" einbegriffen ist. — Dieses gleiche gilt von der Mannigfaltigkeit der Sünden, daß nämlich das Wort etwas sehr Unterschiedliches bezeichnet in Bezug darauf, wer der Redende ist.

Also man *entdeckt* eine stets immer größere Mannigfaltigkeit der Sünden, d. h. durch die Entdeckung erweist sie sich als stets noch größer, natürlich auch mit Hilfe der Entdeckungen, die man betreffs dessen macht, wie listig, wie mißtrauisch man sich verhalten muß, um zu entdecken. Wer nicht *entdeckt*, der deckt folglich die Mannigfaltigkeit, denn für ihn ist die Mannigfaltigkeit geringer.

Aber das Entdecken ist ja etwas Rühmenswertes, etwas Bewundertes, wenn auch diese Bewunderung zuweilen auf sonderbare Weise genötigt ist, das etlichermaßen Ungleichartige miteinander in Gesellschaft zu bringen; denn man bewundert den Naturforscher, der einen Vogel entdeckt, und dann bewundert man wohl auch den Hund, der den Purpur entdeckt hat[237]. Doch das wollen wir nun auf sich beruhen lassen, aber sicher ist, daß Entdeckungen in der Welt gepriesen und bewundert werden. Und hingegen wird jemand, der etwas nicht entdeckt oder der nichts entdeckt, sehr gering eingeschätzt. Man sagt gern von jemandem, um ihn als Sonderling zu bezeichnen, der seinen eigenen Gedanken nachgeht: „Er entdeckt wahrhaftig nie etwas." Und will man jemanden als besonders beschränkt und dumm hinstellen, so sagt man: „Er hat das Pulver gewiß auch nicht erfunden" — was ja heutzutage auch gar nicht nötig ist, sintemal es nun einmal erfunden ist, so daß es doch wohl noch mißlicher wäre, wenn heutzutage jemand meinte, eben er habe das Pulver erfunden. O, aber das Entdecken wird in der Welt dermaßen bewundert, daß man jenes beneidenswerte Los, das Pulver erfunden zu haben, nicht vergessen kann.

Insofern ist leicht zu sehen, daß der Liebende, der nichts entdeckt, sich in den Augen der Welt sehr mäßig ausnimmt. Denn selbst in Bezug auf das Böse, in Bezug auf die Sünde und die Mannigfaltigkeit der Sünde ist das Entdecken, ist der schlaue, listige, durchtriebene, vielleicht sogar ein wenig halbverdorbene Beobachter, der richtig entdecken kann, in der Welt hoch angesehen. Sogar IX 271
der Jüngling will in dem ersten Augenblick, da er ins Leben hinaustritt (denn er möchte so ungern, daß die Welt ihn einen Tropf nennte) verraten, auf welche Weise er das Böse kennt und entdeckt hat. Sogar das Weib will in ihrer frühesten Jugend (denn sie möchte so ungern, daß die Welt sie eine kleine Gans oder eine Dorfschönheit nennte) verraten, daß sie sich etwas darauf einbilde, Menschenkennerin zu sein, natürlich in Richtung auf das Böse. Ja, es ist unglaublich, wie die Welt sich im Vergleich mit dem Altertum verändert hat: damals gab es einige wenige, die sich selbst kannten, jetzt sind alle Menschen Menschenkenner. Und das ist das Sonderbare: falls jemand entdeckt hat, wie gutmütig doch im Grunde wohl beinahe jeder Mensch ist: so dürfte er kaum wagen, seine Entdeckung zu gestehen, er müßte fürchten, lächerlich zu werden, vielleicht sogar fürchten, daß die Menschheit sich dadurch beleidigt fühlen könnte. Wenn hingegen jemand so tut, als habe er entdeckt, wie lumpig im Grunde jeder Mensch ist, wie mißgünstig, wie selbstsüchtig, wie treulos, welche Abscheulichkeit versteckt auch in dem Reinsten wohnen kann, d. h. in dem, welcher von Tröpfen und Gänsen und Dorfschönheiten für den Reinsten gehalten wird: dann weiß er in seinem eitlen Sinn, daß er willkommen ist, daß die Welt danach verlangt, die Ausbeute seiner Beobachtung, sein Wissen, seine Erzählung zu hören. So haben denn die Sünde und das Böse eine Macht mehr über die Menschen, als man gewöhnlich denkt: nämlich daß es so fade ist, gut zu sein, so beschränkt, das Gute zu glauben, so kleinbürgerlich, Unwissenheit zu verraten, oder zu verraten, daß man uneingeweiht sei — uneingeweiht in das innerste Geheimnis der Sünde. Man sieht hier recht deutlich, wie das Böse und die Sünde zu einem so großen Teil in einem eitlen Vergleichs-Verhalten zur Welt und zu anderen Menschen liegen. Denn man

kann ganz sicher sein: dieselben Menschen, die, eben weil sie in ihrem eitlen Sinn das Urteil der Welt fürchten, im Umgang mit anderen gefällig und unterhaltend zu sein versuchen, indem sie eine besondere Kenntnis des Bösen verraten; man kann ganz sicher sein: dieselben Menschen haben eine ganz andere Betrachtung, wenn sie allein sind, in ihrem stillen Sinn, wo sie sich des Guten nicht zu schämen brauchen. Aber im Umgang, in Gesellschaft, wenn man zu vielen oder doch zu mehreren beisammen ist, und also der Vergleich, das Vergleichs-Verhältnis in der Gesellschaft eine Rolle spielt, worüber die Eitelkeit unmöglich unwissend bleiben kann; dann reizt einer den anderen, zu verraten, was er entdeckt hat.

Jedoch selbst völlig weltlich-gesinnte Menschen machen zuweilen eine Ausnahme, urteilen ein wenig milder darüber, daß einer nichts entdeckt. Gesetzt, zwei listige Menschen hätten etwas miteinander
IX 272 zu erledigen, wozu sie just keine Zeugen wünschten, aber es könne nun einmal nicht anders geschehen, sie müßten es in einem Zimmer erledigen, in dem ein Dritter anwesend wäre, — und dieser Dritte wäre, das wüßten sie, in hohem Grade verliebt, glücklich in den ersten Tagen der Verliebtheit: nicht wahr, dann würde der eine Listige zu dem andern sagen: „Ja, er kann wahrhaftig gern zugegen sein, er entdeckt nichts". Sie würden das mit einem Lächeln sagen und mit diesem Lächeln ihre eigene Klugheit ehren; aber sie hätten dennoch eine Art Ehrerbietung für den Verliebten, der nichts entdeckt. — Und nun der Liebende! Ob man über ihn lacht, ob man seiner spottet, ob man ihn bedauert, und was dann die Welt auch von ihm sagen mag, sicher ist: betreffs der Mannigfaltigkeit der Sünden *entdeckt* er nichts, nicht einmal dieses Gelächter, diesen Spott, dieses Bedauern, er *entdeckt* nichts, und er sieht nur sehr wenig. Er entdeckt nichts; wir machen ja nämlich einen Unterschied zwischen dem Entdecken, welches das bewußte, das vorsätzliche Streben ist zu finden, und dem Sehen oder Hören, welches gegen den Willen eines Menschen geschehen kann. Er entdeckt nichts. Und doch, ob man nun über ihn lacht oder nicht über ihn lacht, ob man seiner spottet oder seiner nicht spottet: im allerinnersten Grunde hegt man eine Ehrerbietung für ihn, daß er, ruhend in seiner Liebe, versunken in sie, nichts entdecke.

Der Liebende entdeckt nichts, also deckt er der Sünden Mannigfaltigkeit, die durch Entdecken zu finden wäre. Das Leben des Lie-

benden drückt die apostolische Vorschrift aus, an der Bosheit Kin-
der zu sein[238]. Was die Welt eigentlich als Klugheit bewundert, ist
Verstand für das Böse — Weisheit ist nämlich Verstand für das Gu-
te. Verstand für das Böse hat der Liebende nicht und will er nicht
haben, er ist und bleibt in dieser Hinsicht ein Kind, er will das sein
und bleiben. Bringe ein Kind in eine Räuberhöhle (aber das Kind
darf dort nicht so lange bleiben, daß es selbst verderbt wird), laß
es also dort nur eine ganz kurze Zeit sein, laß es dann heimkom-
men und alles erzählen, was es erlebt hat: Du wirst sehen, das
Kind, welches doch ein guter Beobachter ist (das ist jedes Kind)
und ein vortreffliches Gedächtnis hat, wird alles auf das umständ-
lichste erzählen, jedoch derart, daß in gewissem Sinne das Wichtig-
ste ausgelassen ist, so daß einer, der nicht weiß, daß das Kind un-
ter Räubern gewesen ist, aufgrund der Erzählung des Kindes am
allerwenigsten darauf verfiele. Was läßt denn das Kind nun aus,
was hat das Kind nicht entdeckt? Es ist das Böse. Doch ist die Er-
zählung des Kindes von dem, was es gesehen und gehört hat, völ-
lig genau. Was fehlt denn dem Kinde, was macht denn eines Kin-
des Erzählung so oft zum tiefsinnigsten Spott über die Erwachse- IX 273
nen? Es ist der Verstand für das Böse und die Tatsache, daß dem
Kinde Verstand für das Böse fehlt, daß es das Kind nicht einmal
gelüstet, sich auf das Böse verstehen zu wollen. Hierin gleicht der
Liebende dem Kinde. Aber es liegt allem *Verstehen* zugrunde
vor allem ein *Verständnis* zwischen dem, der verstehen soll,
und dem, was verstanden werden soll. Deshalb ist auch der Ver-
stand für das Böse (wie sehr er auch sich selbst und anderen ein-
bilden will, er könne sich ganz rein behalten, er sei reiner Verstand
für das Böse) dennoch im *Verständnis* mit dem Bösen; wo-
fern dieses Verständnis nicht da wäre, würde es den Verständigen
nicht gelüsten, das Böse zu verstehen, er würde dessen Verstehen
verabscheuen, und dann verstünde er es auch nicht. Wenn auch dies
Verständnis nichts anderes bedeutet, so ist es doch eine bösartige
Neugier auf das Böse; oder es ist ein hinterlistiges Spähen nach
Entschuldigung eigener Fehler mit Hilfe eines Wissens von der
Verbreitung des Bösen; oder ein falsches Rechnen, um mit Hilfe
des Wissens von der Verderbtheit anderer den eigenen Wert em-
porzuschrauben. Aber man nehme sich wohl in acht; denn gibt man
dem Bösen neugierig den kleinen Finger, so nimmt es alsbald die

ganze Hand; und Entschuldigungen auf Lager zu haben, ist äußerst gefährlich; und besser zu werden oder besser zu scheinen aufgrund des Vergleichs mit der Schlechtigkeit anderer, heißt ja, auf böse Art besser zu werden. Doch wenn bereits dieses Verständnis die Mannigfaltigkeit der Sünden entdeckt, was für Entdeckungen muß dann nicht ein noch vertraulicheres Verständnis machen können, das recht eigentlich mit dem Bösen im Bunde steht! Wie der Gelbsüchtige alles gelb sieht, ebenso entdeckt dann ein solcher Mensch, je nach dem, wie er selbst tiefer und tiefer sinkt, die immer größere Mannigfaltigkeit der Sünden rings um sich. Sein Auge schärft und bewaffnet sich, ach, nicht im Sinne der Wahrheit, also in dem der Unwahrheit, also sein Blick verstrickt sich mehr und mehr, so daß er auf schmutzige Weise in allem das Böse sieht, das Unreine selbst im Reinsten — und dieser Anblick (o, furchtbarer Gedanke!) ist ihm doch eine Art Trost, denn ihm ist daran gelegen, die Mannigfaltigkeit so grenzenlos wie möglich zu entdecken. Zuletzt gibt es keine Grenze für seine Entdeckungen; denn nun entdeckt er die Sünde sogar dort, wo sie doch nach seinem eigenen Wissen nicht ist, er entdeckt sie durch Verdächtigung, Verleumdung, lügenhafte Erdichtung, worin er sich so lange übt, bis er es zuletzt selber glaubt. Ein solcher Mensch hat wahrhaftig der Sünden Mannigfaltigkeit entdeckt.

Aber der Liebende entdeckt nichts. Es ist etwas so unendlich Erhabenes, und doch zugleich etwas so Kindliches, etwas, das ans
IX 274 Spiel des Kindes erinnert, wenn dergestalt der Liebende, indem er überhaupt nichts entdeckt, die Mannigfaltigkeit der Sünden deckt — etwas, das ans Spiel des Kindes erinnert; denn auf die Art spielen wir ja mit einem Kind, wir spielen, daß wir das Kind nicht sehen können, welches doch vor uns steht, oder das Kind spielt, es könne uns nicht sehen, was das Kind so unbeschreiblich ergötzt. Das Kindliche liegt hier nun darin, daß der Liebende, wie bei einem Spiel, mit offenen Augen nicht sehen kann, was gerade vor ihm geschieht, das Erhabene liegt darin, daß es das Böse ist, was er nicht sehen kann. Es ist ganz bekannt, daß die Morgenländer einen Geisteskranken ehren; aber jener Liebende ist dieser Ehre wert, er gleicht ja einem Geisteskranken. Es ist ganz bekannt, daß das Altertum, und wohl mit Recht, einen großen Unterschied machte zwischen zwei Arten Wahnsinn[238a], der eine war eine traurige

Krankheit, und man beklagte einen solchen Unglücklichen, den andern nannte man den göttlichen Wahnsinn. Falls wir nun für einen Augenblick das heidnische Wort „göttlich" gebrauchen dürfen: es ist eine göttliche Art Wahnsinn, liebend das Böse nicht sehen zu können, das gerade vor einem geschieht. Wahrlich, es dürfte wohl in den heutigen klugen Zeiten, die so viel Verstand für das Böse haben, vonnöten sein, etwas dafür zu tun, daß man diesen Wahnsinn zu ehren lernte; denn leider wird in den heutigen Zeiten genug dafür getan, daß ein solcher Liebender, der viel Verstand für das Gute hat und keinen für das Böse haben will, sich wie ein Geisteskranker ausnimmt.

Denk dir, um das Höchste zu nennen, denk dir Christus in dem Augenblick, da er vor dem Hohen Rat stand, denk dir die rasende Menge, denk dir den Kreis der Vornehmen — und denk dir dann, wie so mancher Blick, der auf ihn gerichtet war und auf ihn zielte, bloß darauf wartete, daß er hersehe, damit auch dieser Blick seinen Spott, seine Verachtung, sein Bedauern, seinen Hohn über den Angeklagten bringen könne! Aber er entdeckte nichts, liebend deckte er der Sünden Mannigfaltigkeit. Denk dir, wie so manches Schimpfwort, manche Verhöhnung, mancher Spottruf dort ausgestoßen ward — und es lag dem Schreienden so sehr daran, daß seine Stimme gehört werde, daß es vor allem nicht so scheine, was so unbeschreiblich beschämend wäre, als sei er zu spät gekommen, als sei er nicht tätig dabei gewesen, wo es galt, im Verein mit allen, als Werkzeug also der wahren, der öffentlichen Meinung, einen Unschuldigen zu verhöhnen, zu kränken und zu mißhandeln! Aber er entdeckte nichts, liebend deckte er der Sünden Mannigfaltigkeit — indem er nichts entdeckte.

Und Er ist das Vorbild, von ihm hat es der Liebende gelernt, IX 275
wenn er nichts entdeckt und damit der Sünden Mannigfaltigkeit deckt, wenn er, als würdiger Jünger, „verlassen, verhaßt, mit dem Kreuz auf dem Rücken"[239] zwischen Spott und Mitleid dahingeht, zwischen Verhöhnung und Weheruf und dennoch liebend nichts entdeckt — in Wahrheit wunderbarer denn da die drei Männer ohne Schaden in den glühenden Ofen gingen[240]. Doch der Spott und die Verhöhnung tun eigentlich keinen Schaden, wenn nicht der Verhöhnte Schaden nimmt durch E n t d e c k e n, d. h. indem er verbittert wird; denn wird er verbittert, so entdeckt er der Sün-

den Mannigfaltigkeit. Willst du dir recht deutlich machen, wie der Liebende, indem er nichts entdeckt, der Sünden Mannigfaltigkeit deckt, so setze noch einmal Liebe hinzu. Denk dir, dieser Liebende habe eine Ehefrau, die ihn liebe. Schau, eben weil sie ihn liebte, entdeckte sie, wie mannigfaltig gegen ihn gesündigt werde, sie entdeckte, gekränkt, mit Bitternis in der Seele, jeden spöttischen Blick, sie hörte tränenden Herzens die Verhöhnung – während er, der Liebende, nichts entdeckte. Und wenn dann der Liebende, sofern er nicht vermeiden könnte, etwas zu sehen oder zu hören, doch die Entschuldigung für die Angreifenden in Bereitschaft hätte, daß er wohl selber Fehler habe: so könnte die Ehefrau bei ihm überhaupt keinen Fehler entdecken, entdeckte aber nur um so mehr, wie mannigfaltig gegen ihn gesündigt werde. Siehst du nun, indem du bedenkst, was die Ehefrau, und zwar zu Recht entdeckte, siehst du, wie wahr es ist, daß der Liebende, der nichts entdeckt, der Sünden Mannigfaltigkeit deckt? Denk dir das dann auf alle Lebensverhältnisse angewandt, und du wirst gestehen, daß der Liebende wirklich die Mannigfaltigkeit deckt!

Liebe deckt der Sünden Mannigfaltigkeit; denn was sie nicht vermeiden kann zu sehen oder zu hören, das deckt sie durch Verschweigen, durch milderndes Erklären, durch Vergeben.

Durch *Verschweigen* deckt sie die Mannigfaltigkeit.

Es ist zuweilen der Fall, daß ein liebendes Paar sein Verhältnis verborgen zu halten wünscht. Nimm nun an, in dem Augenblick, da sie einander Liebe gestünden und einander Schweigsamkeit gelobten, sei ganz zufällig ein Dritter zugegen, aber dieser Unbefugte sei ein redlicher und liebevoller Mensch, auf den man sich verlassen könne, und er gelobe ihnen Schweigsamkeit: wäre und bliebe
IX 276 dann nicht doch die Minne der beiden verborgen? Aber ebenso verhält der Liebende sich, wenn er unversehens, ganz zufällig, niemals weil er selbst die Gelegenheit dazu gesucht hat, von der Sünde eines Menschen, seinem Fehler, seinem Verbrechen erfährt, oder davon, wie er von einer Schwachheit übereilt ward: der Liebende verschweigt es, und deckt der Sünden Mannigfaltigkeit.

Sage nicht, „daß die Mannigfaltigkeit der Sünden doch gleich groß bleibe, ob sie nun verschwiegen oder erzählt werde, da Schweigsamkeit doch wohl nichts wegnehme, weil man nur verschweigen könne, was da sei“, antworte lieber auf die Frage: ob nicht einer, der die Fehler und Sünden des Nächsten erzählt, die Mannigfaltigkeit der Sünden vergrößere! Selbst wenn es so ist, daß die Mannigfaltigkeit gleich groß bleibt, ob ich nun etwas davon verschweige oder nicht, so tue ich doch das meine, um sie zu decken, wenn ich sie verschweige. Und überdies, sagen wir nicht, daß das Gerücht gern vergrößere? Wir meinen damit, daß das Gerücht gern die Schuld größer mache, als sie wirklich ist. Doch daran denke ich jetzt nicht. In einem ganz anderen Sinne muß man sagen, daß das Gerücht, welches die Fehler des Nächsten erzählt, die Mannigfaltigkeit der Sünden vergrößere. Man nehme es nicht zu leicht mit diesem Wissen von den Fehlern des Nächsten, als sei alles in Ordnung, wenn nur entschieden wäre, daß wahr sei, was da erzählt ward. Wahrlich, nicht jedes Mitwissen von dem, was wahr ist in Betreff der Fehler des Nächsten, ist deshalb ohne Schuld, und eben dadurch, daß jemand zum Mitwisser gemacht wird, kann er leicht selbst schuldig werden. Dergestalt vergrößert das Gerücht oder der, welcher die Fehler des Nächsten erzählt, die Mannigfaltigkeit der Sünden. Daß die Menschen durch das Gerücht, durch den Stadtklatsch daran gewöhnt werden, auf neugierige, leichtfertige, mißgünstige, vielleicht boshafte Weise von den Fehlern des Nächsten zu erfahren, das verdirbt die Menschen. Freilich wäre es wünschenswert, daß die Menschen wieder Schweigen lernten; soll aber geschwatzt werden, und also neugierig und leichtfertig geschwatzt werden, so mag das über Scherz und Tand geschehen, — die Fehler des Nächsten sollten eine zu ernsthafte Sache sein und bleiben; neugierig, leichtfertig, mißgünstig darüber zu schwatzen, ist deshalb ein Zeichen von Verderbtheit. Wer aber durch Erzählen der Fehler des Nächsten die Menschen verderben hilft, der vergrößert ja die Mannigfaltigkeit der Sünden.

Es ist nur allzu sicher, daß leider jeder Mensch eine große Neigung hat, die Fehler des Nächsten zu sehen, und vielleicht eine noch größere, sie erzählen zu wollen. Wenn es nichts anderes ist, ach, es ist, um den mildesten Ausdruck zu gebrauchen, eine Art Nervenschwäche, welche die Menschen gegen diese Versuchung, diesen Reiz so schwach macht, vom Nächsten etwas Böses erzählen zu können, sich einen Augenblick gespannte Aufmerksamkeit zu verschaffen mit Hilfe einer so unterhaltenden Erzählung. Aber was

dergestalt schon verderblich genug ist als ein Gelüst der Nerven-
IX 277 schwäche, die nicht schweigen kann, das ist ja zuweilen in einem Menschen eine furchtbare, teuflische Leidenschaft, entwickelt nach dem entsetzlichsten Maßstab. Ob wohl auch irgendein Räuber, ein Dieb, ein Gewalttäter, kurz irgendein Verbrecher im tiefsten Grunde so verderbt ist wie ein solcher Mensch, der es sich zu seiner Aufgabe gemacht hat, zu seinem verächtlichen Gewerbe, nach dem größtmöglichen Maßstab, lauttönend wie nie das Wort der Wahrheit zu hören ist, weithin über das ganze Land reichend, wie selten etwas Nützliches sich verbreitet, in jeden Winkel dringend, wie kaum Gottes Wort das tut, die Fehler des Nächsten zu verkünden, und jedem, selbst der ungefestigten Jugend, diese schmutzige Kenntnis aufzunötigen — ob wirklich irgendein Verbrecher im tiefsten Grunde so verderbt ist wie ein solcher Mensch, selbst wenn es so wäre, selbst wenn das Böse wahr wäre, was er erzählt!?[241] Selbst wenn es so wäre; aber es ist ja undenkbar, daß einer mit dem Ernst der Ewigkeit streng dafür sorgen könnte, daß das Böse, welches er erzählte, unbedingt wahr wäre, und dann sein Leben diesem — erbärmlichen Wahrheitsdienst, das Böse zu erzählen, könnte opfern wollen. Wir bitten im Gebet des Herrn, daß Gott uns nicht in Versuchung führen möge; sollte das aber geschehen, und sollte es geschehen, daß ich in Versuchung fiele — barmherziger Gott, doch *eine* Gnade, möge meine Sünde und Schuld eine solche sein, daß die Welt sie für recht abscheulich und empörend halte! Das Allerfurchtbarste muß es doch sein, Schuld aufzuhäufen, himmelschreiende Schuld, Schuld und abermals Schuld und neue Schuld aufzuhäufen tagaus, tagein — und überhaupt nicht darauf aufmerksam zu werden, weil alles, was einen umgibt, weil das Dasein selbst sich in einen Sinnentrug verwandelt hätte, der einen in der Meinung bestärkte, es sei nichts, es sei nicht bloß keine Schuld, sondern sei beinahe verdienstlich. O, es gibt Verbrechen, welche die Welt nicht Verbrechen nennt, welche sie belohnt und beinahe ehrt, — und dennoch, dennoch wollte ich lieber — was Gott verhüte —, aber ich wollte doch lieber in der Ewigkeit ankommen mit drei bereuten Mordtaten auf meinem Gewissen, denn als ein ausgedienter Verleumder mit dieser entsetzlichen, unüberschaubaren Masse an Verbrechen, die Jahr für Jahr aufgehäuft wäre, die um sich gegriffen haben kann nach einem fast unausdenklichen Maßstab, Men-

schen ins Grab gebracht, die innerlichsten Verhältnisse verbittert, die unschuldigsten Mitleidenden verletzt, die Unmündigen befleckt haben kann, beide Alte und Junge in die Irre geführt und verderbt haben kann, kurz nach einem Maßstab um sich gegriffen haben kann, von der selbst die lebhafteste Einbildungskraft sich keine Vorstellung machen kann – mit dieser furchtbaren Masse an Verbrechen, wobei ich doch niemals Zeit bekommen hätte, mit der Reue anzufangen, weil die Zeit ja für neue Verbrechen gebraucht werden mußte, und weil die Unzahl dieser Verbrechen mir Geld, Einfluß, beinahe Ansehen und vor allem ein lustiges Leben ver- IX 278
schafft hatte! Man macht doch in Hinsicht auf Brandstiftung den Unterschied, ob der, welcher ein Haus in Brand setzt, weiß, daß es von vielen bewohnt ist, oder daß es unbewohnt ist: aber durch Verleumdung gleichsam in eine ganze Gesellschaft den Feuerbrand zu werfen, das hält man nicht einmal für ein Verbrechen! Man sperrt doch ab gegen die Pest – aber der Pest, welche schlimmer ist als die asiatische, der Verleumdung, welche Seele und Gemüt verdirbt, der öffnet man alle Häuser, man bezahlt Geld dafür, angesteckt zu werden, man grüßt den, der die Ansteckung bringt, als willkommenen Freund!

Sage nun, ob es nicht wahr ist, daß der Liebende, indem er die Fehler des Nächsten verschweigt, die Mannigfaltigkeit der Sünden deckt, wenn du bedenkst, wie man sie durch Erzählen vergrößert.

Durch milderndes Erklären deckt der Liebende die Mannigfaltigkeit der Sünden.

Es ist immer die Erklärung, die etwas zu dem macht, was es nun wird. Die Tatsache oder Tatsachen liegen zugrunde, aber die Erklärung gibt den Ausschlag. Jede Begebenheit, jedes Wort, jede Tat, kurz alles kann auf verschiedene Weise erklärt werden; wie man unwahr sagt, daß die Kleider den Mann machen, ebenso kann man mit Recht sagen, die Erklärung mache den Gegenstand der Erklärung zu dem, was er wird. Betreffs eines anderen Menschen Wort, Tun, Denkungsweise gibt es keine solche Gewißheit, daß nicht das Annehmen eigentlich ein Wählen bedeutet. Die Auffassung, die Erklärung, ist deshalb, eben weil Unterschiedlichkeit der Erklärung möglich ist, eine Wahl. Ist es aber eine Wahl, so steht es immer in meiner Macht, falls ich der Liebende bin, die mildeste Erklärung zu wählen. Wenn dann diese mildere oder mildernde

Erklärung erklärt, was andere leichthin, übereilt, streng, hartherzig, mißgünstig, boshaft, kurz lieblos ohne weiteres als Schuld erklären, wenn die mildernde Erklärung dies auf eine andere Weise erklärt, so nimmt sie dann ja eine Schuld nach der anderen weg, und macht dergestalt die Mannigfaltigkeit der Sünden geringer, oder deckt sie. O, falls die Menschen recht verstünden, welch schönen Gebrauch sie von ihrer Einbildungskraft, ihrem Scharfsinn, ihrer Erfindungsgabe, ihrer Verknüpfungskunst machen könnten, wenn sie diese benutzten, um womöglich eine mildernde Erklärung zu finden: sie fänden immer mehr Geschmack an einer der schönsten Freuden im Leben, es würde ihnen zu einer leidenschaftlichen Lust und Notwendigkeit, die sie dahin bringen könnte, alles andere zu vergessen. Sehen wir das nicht in anderen Verhältnissen; wie ergibt sich doch, um dies zu nennen, der Jäger mit jedem Jahr immer leidenschaftlicher der Jagd. Wir preisen nicht etwa seine Wahl, aber davon sprechen wir auch nicht, wir sprechen nur davon,
IX 279 wie er sich mit jedem Jahr immer leidenschaftlicher dieser Beschäftigung ergibt. Und weshalb tut er das? Weil er mit jedem Jahr Erfahrung sammelt, immer erfinderischer wird, mehr und mehr Schwierigkeiten überwindet, so daß er, der alte, erfahrene Jäger, nun Auswege weiß, wo sie kein anderer weiß, nun das Wild aufzuspüren versteht, wo es kein anderer aufzuspüren versteht, nun Merkzeichen draußen hat, die kein anderer zu gebrauchen weiß, nun eine geschicktere Art erfunden hat, die Schlinge zu setzen, so daß es ihm ziemlich sicher gelingt, eine gute Jagd zu machen, selbst wenn es allen anderen mißlingt. Wir halten es für ein beschwerliches, aber doch in anderer Hinsicht auch zufriedenstellendes und fesselndes Tun, der Diener der Gerechtigkeit zu sein, der Schuld und Vergehen entdeckt. Wir erstaunen darüber, wie ein solcher das menschliche Herz kennt, wie er alle, selbst die spitzfindigsten Ausflüchte und Erdichtungen durchschaut, wie er sich von Jahr zu Jahr auch an das Allerunbedeutendste erinnern kann, bloß um sich womöglich eine Spur zu sichern, wie er, wenn er auch nur seinen Blick auf die Tatmale wirft, diese gleichsam beschwören kann, so daß sie Erklärung geben wider den Schuldigen, wie nichts für seine Aufmerksamkeit zu gering ist, sofern es dazu beitragen könnte, seine Auffassung des Vergehens zu beleuchten; wir bewundern es, wenn es einem solchen Diener der Obrigkeit gelingt, durch Aus-

halten mit einem recht verstockten und durchtriebenen Heuchler, wie er ihn nennt, diesem dennoch den gleisnerischen Schein zu entwinden und die Schuld offenbar zu machen. Sollte es nicht ebenso befriedigend, ebenso fesselnd sein, durch rechtes Aushalten mit dem, was man ein selten niedriges Verhalten nennt, zu entdecken, daß es etwas ganz anderes, etwas Wohlgemeintes wäre! Laß den vom Staat bestellten Richter, laß den Diener der Gerechtigkeit arbeiten, um Schuld und Vergehen aufzudecken: wir andern sind ja weder zum Richter berufen noch zum Diener der Gerechtigkeit, sind aber hingegen von Gott zur Liebe gerufen, also dazu, mit Hilfe einer mildernden Erklärung die Mannigfaltigkeit der Sünden zu decken. Denk dir einen solchen Liebenden, von der Natur ausgerüstet mit den herrlichsten Gaben, um die jeder Richter ihn beneiden müßte; aber diese Gaben würden alle angewandt mit einem Eifer und einer Anstrengung, von denen ein Richter Ehre hätte, um sich im Dienst der Liebe in der Kunst zu üben, und um die Kunst auszuüben, die Dolmetschkunst, die mit Hilfe einer mildernden Erklärung die Mannigfaltigkeit der Sünden deckt! Denk dir seine reiche, seine im edelsten Sinne gesegnete Erfahrung, wie er das menschliche Herz kennt, über wie viele merkwürdige und dabei so bewegende Fälle er Bescheid weiß, in denen es ihm doch, wie verwickelt die Sache auch schien, gelungen war, das Gute oder doch das Bessere zu entdecken, weil er sein Urteil lange, lange in der Schwebe gehalten hatte, bis, ganz richtig, ein kleiner Umstand an IX 280
den Tag kam, der ihm auf die Spur half; wie es ihm, indem er hurtig und kühn seine ganze Aufmerksamkeit auf eine ganz andere Auffassung der Sache warf, geglückt war, zu finden, was er suchte; wie er, indem er sich in die Lebensverhältnisse eines Menschen wirklich vertiefte, indem er sich die genauesten Auskünfte über seine Lage verschaffte, endlich mit seiner Erklärung gesiegt hatte! Also „er kam auf die Spur“, „es glückte ihm, zu finden, was er suchte“, „er hatte mit seiner Erklärung gesiegt“ — ach, ist es nicht sonderbar, wenn man diese Worte ohne den Zusammenhang liest, wird fast jeder Mensch unwillkürlich auf den Gedanken kommen, hier sei von der Entdeckung eines Verbrechens die Rede: soviel näher liegt es uns allen, an die Entdeckung des Bösen als an die des Guten zu denken. Schau, der Staat bestellt Richter und Diener der Gerechtigkeit, um das Böse zu entdecken und zu strafen; im übrigen ver-

einigt man sich, um, was ja lobenswert ist, die Armut zu lindern, elternlose Kinder zu erziehen, Gefallene zu retten: aber zu jenem schönen Vorhaben, mit Hilfe der mildernden Erklärung ein wenig, wenn auch in noch so bescheidenem Maße, der Mannigfaltigkeit der Sünden Herr zu werden — dazu hat noch keine Vereinigung sich gebildet.

Doch auf welche Weise der Liebende durch mildernde Erklärung die Mannigfaltigkeit der Sünden deckt, das wollen wir nun hier nicht weiter ausführen, da wir in zwei vorhergehenden Erwägungen bedacht haben, daß Liebe alles glaubt und Liebe alles hofft. Aber liebend alles zu glauben und liebend alles zu hoffen, sind die beiden Haupt-Hilfsmittel, welche die Liebe, dieser milde Dolmetscher, zu der mildernden Erklärung gebraucht, die der Sünden Mannigfaltigkeit deckt.

Durch *Vergeben* deckt Liebe die Mannigfaltigkeit der Sünden.

Das Verschweigen nimmt eigentlich nichts weg von der offenkundigen Mannigfaltigkeit der Sünden; die mildernde Erklärung windet der Mannigfaltigkeit einiges aus der Hand, indem sie nämlich zeigt, daß dies und jenes doch keine Sünde sei; die Vergebung nimmt weg, wovon doch nicht bestritten werden kann, daß es Sünde sei. So streitet denn die Liebe auf jegliche Weise, um der Sünden Mannigfaltigkeit zu decken; aber die Vergebung ist die merkwürdigste Weise.

Wir erinnerten im vorhergehenden an den Ausdruck „Mannigfaltigkeit der Schöpfung", laßt uns ihn noch einmal zur Erklärung benutzen. Wenn wir sagen, daß der Forscher die Mannigfaltigkeit *entdeckt*, während der Unkundige, der freilich auch von der Mannigfaltigkeit der Schöpfung spricht, im Vergleich mit ihm sehr wenig weiß: so weiß also der Unwissende nicht, daß dies und jenes da ist, aber deshalb ist es gleichwohl da; es ist durch seine Unwissenheit der Natur nicht weggenommen, es ist nur in seiner Unwis-
IX 281 senheit für ihn nicht da. Anders verhält sich die Vergebung zur Mannigfaltigkeit der Sünden; die Vergebung nimmt die vergebene Sünde weg.

Dies ist ein wunderlicher Gedanke, und deshalb auch ein Gedanke des Glaubens; denn Glaube verhält sich stets zu dem, was man nicht sieht[241a]. Ich *glaube*, daß das Sichtbare aus dem entstanden ist, was man nicht sieht; ich sehe die Welt, aber das Unsichtbare sehe ich nicht, das glaube ich. Ebenso liegt auch in „Vergebung — und Sünde“ ein Glaubensverhältnis, auf das man jedoch seltener aufmerksam ist. Was ist nämlich hier das Unsichtbare? Das Unsichtbare ist, daß die Vergebung dasjenige wegnimmt, was doch da ist; das Unsichtbare ist, daß jenes, was gesehen wird, doch nicht gesehen wird; denn wenn es gesehen wird, ist das Nicht-gesehen-Werden ja offenbar unsichtbar. Der Liebende sieht die Sünde, die er vergibt, aber er glaubt, daß die Vergebung sie wegnimmt. Dies kann nämlich nicht gesehen werden, da ja die Sünde gesehen werden kann; und auf der andern Seite: wofern die Sünde nicht zu sehen wäre, könnte sie ja auch nicht vergeben werden. Wie man nun durch den Glauben das Unsichtbare **zu** dem Sichtbaren **hinzu**glaubt, ebenso glaubt der Liebende durch die Vergebung das Sichtbare **hinweg.** Beides ist Glaube. Selig der Glaubende, er glaubt, was er nicht sehen kann, selig der Liebende, er glaubt dasjenige hinweg, was er doch sehen kann!

Wer kann das glauben? Das kann der Liebende. Aber weshalb ist wohl Vergebung so selten? Etwa deshalb, weil der Glaube an die Macht der Vergebung so gering und so selten ist? Selbst einen besseren Mesch, der keineswegs geneigt ist, Neid und Groll zu hegen, und durchaus nicht unversöhnlich ist, hört man nicht selten sagen: „Ich möchte ihm gern vergeben, aber ich sehe nicht, was das helfen kann.“ O, das sieht man auch nicht! Doch wofern du selbst jemals der Vergebung bedurft hast, so weißt du, was Vergebung vermag: weshalb willst du dann so unerfahren oder so lieblos von der Vergebung sprechen? Denn es liegt eigentlich etwas Liebloses darin zu sagen: „Ich sehe nicht, was meine Vergebung helfen kann.“ Wir sagen das nicht, als solle ein Mensch sich selbst dadurch wichtig werden, daß er es in seiner Macht hat, einem andern Menschen vergeben zu können, ganz und gar nicht, auch das wäre Lieblosigkeit; wahrlich, es gibt eine Art des Vergebens, welche offensichtlich die Schuld vermehrt, anstatt sie zu vermindern. Nur Liebe hat — ja, es klingt so scherzhaft, aber laßt es uns auf die Weise sagen, nur Liebe hat genügend Behendigkeit, um durch ihre Vergebung die Sünde wegzunehmen. Wenn ich Gewicht lege auf die Vergebung (sei es, daß ich träge bin zu vergeben oder mich selbst wichtig mache, vergeben zu können), so geschieht kein Wunder. Aber

IX 282 wenn Liebe vergibt, geschieht das Wunder des Glaubens (und jedes Wunder ist eins des Glaubens, was wunders deshalb, daß mit dem Glauben auch die Wunder abgeschafft sind!)[242]: indem dasjenige, was man sieht, vergeben wird, sieht man es nicht.

Es ist ausgelöscht, es ist vergeben und vergessen, oder wie die Schrift von dem sagt, was Gott vergibt, es ist hinter seinem Rücken verborgen[243]. Aber man ist ja nicht unwissend über das, was vergessen ist, denn man ist unwissend über das, was man nicht weiß oder niemals gewußt hat; was man vergessen hat, das hat man gewußt. Vergessen in diesem höchsten Sinne ist deshalb nicht das Gegenteil von erinnern, sondern von hoffen; denn hoffen heißt, denkend Dasein verleihen; vergessen heißt, denkend Dasein nehmen von dem, was doch da ist, heißt, es auslöschen. Die Schrift lehrt, daß Glaube sich auf das Unsichtbare beziehe, aber sie sagt zugleich, er sei eine gewisse Zuversicht des, das man hoffet[244]; darin liegt, daß dasjenige, welches man hofft, gleichsam das Unsichtbare ist, das, was nicht da ist, dem vielmehr die Hoffnung denkend Dasein verleiht. Vergessen, wenn Gott es in Bezug auf die Sünde tut, ist das Gegenteil von Schaffen; denn Schaffen heißt, etwas aus nichts hervorbringen, Vergessen heißt, etwas ins Nichts zurücknehmen. Was vor meinen Augen verborgen ist, das habe ich niemals gesehen; aber was hinter meinem Rücken verborgen ist, das habe ich gesehen. Und gerade derart vergibt der Liebende; er vergibt, er vergißt, er löscht die Sünde aus, liebend wendet er sich dem zu, dem er vergibt; aber wenn er sich ihm zuwendet, kann er ja nicht sehen, was hinter seinem Rücken liegt. Daß unmöglich zu sehen ist, was einem hinter dem Rücken liegt, ist leicht zu verstehen, ebenso daß deshalb dieser Ausdruck recht von der Liebe erfunden ist; aber dagegen ist es vielleicht sehr schwierig, der Liebende zu werden, der mit Hilfe der Vergebung die Schuld des andern hinter seinen Rücken wirft. Es fällt gewöhnlich den Menschen leicht, eine Schuld, und sei es auch ein Mord, einem andern Menschen aufs Gewissen zu legen; aber mit Hilfe der Vergebung seine Schuld hinter den Rücken zu werfen: das fällt schwer. Jedoch nicht dem Liebenden; denn er deckt der Sünden Mannigfaltigkeit.

Sage nicht: „Die Mannigfaltigkeit der Sünde bleibt doch wirklich gleich groß, ob nun die Sünde vergeben wird oder nicht, da die Vergebung weder etwas wegnimmt noch hinzufügt"; antworte

lieber auf die Frage: ob jemand, der lieblos die Vergebung verweigert, ob er nicht die Mannigfaltigkeit der Sünde vergrößert — nicht bloß dadurch, daß diese seine Unversöhnlichkeit zu einer neuen Sünde wird, was sich ja doch so verhält und insofern in Anschlag
gebracht werden müßte. Doch das wollen wir jetzt nicht hervor- IX 283
heben. Aber gibt es nicht ein heimliches Verhältnis zwischen Sünde und Vergebung? Wenn eine Sünde nicht vergeben ist, fordert sie Strafe, sie schreit zu den Menschen oder zu Gott nach Strafe; aber wenn eine Sünde nach Strafe schreit, so sieht sie ganz anders aus, viel größer, als wenn dieselbe Sünde vergeben ist. Ist das nur eine Augenverblendung? Nein, es ist wirklich so. Es ist ja, um ein unvollkommneres Bild zu gebrauchen, auch keine Augenverblendung, daß die Wunde, die erschreckend aussah, daß dieselbe Wunde im nächsten Augenblick, wenn der Arzt sie gewaschen und behandelt hat, weit weniger schrecklich aussieht, während es doch dieselbe Wunde ist. Was tut also jemand, der die Vergebung verweigert? Er vergrößert die Sünde, er bewirkt, daß sie größer scheint. Und darüber hinaus: Vergebung nimmt das Leben von der Sünde; aber die Verweigerung der Vergebung nährt die Sünde. Selbst wenn deshalb keine neue Sünde hinzukäme, die eine und gleiche Sünde jedoch währt, so vergrößert sich der Sünden Mannigfaltigkeit. Wenn eine Sünde währt, kommt eigentlich eine neue Sünde hinzu, denn Sünde wächst durch Sünde; daß eine Sünde währt, ist eine neue Sünde[245]. Und diese neue Sünde hättest du verhindern können, indem du durch liebendes Vergeben die alte Sünde weggenommen hättest, wie es der Liebende tut, der die Mannigfaltigkeit der Sünden deckt.

Liebe deckt der Sünden Mannigfaltigkeit; denn Liebe hindert die Sünde am Entstehen, erstickt sie in der Geburt.

Selbst wenn man in Bezug auf das eine oder andere Vorhaben, ein Werk, das man ausführen will, alles in Bereitschaft hat: so muß man doch auf eines warten, auf den Anlaß. Ebenso steht es auch mit der Sünde; wenn sie in einem Menschen zugegen ist, so wartet sie doch auf den Anlaß.

Der Anlaß kann das sehr Unterschiedliche sein. Die Schrift sagt, daß die Sünde Anlaß nimmt am Gebot oder am Verbot[246]. Eben die Tatsache, daß etwas geboten oder verboten wird, wird dann

der Anlaß; nicht als brächte der Anlaß die Sünde hervor, denn der Anlaß bringt niemals etwas hervor. Der Anlaß gleicht einem Mittelsmann, einem Makler, ist nur beim Umsatz behilflich, veranlaßt nur, daß zustande kommt, was in einer anderen Bedeutung schon da war, als Möglichkeit nämlich. Das Gebot, das Verbot reizt, gerade weil es das Böse bezwingen will; und nun nimmt die Sünde den Anlaß, sie n i m m t ihn, denn das Verbot i s t der Anlaß. So ist denn der Anlaß gleichsam ein Nichts, ein flüchtiges Etwas, das zwi-
IX 284 schen der Sünde und dem Verbot einhergeht, in gewissem Sinne beiden zugehört, während es in einem andern Sinne gar nicht da zu sein scheint, ungeachtet doch wieder nichts, was wirklich geworden ist, das ohne einen Anlaß geworden wäre.

Das Gebot, das Verbot ist der Anlaß. In einem noch traurigeren Sinne ist die Sünde anderer der Anlaß, der die Sünde in demjenigen veranlaßt, der mit ihnen in Berührung kommt. O, wie oft ist ein unbedachtes, ein mutwillig hingeworfenes Wort genug gewesen, um der Sünde Anlaß zu geben! Wie oft hat ein leichtfertiger Blick veranlaßt, daß die Mannigfaltigkeit der Sünde größer ward! Vollends gar, wenn ein Mensch in einer täglichen Umgebung lebt, wo er nur Sünde und Gottlosigkeit hört und sieht: welch reichlicher Anlaß für die Sünde in ihm, welch leichter Umsatz zwischen dem Anlaß-Geben und dem Anlaß-Nehmen! Wenn die Sünde in einem Menschen von Sünde umgeben ist, ist sie in ihrem Element. Genährt durch die Häufigkeit des Anlasses wächst und gedeiht sie (wenn anders man von einem Gedeihen sprechen kann in Bezug auf das Böse); sie wird immer bösartiger, sie gewinnt mehr und mehr an Gestalt (falls man in Bezug auf das Böse vom Gestaltgewinnen sprechen kann, da das Böse Lüge und Betrug ist und somit keine Gestalt hat); sie befestigt sich immer mehr, wenn auch ihr Leben über dem Abgrund schwebt, also ohne Grundfeste ist.

Doch alles, was Anlaß ist, trägt, sofern Anlaß zum Sündigen daran genommen wird, dazu bei, die Mannigfaltigkeit der Sünden zu vermehren.

Aber es gibt e i n e Umgebung, die unbedingt weder Anlaß zur Sünde gibt noch ein solcher ist: das ist Liebe. Wenn die Sünde in einem Menschen von Liebe umgeben ist, dann ist sie außerhalb ihres Elements, sie ist wie eine belagerte Stadt, welcher jede Verbindung mit ihren Hilfstruppen abgeschnitten ist, sie ist wie ein

Mensch, der dem Trunk verfallen war, auf schmale Kost gesetzt ist, und nun, wenn er von Kräften kommt, vergebens auf einen Anlaß wartet, sich durch einen Rausch zu reizen. Wohl wahr, es ist möglich (denn was kann nicht ein verderbter Mensch mißbrauchen zu seinem eigenen Verderben!), daß die Sünde an der Liebe Anlaß nehmen kann, sich über sie erbittern, wider sie rasen kann. Doch kann die Sünde nicht auf die Dauer mit der Liebe aushalten; solche Auftritte geschehen deshalb meistens nur zu Anfang, wie wenn der Trinker gerade in den ersten Tagen, ehe also die ärztliche Behandlung gehörig Zeit bekommen hat, ihren Einfluß geltend zu machen, die Kraft der Schwäche hat, recht zu rasen. Und überdies, wenn es auch einen solchen Menschen gäbe, den selbst die Liebe — aufgeben müßte, nein, das tut die Liebe niemals, der aber unausgesetzt an der Liebe Anlaß zur Sünde nähme: weil er ein Unverbesserlicher wäre, so folgt daraus ja nicht, daß es nicht viele gäbe, die geheilt würden. So bleibt es voll und ganz wahr, daß Liebe die Mannig- IX 285
faltigkeit der Sünden deckt.

O, die Obrigkeit muß oft sehr sinnreiche Mittel erdenken, um einen Verbrecher gefangen zu halten, und der Arzt muß oft große Erfindungskraft aufwenden, um Zwangsmittel zur Bezwingung eines Geisteskranken zu ersinnen: in Bezug auf die Sünde ist doch keine Umgebung so zwingend, aber zugleich keine zwingende Umgebung so heilsam wie Liebe. Wie oft wurde nicht der Zorn, der im Innern glomm und bloß auf einen Anlaß wartete, wie oft wurde er nicht erstickt, weil die Liebe keinen Anlaß gab! Wie oft erstarb nicht die böse Lust, die in der Neugier wollüstiger Angst auf der Lauer lag und nach einem Anlaß spähte, wie oft erstarb sie nicht in der Geburt, weil die Liebe überhaupt keinen Anlaß gab, und liebend darauf achtete, daß überhaupt kein Anlaß gegeben wurde! Wie oft flaute nicht jener Gram in der Seele ab, der dessen so sicher und so bereit dazu, ja so versessen darauf war, immer neuen Anlaß zu finden, sich an der Welt, an den Menschen, an Gott zu grämen, wie oft flaute er nicht ab zu einer milderen Stimmung, weil die Liebe überhaupt keinen Anlaß gab, sich zu grämen! Wie oft verlor sich nicht wieder jener dünkelhafte und trotzige Sinn, der sich für verunrechtet und verkannt hielt, und daran Anlaß nahm, noch dünkelhafter zu werden, während er bloß neuen Anlaß begehrte, um zu beweisen, daß er recht habe; wie oft verlor er sich nicht wieder, weil die Liebe, so lindernd, so mild verteilend überhaupt keinen Anlaß gab für den krankhaften Dünkel! Wie oft unterblieb nicht etwas, das geplant war, falls es nur gelänge, einen Anlaß zur Entschuldigung dafür zu finden, wie oft unterblieb es nicht, weil die Liebe überhaupt keinen Anlaß gab, Entschuldigung zu finden — für das Böse! O, wie viele Verbrechen sind nicht abgewendet worden, wie viele böse Vorsätze zunichtegemacht, wie viele verzweifelte Entschlüsse in Vergessenheit gebracht, wie viele sündige Gedanken auf dem Wege zur Tat aufgehalten, wie viele unbedachte Worte noch beizeiten unterdrückt worden, weil die Liebe keinen Anlaß gab!

Wehe dem Menschen, durch welchen Ärgernis kommt[247]; selig der Liebende, der durch Verneinen des Anlasses die Mannigfaltigkeit der Sünden deckt.

VI IX 286

Liebe bleibt

1. Kor. XIII, 13. Nun aber bleibt ... Liebe.

Ja, Gott sei gelobt, Liebe bleibt! Was denn auch die Welt dir
nehmen mag, und sei es auch das Liebste; was dir auch im Leben
widerfahren mag, auf welche Art du auch um deines Strebens, um
des Guten willen, das du willst, magst leiden müssen, ob auch die
Menschen sich gleichgültig von dir abwenden oder sich als Feinde
wider dich wenden mögen, ob auch niemand dich kennen wollte
oder gestehen wollte, was er dir doch verdankte, ob auch selbst dein
bester Freund dich verleugnete – falls du doch irgend in deinem
Streben, in deinem Tun, in deinem Wort in Wahrheit die Liebe
zum Mitwisser gehabt hast: tröste dich, denn Liebe bleibt; wobei
sie dein Mitwisser ist, dessen wird dir zum Trost gedacht, o, seliger
als noch so große Taten, die ein Mensch vollbracht haben kann, seli-
ger als wenn ihm die Geister untertan gewesen sind[248], seliger, von
der Liebe erinnert zu sein! Wobei sie dein Mitwisser ist, dessen
wird dir zum Trost gedacht, das werden weder das Gegenwärtige
noch das Zukünftige[249], weder Engel noch Teufel, und dann, Gott
sei gelobt, auch nicht die bangen Gedanken deines eigenen unruhi-
gen Sinns, nicht einmal im stürmischsten und schwierigsten Augen-
blick deines Lebens, sowenig wie im letzten Augenblick deines Le-
bens von dir nehmen können; denn Liebe bleibt. – Und wenn die
Verdrossenheit dich zuerst schwach machen will, so daß du die
Lust verlierst, recht zu wollen, um dich dann wieder stark zu ma-
chen, ach, wie Verdrossenheit das tut, stark im Trotz des Verza-
gens; wenn die Verdrossenheit dir alles öde machen, dir das ganze
Leben zu einer einförmigen und nichtssagenden Wiederholung ma- IX 287
chen will, so daß du zwar das alles siehst, aber ganz gleichgültig

bleibst, die Flur und den Wald wiederum grün werden siehst, das mannigfaltige Leben in Luft und Wasser wiederum sich rühren siehst, den Vogelgesang wiederum anheben hörst, wieder und wieder der Menschen Getreibe siehst in allem möglichen Tun, — und du zwar weißt, daß Gott da ist, es dir aber scheint, als habe er sich in sich selbst zurückgezogen, als sei er fern im Himmel so unendlich weit fort von all diesem Unbedeutenden, wofür es sich kaum lohnt zu leben; wenn die Verdrossenheit dir das ganze Leben seelenlos machen will, so daß du zwar weißt, Christus sei dagewesen, aber nur wie von ferne, und du hingegen mit ängstigender Deutlichkeit weißt, es sei vor achtzehnhundert Jahren geschehen, als sei auch er so unendlich weit fort von all diesem Unbedeutenden, wofür es sich kaum lohnt zu leben: o, dann bedenke, daß Liebe bleibt! Denn bleibt die Liebe, so ist ja ebenso sicher, daß sie im Zukünftigen zugegen ist, falls du dieses Trostes bedarfst, und daß sie im Gegenwärtigen zugegen ist, falls du dieses Trostes bedarfst. Wider alle Schrecken des Zukünftigen setze du diesen Trost: Liebe bleibt; wider alle Beängstigung durch das Gegenwärtige setze du diesen Trost: Liebe bleibt. O, ist es tröstend für den Wüstenbewohner, wenn er bestimmt wüßte, daß es Quellwasser gäbe und Quellwasser da wäre, wie weit er auch reiste: welche Quelle würde man doch dermaßen entbehren, welche Todesart wäre dem Verdursten ähnlicher, wie wenn es keine Liebe gäbe und sie nicht ewig gegenwärtig wäre!

Schau, dies ist ein sehr erbaulicher Gedanke, daß Liebe bleibt. Wir meinen nun, wenn wir dergestalt sprechen, die Liebe, welche das ganze Dasein trägt, die Liebe Gottes. Wofern sie einen Augenblick, einen einzigen Augenblick ausbliebe, so müßte alles sich verwirren. Aber das tut sie nicht, und deshalb, wie sehr sich für dich auch alles verwirrt — Liebe bleibt. Wir sprechen also von Gottes Liebe, von deren Eigenschaft, daß sie bleibt.

Doch in dieser kleinen Schrift handeln wir ständig nur vom Tun der Liebe, und deshalb nicht von Gottes Liebe, sondern von menschlicher Liebe. Natürlich, kein Mensch ist Liebe; er ist, falls er in der Liebe ist, ein Liebender. Indessen ist Liebe überall zugegen, wo ein Liebender ist. Man sollte glauben, und man meint wohl zumeist, Liebe zwischen Mensch und Mensch sei ein Verhältnis zwischen zweien. Das ist auch wahr, ist aber unwahr, sofern dies

Verhältnis zugleich ein Verhältnis zwischen dreien ist. Zuerst ist da der Liebende; dann derjenige oder diejenigen, die der Gegenstand sind; aber zum dritten ist die Liebe selbst mit zugegen. Wenn wir nun in Bezug auf menschliche Liebe davon sprechen, daß Liebe bleibt, so zeigt sich leicht, daß dies ein Tun ist, oder daß es nicht eine ruhende Eigenschaft ist, welche die Liebe als solche IX 288 besitzt, sondern eine in jedem Augenblick erworbene Eigenschaft, die zugleich, in jedem Augenblick, da sie erworben wird, wieder ein wirkendes Tun ist. Der Liebende bleibt, er bleibt in der Liebe, bewahrt sich selbst in der Liebe; eben dadurch bewirkt er, daß seine Liebe in Bezug auf die Menschen bleibt. Er bleibt der Liebende, indem er in der Liebe bleibt; durch Bleiben in der Liebe bleibt seine Liebe; sie bleibt, und eben dies wollen wir nun erwägen, nämlich

daß Liebe bleibt.

„Die Liebe fällt niemals ab" – sie bleibt.

Wenn das Kind den ganzen Tag bei Fremden zu Besuch gewesen ist und daran denkt, daß es heimgehen soll, sich aber fürchtet, allein zu gehen und doch so gern möglichst lange bleiben möchte, so sagt es zu dem Erwachsenen, der vielleicht eher gehen wollte: „Warte auf mich"; und dann tut der Erwachsene, wie das Kind bittet. Wenn unter zwei Gleichaltrigen der eine etwas hurtiger ist als der andere, so sagt der letztere zu dem ersten: „Warte auf mich"; und dann tut der Hurtigere, wie er gebeten ward. Wenn zweie beschlossen haben und sich darüber freuen, gemeinsam eine Reise zu unternehmen, aber der eine von ihnen krank wird, so sagt der Kranke: „Warte auf mich"; und dann tut der andere, wie er gebeten ward. Wenn jemand, der einem anderen Menschen Geld schuldig ist, nicht bezahlen kann, so sagt er: „Warte noch"; und dann tut der andere Mensch, wie er gebeten ward. Wenn das verliebte Mädchen sieht, daß sich ihrer Vereinigung mit dem Geliebten große und vielleicht langwierige Schwierigkeiten in den Weg legen, so sagt sie zu ihm: „Warte auf mich"; und dann tut der Geliebte, wie er gebeten ward. Und es ist ja recht schön und preisenswert, dergestalt auf einen andern Menschen zu warten; aber ob es just Liebe ist, die das tut, haben wir noch nicht gesehen. Vielleicht ist die Zeit, die gewartet werden soll, zu kurz, als daß wirklich offenbar werden könnte, wie-

weit das, was jemanden bestimmt, dergestalt zu warten, im entscheidenden Sinne den Namen Liebe verdient. Ach, und vielleicht ward die Zeit, die gewartet werden sollte, so lang, daß der Erwachsene zu dem Kind sagte: „Nein, jetzt kann ich nicht länger auf dich warten"; vielleicht kam der Langsamere so langsam vorwärts, daß der Hurtigere sagte: „Nein, jetzt kann ich nicht länger auf dich warten, ohne mich selbst zu sehr aufzuhalten"; vielleicht wurde die Krankheit so langwierig, daß der Freund sagte: „Nein, jetzt kann ich nicht länger auf dich warten, jetzt muß ich allein reisen"; vielleicht brauchte derjenige, welcher sein Geld nicht bezahlen konnte, soviel Zeit, daß der andere sagte: „Nein, jetzt kann ich nicht
IX 289 noch länger warten, jetzt muß ich mein Geld haben"; vielleicht rückte die Aussicht auf Vereinigung mit dem jungen Mädchen so sehr in die Ferne, daß der Geliebte sagte: „Nein, jetzt kann ich nicht länger auf dich warten, ich bin es mir selbst und meinem Leben schuldig, daß ich die Sache nicht dergestalt jahraus, jahrein im Ungewissen halte." — Aber Liebe *bleibt*.

Daß Liebe bleibt, vielleicht richtiger die Frage, ob sie nun wirklich in diesem oder jenem Falle bleibt oder ob sie aufhört: beschäftigt die Gedanken der Menschen auf so mannigfaltige Weise, ist oftmals Gegenstand ihres Gesprächs, ist meistens der Hauptinhalt aller Erzählungen der Dichter. Es wird dann als preisenswert dargestellt, daß die Liebe bleibt, aber als unwürdig, daß sie nicht bleibt, daß sie aufhört, daß sie sich verändert. Nur das erste ist Liebe, das andere zeigt ja durch die Veränderung, daß es keine Liebe ist — und dann also auch, daß es keine Liebe gewesen ist. Die Sache ist die: Man kann nicht aufhören zu lieben; liebt man in Wahrheit, so bleibt man dabei; hört man auf zu *lieben*, so *hat* man auch nicht *geliebt*. Das Aufhören hat also, in Bezug auf die Liebe, rückwirkende Kraft. Ja, ich kann nicht müde werden zu sagen und nachzuweisen, daß überall, wo Liebe mit im Spiel ist, ein so unendlicher Tiefsinn auftritt. Schau, ein Mann kann Geld gehabt haben, und wenn das dann aufhört, wenn er nicht länger Geld hat, so bleibt doch ebenso gewiß und wahr, daß er Geld *gehabt hat*. Aber wenn einer aufhört zu lieben, so *hat* er auch nicht geliebt. Was ist doch so mild wie Liebe, und was ist so streng, so eifersüchtig auf sich selbst, so erziehend wie Liebe.

Nun weiter. Wenn dann die Liebe aufhört, wenn in Minne und

Freundschaft, kurz in dem liebenden Verhältnis zwischen zweien etwas dazwischenkommt, so daß die Liebe aufhört: so kommt es, wie wir Menschen sagen, zu einem Bruch zwischen diesen zweien. Die Liebe war das Verbindende, stand im guten Sinne zwischen ihnen; wenn dann etwas zwischen sie kommt, so ist die Liebe verdrängt, sie hört auf, die Verbindung zwischen ihnen bricht, und der Bruch tritt trennend zwischen sie ein. Also es kommt zu einem Bruch. Diesen Sprachgebrauch kennt indessen das Christentum nicht, versteht ihn nicht, will ihn nicht verstehen. Wenn man davon spricht, daß es zu einem Bruch kommt, dann deshalb, weil man der Meinung ist, in der Liebe gebe es nur ein Verhältnis zwischen zweien, anstatt eines Verhältnisses zwischen dreien, wie gezeigt worden ist. Diese Rede von einem Bruch zwischen den zweien ist viel zu leichtfertig; dadurch entsteht der Anschein, als sei das Liebesverhältnis eine Sache zwischen diesen zweien und es gebe gar kein dies Verhältnis betreffendes Drittes. Wofern dann zweie sich einig würden, miteinander zu brechen, so wäre ja also gar nichts IX 290 dagegen einzuwenden. Überdies: weil diese zweie ihr Verhältnis miteinander brächen, so würde daraus nicht folgen, daß nicht diese selben zwei in Bezug auf andere Menschen Liebende sein könnten; sie behielten also die Eigenschaft, Liebende zu sein, aber ihre Liebe würde jetzt bloß im Verhältnis zu anderen angebracht. Außerdem hätte eben der, welcher den Bruch veranlaßte, die Übermacht, und der Unschuldige wäre wehrlos. Doch wäre das ja niederträchtig, wenn ein Unschuldiger der Schwächere sein sollte; so ist es freilich in dieser Welt, aber im ewigen Sinne kann es niemals derart zusammenhangen. Was tut deshalb das Christentum? Sein Ernst heftet sogleich das Augenmerk der Ewigkeit auf den einzelnen, auf jeden einzelnen von den zweien. Indes nämlich zweie sich in Liebe zueinander verhalten, verhält sich insonderheit jeder von ihnen in sich selbst zu „der Liebe". Jetzt geht es nicht ganz so einfach mit dem Bruch. Ehe es zum Bruch kommt, ehe der eine dahin kommt, seine Liebe im Verhältnis zu dem andern zu brechen, muß er erst abfallen von „der Liebe". Dies ist das Wichtige; deshalb spricht das Christentum nicht darüber, daß zweie miteinander brechen, sondern über das, was stets nur der einzelne tun kann, über den Abfall von „der Liebe". Ein Bruch zwischen zweien schmeckt immer sehr nach dem Getreibe der Zeitlichkeit, als sei die Sache dann nicht so gefährlich; aber die Rede über den Abfall von „der Liebe“ hat den Ernst der Ewigkeit. Schau, nun ist alles in Ordnung, nun kann die Ewigkeit Zucht und Ordnung halten, nun wird der in dem und durch den Bruch unschuldig Leidende schon der Stärkere werden, wofern er dann nicht selbst von „der Liebe“ abfällt. Falls Liebe einzig und allein ein Verhältnis zwischen zweien wäre, so wäre ja der eine stets in des andern Gewalt, sofern dieser andere ein Unwürdiger wäre, der das Verhältnis brechen wollte. Wenn ein Verhältnis nur zwischen zweien besteht, so ist der eine stets des Verhältnisses mächtig, indem er es brechen kann, denn sobald der eine es gebrochen hat, ist das Verhältnis gebrochen. Aber wenn es dreie sind, kann der eine das nicht tun. Der dritte ist, wie gesagt, „die Liebe“ selbst, an die der im Bruch unschuldig Leidende sich dann halten kann, dann hat der Bruch keine Macht über ihn. Und der Schuldige soll sich auch nicht gerade rühmen, leichten Kaufs von der Sache losgekommen zu sein; denn von „der Liebe“ abzufallen, ja, das ist der teuerste Preis, das hat einen anderen Ernst als jenes Hastwerk, mit einem einzelnen Menschen zu brechen — und dann im übrigen auf alle Weise ein guter und liebevoller Mensch zu sein.

Aber der wahrhaft Liebende fällt niemals von „der Liebe“ ab, deshalb kann es für ihn niemals zu einem Bruch kommen; denn Liebe bleibt. Kann jedoch in einem Verhältnis zwischen zweien der
IX 291 eine den Bruch verhindern, wenn der andere bricht? Man sollte ja meinen, daß einer von beiden genug wäre, um das Verhältnis zu brechen, und ist das Verhältnis gebrochen, so ist ja der Bruch da. In einem bestimmten Sinne ist das auch so, aber wofern doch der Liebende von „der Liebe“ nicht abfällt, kann er den Bruch verhindern, er kann dies Wunder tun, denn wenn er bleibt, kann der Bruch niemals richtig zustande kommen. Indem er bleibt (und in diesem Bleiben ist der Liebende mit dem Ewigen im Bunde), behält er die Übermacht über das Vergangene, so daß er jenes, was in der Vergangenheit und durch sie ein Bruch ist, zu einem in der Zukunft möglichen Verhältnis umwandelt. In Richtung auf Vergangenheit gesehen wird der Bruch mit jedem Tag und jedem Jahr immer deutlicher; aber der Liebende, welcher bleibt, gehört ja durch sein Bleiben dem Zukünftigen, dem Ewigen, und in Richtung auf das Zukünftige ist der Bruch kein Bruch, sondern vielmehr eine

Möglichkeit. Aber dazu gehören die Kräfte der Ewigkeit; und deshalb muß der Liebende, welcher bleibt, in „*der Liebe*“ bleiben, sonst bekommt doch die Vergangenheit ganz allmählich Macht, und dann kommt ganz allmählich der Bruch zutage. O, und dazu gehören die Kräfte der Ewigkeit, sogleich im entscheidenden Augenblick die Vergangenheit in das Zukünftige zu verwandeln! Doch hat das Bleiben eben diese Macht.

Wie soll ich nun dieses Tun der Liebe beschreiben? O, ich müßte unerschöpflich sein in meiner Beschreibung dessen, was zu bedenken so unbeschreiblich frohmachend und so erbaulich ist!

So kam es denn zu einem Bruch zwischen den beiden; es war ein Mißverständnis, doch der eine brach das Verhältnis. Aber der Liebende sagt: „Ich bleibe“ – so ist da doch kein Bruch. Denk dir ein zusammengesetztes Wort, das letzte Wort fehlt, da ist nur das erste Wort mit dem Bindestrich (denn der, welcher das Verhältnis bricht, kann doch den Bindestrich nicht mit sich nehmen, den Bindestrich behält der Liebende, ganz natürlich, auf seiner Seite), denk dir also von einem zusammengesetzten Wort das erste Wort und den Bindestrich, und denk dir nun, du wüßtest weiter gar nichts von dem Zusammenhang: was würdest du dann sagen? Du würdest sagen, das Wort sei nicht fertig, ihm fehle noch etwas. Ebenso steht es mit dem Liebenden. Daß es zu einem Bruch gekommen ist, kann man nicht unmittelbar sehen, man kann es nur wissen im Sinne der Vergangenheit. Aber der Liebende will das Vergangene nicht wissen, denn er bleibt; und das Bleiben ist auf das Zukünftige gerichtet. Also drückt der Liebende aus, das Verhältnis, welches der andere einen Bruch nennt, sei ein Verhältnis, welches noch nicht fertig geworden ist. Aber weil ihm etwas fehlt, deshalb ist es noch kein Bruch. Es liegt also daran, wie man das Verhältnis sieht; und der Liebende – bleibt. – So kam es denn zu einem Bruch, ein Wortstreit trennte die beiden, doch der eine brach, er sagte: „Zwischen uns ist es zu Ende.“ Aber der Liebende bleibt, er sagt: „Zwischen uns ist es IX 292 nicht zu Ende, wir sind noch mitten im Satz, es ist bloß ein Satz, der nicht zu Ende ist.“ Ist es nicht so? Welches ist der Unterschied zwischen einem Bruchstück und einem nicht zu Ende geführten Satz? Will man etwas ein Bruchstück nennen, so muß man wissen, daß nichts weiter kommt; weiß man davon nichts, so sagt man, der Satz sei noch nicht zu Ende. In Richtung auf das Vergangene, daß entschieden ist, es komme weiter nichts, sagen wir: „Es ist ein abgebrochenes Stück", in Richtung auf das Zukünftige, wenn wir auf das Nächste warten, sagen wir: „Der Satz ist nicht fertig, es fehlt noch etwas." — So kam es denn zu einem Bruch; Verstimmung, Kälte, Gleichgültigkeit schied sie voneinander, doch der eine brach, er sagt: „Ich spreche nicht mehr mit diesem Menschen, ich sehe ihn nicht." Aber der Liebende sagt: „Ich bleibe; dergestalt sprechen wir dennoch miteinander, denn zum Gespräch gehört ja zuweilen auch das Schweigen." Ist das nicht so? Aber gesetzt nun, es sei drei Jahre her, daß sie zuletzt miteinander sprachen. Schau, hier ist es wieder ebenso. Daß es drei Jahre her ist, kann man nur im Sinne der Vergangenheit wissen; aber über den Liebenden, welcher sich jeden Tag durch das Ewige verjüngt, und welcher bleibt, hat die Vergangenheit keinerlei Macht. Wofern du zwei Menschen schweigend nebeneinander sitzen sähest, und du sonst nichts wüßtest, schlössest du dann daraus, daß es drei Jahre her sei, daß sie miteinander gesprochen hätten? Kann irgendjemand bestimmen, wie lange das Schweigen währen muß, damit man sagen kann, nun sei es kein Gespräch mehr; und kann man es bestimmen, so kann man doch im einzelnen Fall nur im Sinne der Vergangenheit wissen, ob es so ist, denn die Zeit muß ja vergangen sein. Aber der Liebende, welcher bleibt, reißt sich ständig von seinem Wissen um die Vergangenheit los, er weiß nichts Vergangenes, er wartet bloß auf das Zukünftige. Ist der Tanz abgebrochen, weil der eine Tänzer weggegangen ist? In gewissem Sinne ja. Aber wofern doch der andere stehenbleibt in der Stellung, welche die Verbeugung gegen den ausdrückt, welchen man nicht sieht, und wofern du betreffs des Vergangenen nichts weißt: so würdest du sagen: „Jetzt soll wohl der Tanz beginnen, sobald nur der andere kommt, auf den gewartet wird." Schaff das Vergangene fort, ertränke es im Vergessen der Ewigkeit, indem du liebend bleibst: dann ist das Ende der Beginn, und es gibt keinen Bruch! Wenn der Treulose das Mädchen verließ, sie aber „in des Abends Dämmerstunde"[251] jeden Abend am Fenster sitzt und wartet, so drückt sie ja jeden Abend aus: jetzt kommt er, er kommt alsbald; es sieht jeden Abend so aus, als gäbe es keinen Bruch, denn sie bleibt. Daß sie drei Jahre lang jeden Abend so gesessen hat, das drückt sie ja nicht an dem einzelnen Abend aus; das entdeckt deshalb auch der Vorübergehende nicht,

so wenig wie sie selbst davon weiß, falls sie wirklich liebend bleibt. IX 293
Doch vielleicht hat das Mädchen im Grunde sich selbst geliebt. Sie hat die Vereinigung mit dem Geliebten um ihrer selbst willen gewünscht; es ist ihr einziger Wunsch gewesen, ihre Seele war gleichsam eins geworden mit diesem Wunsch. Zum Dank für dessen Erfüllung wollte sie alles tun, um dem Geliebten das Leben so schön wie möglich zu machen, ja, das ist wahr, aber dennoch, dennoch wünschte sie die Vereinigung um ihrer selbst willen. Wenn es so ist, wird auch sie wohl müde, sie wird aufmerksam auf das Vergangene, auf die Länge der Zeit — jetzt sitzt sie nicht länger am Fenster, sie drückt aus, daß der Bruch da ist, aber Liebe bleibt. — So kam es denn zu einem Bruch, was nun auch der Anlaß gewesen sein mag; der eine brach das Verhältnis, es war entsetzlich, Haß, ewiger, unversöhnlicher Haß sollte in Zukunft seine Seele erfüllen: „Ich will diesen Menschen nie mehr sehen, unsere Wege sind auf ewig geschieden, zwischen uns der klaffende Abgrund des Hasses." Er räumt zwar ein, daß sie zusammen auf dem Wege seien, soweit doch das Leben ein Weg ist, aber auch in keinerlei anderem Sinne; er vermeidet sorgsam, daß sein Weg den des Verhaßten kreuzt; die Welt ist ihm fast zu klein, um für sie beide Raum zu haben; es ist ihm eine Qual, in derselben Welt zu atmen wie der Verhaßte; er schaudert fast bei dem Gedanken, daß die Ewigkeit sie wieder beide bergen solle. Aber der Liebende bleibt. „Ich bleibe", sagt er, „so sind wir doch auf dem Wege miteinander." Ist das nicht auch so? Wenn zwei Kugeln (was ja jeder versuchen kann) derart zusammenstoßen, daß die eine eben durch den Abstoß die andere auf ihren Lauf mitnimmt, sind sie dann nicht miteinander auf dem Wege? Daß es durch einen Abstoß geschehen ist, sieht man nicht, das ist etwas Vergangenes, was man wissen muß. Aber der Liebende will das Vergangene nicht wissen, er bleibt, er bleibt auf dem Wege mit dem, der ihn haßt, also gibt es doch keinen Bruch.

Welch wunderbare Kraft hat doch die Liebe! Das allmächtigste Wort, welches je gesagt ward, ja, das ist Gottes Schöpferwort: „Es werde"[252]. Aber das mächtigste Wort, welches je ein Mensch gesagt hat, ist das Wort des Liebenden: „Ich bleibe[253]." Versöhnt mit sich selbst und seinem Gewissen, Gottes Freund, im Bunde mit allen guten Engeln geht der Liebende wehrlos in den gefährlichsten

Kampf, er sagt nur: „Ich bleibe." Und so wahr er der Liebende ist, er wird dennoch siegen, wird siegen durch sein Bleiben, wird noch herrlicher siegen als jener Römer durch sein Zaudern[254]; denn das Bleiben der Liebe ist an sich schon weit herrlicher. So wahr er der
IX 294 Liebende ist: es gibt kein Mißverständnis, welches nicht, früher oder später, durch das Bleiben des Liebenden überwunden würde; es gibt keinen Haß, der nicht zuletzt aufgeben und sich dem Bleiben des Liebenden ergeben müßte — wenn nicht eher, dann in der Ewigkeit. Schau, wer sich eines andern Menschen Liebe erschlichen hätte und also in ihrem Besitz wäre, der müßte jeden Augenblick fürchten, sie zu verlieren. Wer aber wegen seiner Liebe gehaßt würde, der ist ewig sicher, daß er die Liebe gewinne. Kann es die Zeit nicht, so wird doch die Ewigkeit dem andern den Haß entwinden, wird seine Augen öffnen für „die Liebe" und damit auch für die Liebe, welche das ganze Leben lang geblieben ist und nun in der Ewigkeit bleibt. — So fällt denn die Liebe niemals ab — sie bleibt.

Die Liebe bleibt — sie wird niemals hinfällig.

Daß eine gewisse natürliche Gutmütigkeit, eine gewisse wohlwollende Teilnahme und Hilfsbereitschaft, welche, was wir ja mit Freuden anerkennen, doch einige Zeit zu verschenken haben, um liebend zu bleiben — daß sie müde werden mit der Länge der Zeit oder wenn die Sache sich hinzieht und also langwierig wird: das ist nur allzu sicher. Die Länge, die Länge der Zeit ist wohl die Forderung, welche die meisten zum Scheitern bringt. In der Handelswelt geschieht es nicht selten, daß ein Haus zu Fall kommt, weil plötzlich auf einmal eine zu große Forderung fällig wird; aber in der Welt des Geistes ist es die Länge, die so viele zu Fall bringt. Die Menschen haben Kräfte genug im Augenblick, auf die Länge hingegen werden sie unzuverlässig. Doch Liebe bleibt. O, wie wissen nicht Dichter und Redner die Veränderlichkeit aller Dinge zu schildern, die Macht der Zeit aufzuweisen über alles, was in der Zeit entstanden ist, über die größten, die mächtigsten, die herrlichsten Vorhaben, über die Wunderwerke der Welt, die mit der Zeit fast unkenntliche Ruinen geworden sind, über die unsterblichsten

Namen, die mit der Zeit sich verloren haben in der Unbestimmtheit des Sagenhaften!

Aber kann nun nicht, während die Liebe bleibt, ihr etwas widerfahren, so daß sie, ungeachtet sie bleibt, sich dennoch in der Zeit verändert, nur daß dies nicht ihre Schuld ist, sondern ein Leiden ist? Das Verhältnis wäre also folgendes: die Liebe bleibt, kein Umstand verändert sie oder bringt sie dazu, sich selbst aufzugeben, jedoch verändert sie sich in einer Veränderung, die wir *Hinfälligkeit* nennen, und desungeachtet müssen wir von dieser selben Liebe sagen, sie sei niemals abgefallen.

Laßt uns einen Augenblick über das sprechen, was die Menschen so sehr beschäftigt, über die Minne, oder über jenes Mädchen, das nach dem Wort des Dichters[255] in „des Abends Dämmerstunde" jeden Abend am Fenster sitzt und auf den Geliebten wartet, „ach", während „die Zeit kommt und wieder geht". Nun ist das längst vorbei, denn es war, so sagt der Dichter „in der längst verschwundnen Zeit". Das Mädchen merkte nicht, wie die Zeit kam und wieder IX 295
ging, während es wartete — und während die Zeit dem Mädchen ihre Merkmale aufdrückte. Wir sagen sonst nur, daß „die Zeit gehe", o, sie geht so rasch für den Glücklichen, so unbeschreiblich langsam für den Betrübten. Oder wir sagen, daß „die Zeit komme", o, sie kommt so langsam für den Hoffenden, und nur allzu rasch für den Fürchtenden. Aber hier sagt der Dichter, und zwar vortrefflich, die Zeit komme und die Zeit gehe, denn er will eine Wartende beschreiben[256]; und für eine solche geht sie nicht nur, auch kommt sie nicht nur, sie kommt und geht. Aus Teilnahme für das wartende Mädchen übernahm es gleichsam die Zeit zu tun, was der Treulose getan haben sollte. Wenn dann die Zeit kam, da „Er" kommen sollte, so kam die Zeit, aber „Er" kam nicht; so ging denn die Zeit wieder, bis die Zeit kam, da es Zeit war, daß „Er" kommen sollte, der nicht kam. Und so schläferte denn die Zeit durch Kommen und Gehen das wartende Mädchen ein, bis sie, eingewiegt durch diese Bewegung, in der Erwartung Ruhe fand. Verwunderlich! Man sollte meinen, die Erwartung sei am meisten geeignet, einen Menschen wach zu halten, dennoch ist die Erwartung, wenn man sich ihr gänzlich hingibt, so einschläfernd, und das ist nicht so verwunderlich. Denn wofern du dich schlafengelegt hättest, und man dann plötzlich, während du schliefest,

einen mächtigen Springbrunnen sein hochstrebendes Tun beginnen ließe, so wachtest du erschreckt auf. Aber wofern du dich neben einem Springbrunnen zur Ruhe legtest: niemals hättest du süßer, niemals kühler, niemals erquickender geschlafen als eingeschläfert durch das Plätschern dieses Springbrunnens.

Also die Zeit kam und die Zeit ging; das Mädchen fiel wahrlich nicht von seiner Minne ab, aber es schwand doch hin – denn nicht die Zeit verschwand, nein, die kam und die ging, aber das Mädchen schwand hin. Ehre sei dieser treuen Seele! Sie hat ja auch die Ehre, die größte menschliche Ehre: daß ein Dichter sie besungen hat, nicht wie ein Gelegenheitsdichter das für Geld tut oder weil ein Mädchen vielleicht von vornehmer Herkunft war oder weil der Dichter sie vielleicht gekannt hat. Nein, ihren Namen weiß man nicht, nur ihr schönes Tun, das den wahren Dichter begeistert hat. Laßt uns niemals vergessen: derart sich selbst treu zu bleiben in seiner Minne ist eine edle weibliche Tat, ein großes und herrliches Tun. Solange es einen Dichter in der Welt gibt, soll das hoch in Ehren gehalten werden, trotz aller Rede von häuslicher Emsigkeit[257]; und ist die Welt so erbärmlich geworden, daß es keinen Dichter mehr gibt,
IX 296 so wird das menschliche Geschlecht darüber verzweifeln lernen, daß kein Dichter da ist, und dann wird wieder ein Dichter kommen, der jenes Mädchen in Ehren hält.

Sie schwand hin – ein Opfer der Minne. Und doch ist eben dies das Höchste, was man von einem Menschen sagen kann: er ward geopfert. Die Frage ist nur, ob es das Höchste ist, wofür er geopfert ward. Aber das Geopfertwerden ist und bleibt, solange die Welt Welt bleibt, im ewigen Sinne eine weit größere Tat als das Siegen; denn so vollkommen ist die Welt wahrhaftig nicht, daß nicht das Siegen in *der Welt*, eben durch die Gleichartigkeit mit der Welt, einen bedenklichen Zusatz von der Erbärmlichkeit der Welt hätte. Es steht mit dem Siegen in der Welt genauso wie damit, daß man etwas Großes in der Welt wird; es ist im allgemeinen eine bedenkliche Sache, etwas Großes in der Welt zu werden[258], denn die Welt ist nicht so vortrefflich, daß ihr Urteil über Größe just viel zu bedeuten hätte – es sei denn als unbewußte Anzüglichkeit.

Also das Mädchen ward der Minne zum Opfer gebracht. Ach, aber Minne ist nicht im höchsten Sinne Liebe und ist nicht das Höchste: Schau, deshalb schwand das Mädchen hin – liebenswert im Tode, wie sie das im Leben gewesen war, aber dadurch gezeichnet, daß Minne ihr doch das Höchste war. Und Minne ist ein Wunsch für dieses Leben; deshalb hatte die Zeit Macht über das Mädchen, deshalb schwand sie hin in Minne, bis auch diese dahinschwand, während das Mädchen doch wußte, sie habe Macht über die Zeit, denn sie fiel von ihrer Minne nicht ab.

Aber die Liebe bleibt — sie wird niemals hinfällig. Denn in der Geistesliebe selber entspringt der Quell, der ins ewige Leben fließt. Daß auch dieser Liebende mit den Jahren älter wird und einmal in der Zeit stirbt, beweist nichts; denn seine Liebe bleibt doch ewig jung. Er verhält sich in seiner Liebe nicht, wie das bei der Minne der Fall ist, zur Zeitlichkeit, ist nicht von der Zeitlichkeit abhängig; für seine Liebe ist die Ewigkeit die rechte Jahreszeit. Wenn er stirbt, ist er gerade am Ziel; wenn er stirbt, zeigt sich gerade, daß er nicht umsonst gewartet hat; ach, als das junge Mädchen starb, sagten wir eben: leider hat es sich gezeigt, daß sie umsonst gewartet hat. Wie sollte auch die Liebe, welche bleibt, hinfällig werden? Kann denn Unsterblichkeit hinfällig werden? Aber was gibt einem Menschen Unsterblichkeit, es sei denn die Liebe, welche bleibt? Denn Minne gehört der Zeitlichkeit zu, ist die schönste, aber doch gebrechliche Erfindung der Zeitlichkeit. Deshalb gibt es hier einen tieferen Widerspruch. Bei dem Mädchen fand sich kein Fehl, sie war und blieb ihrer Minne treu. Doch veränderte ihre Minne sich ein wenig mit den Jahren. Dies liegt in der Minne selbst. Der Widerspruch ist dann der: man kann, mit dem redlichsten Willen, bereit zum Opfer, dennoch im tieferen Sinne nicht unbedingt treu sein oder in dem bleiben, was selber nicht ewig
bleibt — und das tut Minne nicht. Das Mädchen hat vielleicht selbst IX 297
nicht verstanden, wie das zusammenhing; aber dieser Zusammenhang des Selbstwiderspruchs war das Wehmütige bei ihrem Tod. Daß sie geopfert ward, hat nicht die Weihe des Ewigen und deshalb nicht das Begeisternde und Erhebende, sondern hat die Wehmut der Zeitlichkeit und somit das den Dichter Begeisternde.

Das junge Mädchen schwand hin. Selbst wenn „Er" gekommen wäre, also gekommen wäre, ehe der Tod kam, es wäre doch zu spät gewesen. Sie blieb; aber die Zeit hatte ihr den Wunsch entkräftet, durch den sie lebte, während doch derselbe Wunsch an ihr zehrte. Der im tiefsten Sinne Liebende hingegen, welcher bleibt, wird nicht hinfällig; seine Liebe zehrt nicht. Wofern derjenige, welcher ihn mißverstanden hatte, wofern derjenige, welcher kalt gegen ihn geworden war, wofern derjenige, welcher ihn gehaßt hatte, zurückkehrt, so findet er ihn unverändert, unverändert mit der gleichen Sehnsucht nach dem Ewigen und mit der gleichen stillen Zufriedenheit im Zeitlichen. Seine Liebe ist ewig, verhält sich zur Ewigkeit, ruht im Ewigen; deshalb erwartet er *jeden Augenblick* das gleiche, was er *ewig* erwartet, und deshalb ohne Unruhe, denn in der Ewigkeit ist Zeit genug.

Wenn eine Liebes-Erwartung einen Menschen im wesentlichen Sinne soll hinfällig machen können, so muß das geschehen, weil seine Erwartung in einem Abhängigkeitsverhältnis zur Zeit steht, so daß die Zeit es in ihrer Macht hat, zu entscheiden, ob die Erwartung erfüllt wird oder nicht. Das will heißen, so ist die Erwartung hauptsächlich eine zeitliche Erwartung; aber eine solche Erwartung hat die Liebe, welche bleibt, nicht. Daß eine Erwartung wesentlich nur zeitlich ist, ergibt die Unruhe in der Erwartung. Ohne Unruhe ist die Zeit eigentlich nicht da; sie ist für das Tier nicht da, das völlig ohne Unruhe ist; und die Uhr, welche die Zeit angibt, kann das nicht, wenn die Unruh steht. Aber wenn die Unruhe, wie das in der nur zeitlichen Erwartung der Fall ist, zwischen Erfüllung und Nichterfüllung derart schwingt, daß die Bewegung mit der Zeit rascher wird, weil das Schwinden, das Vergehen der Zeit, die Unruhe beschleunigt, da ja die Erfüllung, falls sie nicht in der Zeit kommt, überhaupt nicht kommen kann — wenn das der Fall ist, zehrt die Erwartung. Zuletzt legt die Unruhe sich dann scheinbar, ach, das geschieht eben dann, wenn die Krankheit die Gestalt der Auszehrung angenommen hat. Aber der Liebende, welcher bleibt, hat eine ewige Erwartung; und dieses Ewige verleiht das Gleichmaß in der Unruhe, die zwar in der Zeit zwischen Erfüllung und Nichterfüllung schwingt, aber unabhängig von der Zeit, denn die Erfüllung ist keineswegs unmöglich geworden, weil die Zeit vorbei ist: dieser Liebende verzehrt sich nicht.

Was für eine Treue in der Liebe, welche bleibt! Es ist durchaus nicht unsere Meinung, das liebende Mädchen herabsetzen zu wol-
IX 298 len, als sei es doch eine Art Untreue von ihr (ach, eine Untreue — gegen einen Treulosen!), daß sie mit den Jahren ermattete und hinschwand, daß ihre Minne sich in der Veränderung veränderte, wel-

che die mit den Jahren kommende Veränderung der Minne selbst ist. Und dennoch, dennoch — ja, es ist ein sonderbares Überkreuzgehen des sich selbst widersprechenden Gedankens, aber es kann nun einmal nicht anders sein selbst mit der höchsten Treue in der Minne, als daß sie beinahe Untreue scheint, weil die Minne selbst das Ewige nicht ist. Der Widerspruch liegt nicht in dem Mädchen, sie blieb sich treu; der Widerspruch, den das Mädchen selber erlitt, liegt darin, daß Minne nicht das Ewige ist, und also darin, daß es unmöglich ist, sich mit *ewiger* Treue zu demjenigen zu verhalten, was in sich selbst *das Ewige nicht ist*. Was für eine Treue der Liebe hingegen, völlig unverändert zu bleiben, ohne die mindeste Hinfälligkeit, dieselbe in jedem Augenblick — auch dann, wenn, zu welcher Zeit und Stunde es auch sein mag, der Mißverstehende, der Widersacher, der Hassende, zu diesem Liebenden zurückkehren mögen! Daß er, welcher bleibt, doch niemals hinfällig wird, das ist wohl für ihn selbst ein ewiger Gewinn; ist aber zugleich, und in diesem Sinne betrachten wir es hier, und derart betrachtet er es selbst, ein Tun der Liebe in Treue gegen den, welchen er liebt.

Was wäre auch so trostlos, ja derart beinahe zum Verzweifeln, wie daß, wenn der Augenblick käme, da der Mißverstehende zurückkehren möchte und Verständnis suchte, da der Widersacher zurückkehren möchte und Freundschaft suchte, da der, welcher gehaßt hatte, zurückkehren möchte und Versöhnung suchte — was wäre dann trostloser, wie wenn der Liebende dann hinfällig geworden wäre, so daß weder das Verständnis, noch die Wiederherstellung der Freundschaft, noch die Erneuerung der Versöhnung in Liebe wahrhaft zustande kommen könnte mit der seligen Freude der Ewigkeit! Und auf der andern Seite, was kann den Augenblick der Vergebung, den Übergang der Aussöhnung so natürlich machen, so leicht, wie die Tatsache, daß der Liebende (was im vorhergehenden entwickelt wurde) durch sein Bleiben ständig die Vergangenheit fortgeschafft hat; denn dann ist ja die Aussöhnung von seiner Seite schon Wirklichkeit, als habe es überhaupt keine Trennung gegeben. Wenn die zweie von der Vergangenheit beide eine Vorstellung haben, oder davon, daß die Trennung lange gewährt hat, so ist die Vergebung oft ein schwieriger Zusammenstoß, und das Verhältnis wird doch vielleicht niemals ganz wiederhergestellt;

aber der Liebende weiß nichts von dem Vergangenen, deshalb tut er in Liebe noch dieses letzte, er fängt den Stoß dergestalt auf, daß es zu keinem Zusammenstoß kommen kann: leichter kann der Übergang der Vergebung nicht gemacht werden. Wie oft wäre nicht die Aussöhnung zwischen zweien fast zustande gekommen, aber der eine wurde vor den Kopf gestoßen, wie es heißt! Wenn das der Fall ist, so muß etwas vom Vergangenen wieder zutage gekommen sein; denn es ist ja doch unmöglich, sich an dem zu sto-
IX 299 ßen, was weicher ist als das Weicheste, an der Liebe. Wahrlich, kein Boot, das in einem stillen Gewässer über den weichsten Sandgrund leicht gen Ufer gleitet, wo Binsen es aufhalten und einschließen, kann so sicher sein, nicht anzustoßen, wie einer, der zurückkehrt und Aussöhnung sucht mit der Liebe, welche bleibt!

So denn der Liebende. Daß das Schönste, was es gibt, der Augenblick der Aussöhnung, ein fruchtloser Versuch werden sollte, ein vergeblicher Gang, weil der Liebende zu der Zeit verändert wäre: das *verhindert* er; denn er bleibt, und wird niemals hinfällig. Und daß der Übergang der Vergebung so leicht sei wie die Begegnung mit dem, welchen man vor einer Stunde sah; daß das Gespräch der Liebe so natürlich in Gang komme, als geschehe es mit dem, mit welchem man bereits im Gespräch ist; daß der Schritt der gemeinsamen Wanderung so hurtig im Gleichmaß schreite, wie es bei zweien geschieht, die zum *ersten* Mal ein neues Leben beginnen – kurz, daß keine, gar keine Stockung eintrete, die vor den Kopf stoßen könnte, weder die einer Sekunde noch die einer Kleinigkeit: das *bewirkt* der Liebende, denn er bleibt, und wird niemals hinfällig.

VII

IX 300

Barmherzigkeit, ein Tun der Liebe, selbst wenn sie nichts geben kann und nichts zu tun vermag

„Wohlzutun und mitzuteilen vergesset nicht"[259]; — aber vergesset auch nicht, daß diese ständige Rede der Weltlichkeit von Wohltätigkeit und Mildtätigkeit und Freigebigkeit und milden Gaben und Schenken und abermals Schenken beinahe unbarmherzig ist. Ja, laßt Zeitungsschreiber und Rottmeister[260] und Bettelvögte von Freigebigkeit reden und zählen und zählen; aber laßt uns niemals überhören, daß das Christentum *wesentlich* von Barmherzigkeit spricht, daß das Christentum sich am allerwenigsten der Unbarmherzigkeit schuldig machen würde, als bedürfe Armut und Elendigkeit nicht bloß des Geldes usw., sondern sei zugleich vom Höchsten ausgeschlossen, von der Möglichkeit, Barmherzigkeit üben zu können, weil sie davon ausgeschlossen ist, freigebig, wohltätig, mildtätig zu sein. Aber man predigt und predigt geistlich-weltlich und weltlich-geistlich von Freigebigkeit und Wohltätigkeit — man vergißt, selbst im Predigtvortrag, die Barmherzigkeit. Das ist, im christlichen Sinne, unanständig. Der Arme, der in der Kirche sitzt, muß seufzen, und weshalb muß er seufzen? Etwa damit sein Seufzer zusammen mit der Predigt des Pfarrers dazu helfe, den Beutel des Reichen aufzuknöpfen? O nein, er muß seufzen, er muß im biblischen Sinne „wider" den Pfarrer „seufzen"[261], daß, gerade wenn man so eifrig ist, ihm zu helfen, ihm das größte Unrecht zugefügt wird. Wehe dem, welcher das IX 301
Erbe der Witwen und Waisen frißt[262], aber wehe auch dem Prediger, welcher die Barmherzigkeit verschweigt, um von Freigebigkeit zu sprechen! Predigen sollte man wohl einzig und allein von der Barm-

herzigkeit. Verstehst du von ihr fruchtbringend zu sprechen, so wird die Freigebigkeit sich von selbst verstehen und von selbst kommen, dem entsprechend, wie der einzelne dazu das Vermögen besitzt. Aber bedenke: falls ein Mensch durch sein Reden von der Freigebigkeit Geld, Geld und nochmals Geld herbeischaffte, bedenke: durch Verschweigen der Barmherzigkeit würde er unbarmherzig handeln gegen den Armen und Elenden, dem er doch mit Hilfe der reichen Gelder der Freigebigkeit Linderung schaffte. Bedenke: falls Armut und Elend uns mit ihren Bitten störten, so könnten wir ja durch Freigebigkeit für Abhilfe sorgen, aber bedenke: es wäre weit furchtbarer, wenn wir Armut und Elend nötigten, durch Seufzen wider uns zu Gott, wie die Schrift sagt, „unsere Gebete zu verhindern" (1. Pet. 3, 7), weil wir die Armut und das Elend himmelschreiend übervorteilten, indem wir nicht davon sprächen, daß sie Barmherzigkeit üben können.

Das wollen wir nun in dieser Rede von der Barmherzigkeit festhalten, und uns wohl davor hüten, die Barmherzigkeit mit etwas zu verwechseln, was an äußere Bedingungen geknüpft ist, was also die Liebe als solche nicht in ihrer Macht hat, während sie wahrlich die Barmherzigkeit in ihrer Macht hat, ebenso gewiß, wie gerade die Liebe ein Herz in ihrer Brust hat. Daraus, daß man ein Herz in der Brust hat, folgt nicht, daß man Geld in der Tasche hat, aber das erste ist doch wohl das Wichtigste, und doch wohl das Entscheidende in Hinsicht auf die Barmherzigkeit. Und wahrlich, falls einer kein Geld hätte, jedoch durch sein Reden von der Barmherzigkeit den Armen, den Elenden wahrhaft aufzumuntern und zu begeistern verstünde: hätte er dann nicht ebensoviel getan wie der, welcher der Armut ein paar Geldstücke hinwirft, oder milde Gaben aus der Tasche des Reichen hervorpredigt!

So wollen wir denn betrachten:

Die Barmherzigkeit, ein Tun der Liebe, selbst wenn sie nichts zu geben hat und nichts zu tun vermag.

Wir wollen nach dem uns vergönnten Vermögen versuchen, das so einleuchtend, so lockend wie möglich zu tun, wollen es dem

Armen so nahe legen wie möglich, welchen Trost er darin habe, daß er barmherzig sein kann. Darüber wollen wir sprechen, indem wir eine Menge weltlichen Sinnentrugs fortschaffen. Aber mit unserer Rede wollen wir zugleich, das ist unser Wunsch, soweit nötig, womöglich denjenigen, der freigebig und wohltätig sein kann, derart beschämt machen, wie es gottwohlgefällig ist, ihn derart zu frommer Schamröte bringen, wie es sich für einen Christen ziemt, derart willig zu geben und doch derart unwillig, das Geständnis zu machen, es sei ein Almosen, wie derjenige dazu unwillig ist, der sein Antlitz abwendet, um nicht die Schande zu haben, daß andere sehen sollten, er habe Ehre davon, oder wie derjenige dazu unwillig ist, dessen Linke wirklich nicht weiß, was die Rechte tut[263].

IX 302

Barmherzigkeit hat nichts zu geben. Wenn der Barmherzige etwas zu geben hat, so gibt er es mehr als gern; das versteht sich von selbst. Aber darauf wollen wir die Aufmerksamkeit nicht sammeln, sondern darauf, daß man barmherzig sein kann, ohne das mindeste geben zu können. Und das ist von großer Wichtigkeit, da ja doch wohl die Möglichkeit, barmherzig sein zu können, eine weit größere Vollkommenheit ist als der Besitz von Geld und also die Möglichkeit, geben zu können.

Wofern jener seit achtzehn Jahrhunderten bekannte Mann, der barmherzige Samariter[264], wofern er den Weg von Jericho nach Jerusalem, wo er den Unglücklichen liegen sah, nicht geritten, sondern gegangen wäre, wofern er nichts mit sich geführt hätte, womit er seine Wunden hätte verbinden können; wofern er dann den Unglücklichen aufgehoben, ihn auf seine Schultern gelegt und ihn zur nächsten Herberge getragen hätte, wo indessen der Wirt weder ihn noch den Unglücklichen aufnehmen wollte, weil er nicht einen Heller besaß, sondern nur diesen Hartherzigen bitten und beschwören konnte, doch barmherzig zu sein, sintemal es um ein Menschenleben gehe: wäre er deshalb nicht ... doch nein, die Erzählung ist noch nicht zu Ende — also, wofern nun der Samariter, weit davon entfernt, hierüber die Geduld zu verlieren, sich, den Unglücklichen tragend, wieder fortbegeben hätte, ein weicheres Lager für den Verwundeten gesucht hätte, sich neben ihn gesetzt und alles getan hätte, was er vermochte, um die Blutung zu stillen — aber der Unglückliche wäre ihm unter den Händen gestorben: wäre er des-

halb nicht ebenso barmherzig gewesen, ebenso barmherzig wie jener barmherzige Samariter, oder wäre etwas dagegen einzuwenden, dies die Erzählung vom barmherzigen Samariter zu nennen? — Nimm die Erzählung von jener Frau, die zwei Scherflein in
IX 303 den Gotteskasten legte[265], aber laß uns eine kleine Veränderung erdichten. Die zwei Scherflein waren für sie eine große Summe, die sie nicht einfach auf einmal bekommen hatte. Sie hatte lange gespart, um sie zusammenzusparen; und dann hatte sie sie, eingewickelt in einen kleinen Lappen, versteckt, um sie darzubringen, wenn sie selbst zum Tempel hinaufginge. Doch ein Betrüger hätte bemerkt, daß sie dies Geld besaß, hätte es ihr entwendet und einen ganz ähnlichen Lappen an die Stelle gelegt, in dem aber nichts eingewickelt war — was die Witwe nicht wußte. Sie ging nun also zum Tempel hinauf und legte, wie sie meinte, die zwei Scherflein, das will heißen nichts, in den Gotteskasten: ob nicht Christus gleichwohl gesagt hätte, was er von ihr sagte, daß sie „mehr gegeben habe denn alle Reichen"?

Doch eine Barmherzigkeit ohne Geld, was hat die zu bedeuten? Ja, zuletzt kommt wohl die weltliche Frechheit der Freigebigkeit und Wohltätigkeit so weit, daß sie eine Barmherzigkeit, die nichts besitzt, sogar auslacht! Denn bereits folgendes ist ungerecht und empörend genug, ist eine Unbarmherzigkeit dieses irdischen Daseins: wenn der Arme seinen letzten Schilling gibt, und dann der Reiche kommt und die hundert Reichsbanktaler gibt, dann blicken alle auf die hundert Reichsbanktaler, d. h. dann verdunkelt der Reiche mit seiner Gabe völlig des Armen — Barmherzigkeit. Aber welcher Wahnwitz, wofern doch wahr ist, was Christus sagt, daß der Arme *am meisten* gegeben habe, welcher Wahnwitz: daß der, welcher weniger gibt (der Reiche — und die große Summe) den verdunkelt, welcher mehr gibt (den Armen — und das kleine Scherflein), ja sogar den verdunkelt, welcher am meisten gibt! Doch es versteht sich, das sagt die Welt nicht; sie sagt, der Reiche habe am meisten gegeben, und weshalb sagt die Welt das? Weil die Welt sich nur auf Geld versteht — und Christus nur auf Barmherzigkeit. Und eben weil Christus sich allein auf Barmherzigkeit verstand, deshalb ist er so genau damit, daß es nur zwei Scherflein waren, welche die Witwe gab; und eben deshalb wollte er sagen, nicht einmal so viel sei nötig, oder, einer könne noch weniger

geben und doch mit der noch geringeren Gabe mehr geben. Wunderliches Rechenkunststück, oder richtiger, wunderliche Rechnungsart, sie findet sich in keinem Rechenbuch angeführt! Es wird ein merkwürdiger Ausdruck auf diese Witwe angewandt, daß „sie von ihrer Armut gegeben habe". Wächst aber die Größe der Gabe im Verhältnis zur Größe der Armut, also umgekehrt wie die Welt meint (daß die Größe der Gabe im Verhältnis zum Reichtum stehe), so gibt ja der, welcher noch ärmer ist als jene Witwe, indem er ein einziges Scherflein von seiner Armut gibt, noch mehr als jene Witwe, die doch im Vergleich mit all den Reichen am meisten gab. Ja, die Welt muß das freilich für die langweiligste Rechnungsart halten, wo ein einziges Scherflein so bedeutsam werden kann, die bedeutsamste Gabe werden kann. Die Welt und die Freigebigkeit IX 304
der Welt will so gern mit großen Summen zu tun haben, die in Erstaunen setzen; und ein einziges Scherflein setzt freilich nicht in Erstaunen – so wenig wie Barmherzigkeit zu den glänzenden Tugenden gehört. Im ewigen Sinne hingegen ist diese Rechnungsart die einzig wahre, die nur von der Ewigkeit gelernt werden kann, und durch Absage an den Sinnentrug der Weltlichkeit und Zeitlichkeit. Denn die Ewigkeit hat das schärfste Auge und den meist entwickelten Verstand für Barmherzigkeit, aber überhaupt keinen Verstand für Geld, so wenig wie die Ewigkeit in Geldverlegenheit ist, oder, wie man sagt, auch nur die geringste Verwendung für Geld hat. Ja, das ist beide zum Lachen und zum Weinen! Es wäre unleugbar ein trefflich erfundener Witz, sich die Ewigkeit in Geldverlegenheit zu denken: o, aber laßt uns dann ein wenig darüber weinen, daß die Zeitlichkeit die Ewigkeit so völlig vergessen hat und vergessen hat, daß für ewig das Geld weniger ist als nichts! Ach, manch einer glaubt, das Ewige sei eine Einbildung, Geld das Wirkliche: und gerade Geld ist im Sinne der Ewigkeit und der Wahrheit eine Einbildung! Denk dir die Ewigkeit, wie du willst; gestehe nur, daß du wünschest, viel von dem Zeitlichen, das du in der Zeitlichkeit gesehen hast, in der Ewigkeit wiederzufinden, daß du wünschest, die Bäume und Blumen und Sterne wiederzusehen, den Vogelgesang und das Rieseln des Baches wiederzuhören: aber könnte es dir einfallen, daß es in der Ewigkeit Geld geben solle? Nein, dann wäre ja das Himmelreich selbst wieder ein Land des Elends[266] geworden; und deshalb kann es dir

unmöglich einfallen, ebenso unmöglich, wie es dem, der glaubt, Geld sei das Wirkliche, einfallen kann, daß es eine Ewigkeit gebe. Von allem, was du gesehen hast, gibt es nichts, wovon du so sicher sein kannst, daß es niemals in den Himmel kommen wird wie: vom Geld. Und dagegen gibt es nichts, welchem der Himmel so sicher ist wie der Barmherzigkeit. So siehst du ja, daß Barmherzigkeit unendlich in keinerlei Verhältnis zum Gelde steht.

Jedoch Geld, Geld, Geld! Jener fremde Fürst[267] soll, als er dem mächtigen Rom den Rücken kehrte, gesagt haben: „Hier liegt eine Stadt, die feil ist und nur auf einen Käufer wartet": o, wie oft hat man nicht versucht sein können, dem ganzen Dasein mißmutig den Rücken zu kehren mit den Worten: „Hier liegt eine Welt, die feil ist und nur auf einen Käufer wartet" — sofern man dann nicht sagen will, der Teufel habe sie bereits gekauft! — Was ist des Lebens Ernst? Hast du dir in Wahrheit diese ernste Frage vorgelegt, so erinnere dich, wie du sie dir beantwortet hast; oder erlaube mir, dich daran zu erinnern, wie du sie dir beantwortet hast. Ernst
IX 305 ist eines Menschen Gottesverhältnis; überall, wo der Gedanke an Gott dabei ist bei dem, was ein Mensch tut, denkt, sagt, da ist Ernst, darin ist Ernst. Aber Geld ist der Gott der Welt, deshalb glaubt sie, alles, was mit Geld zu tun habe oder ein Verhältnis zum Gelde habe, sei Ernst. Schau, jener edle, einfältige Weise des Altertums wollte kein Geld für seine Unterweisung nehmen[268], und der Apostel Paulus arbeitete lieber mit eigenen Händen[269], als daß er das Evangelium befleckte und seinen apostolischen Dienst herabwürdigte und die Verkündigung des Wortes verfälschte, indem er Geld dafür genommen hätte. Wie urteilt die Welt über dergleichen? Ja, laßt uns nicht töricht fragen, wie die Welt über jenen edlen Einfältigen und über den heiligen Apostel urteilt, denn die Welt hat es nun auswendig gelernt, eine Art Lobrede über sie zu halten. Aber falls einer heutzutage, in diesem Augenblick, wie jene beiden handelte, wie urteilt dann die Mitwelt? Sie urteilt, es sei Sonderbarkeit, Überspanntheit, sie urteilt, einem solchen Menschen „fehle der Ernst". Denn Geld zu verdienen, das ist Ernst; viel Geld zu verdienen, auch wenn es durch Verkauf von Menschen[270] geschähe, das ist Ernst; viel Geld zu verdienen durch verächtliches Afterreden, das ist Ernst. Etwas Wahres zu verkündigen — wenn man dann zugleich viel Geld verdient (denn darauf, daß es das

Wahre ist, kommt es nicht an, sondern darauf, daß man Geld verdient), das ist Ernst. Geld, Geld, das ist Ernst. Derart werden wir erzogen, von frühester Jugend an, abgerichtet zu der gottlosen Geld-Verehrung. Laß mich ein Beispiel anführen, das erste beste unter den Tausenden und Abertausenden — denn vor dem Boot, das sich durch einen Heringsschwarm hindurcharbeitet, sind nicht mehr Heringe, als es in der Wirklichkeit Beispiele gibt für Erziehung in der Geld-Verehrung.

Denk dir ein Haus, wo seitens des Hauptes der Familie der Befehl ergangen ist, daß alle am nächsten Tag (es ist also ein Sonntag) gemeinsam zur Kirche gehen sollen. Aber was geschieht? Am Sonntagmorgen, als es Zeit ist, findet sich, daß die Töchter mit ihrer Kleidung nicht fertig sind. Was sagt dann der Vater, der — ernste Vater, der seine Kinder ernsthaft zur Geld-Verehrung erzieht? Ja, er sagt natürlich nichts oder so gut wie nichts, denn hier gibt es keinen Anlaß zu einer Ermahnung oder zu einer Zurechtweisung; er sagt wohl: „Wenn die Töchter nicht fertig sind, müssen sie zu Haus bleiben, das macht weiter nichts." Aber denk dir, denk dir das Entsetzliche, daß die Töchter hätten ins Theater gehen sollen, und sie wären nicht zur bestimmten Zeit IX 306
fertig geworden, denk dir, wie dann jener — ernste Vater den Mund aufgetan hätte, und weshalb? Weil man das viele Geld vergeudet hätte — wogegen man ja durch Zuhausebleiben am Sonntag sogar das Armenopfer gespart hätte. Nun werden die Töchter eine strenge — ernste väterliche Ermahnung empfangen; nun ist es ein Vergehen, eine große Sünde, nicht fertig geworden zu sein — und deshalb darf dieser ernste Vater, der seine Kinder mit Ernst erzieht, er darf es um der Möglichkeit der Wiederholung willen nicht ungestraft hingehen lassen. Denn daß es eine Unordentlichkeit seitens der Töchter ist, das ist das wenigste — dann wäre ja auch die Schuld am Sonntag ebenso groß, nein, das Ernste ist, daß das Geld verloren ist. Schau, das heißt man Vater sein, das heißt man väterliche Würde besitzen und verantwortlichen Gebrauch von seiner väterlichen Würde machen, das heißt man erziehen! Nun, es ist ja auch Erziehen, nur erzieht man auf diese Weise nicht Menschen, wohl aber Narren und Unmenschen.

Wenn man diese Vorstellung vom Gelde hat, welche Vorstellung kann man dann von der Barmherzigkeit haben, die ohne Geld ist? Eine solche Barmherzigkeit muß man für eine Art Verrücktheit, eine Einbildung halten. Doch dann muß man ja auch die Ewigkeit und das Christentum für eine Art Verrücktheit, eine Einbildung halten! Ein heidnischer Kaiser soll gesagt haben, man solle nicht am Gelde riechen[271]. Das Christentum hingegen lehrt, man solle recht am Gelde riechen. Es lehrt, das Geld rieche an sich übel. Deshalb muß, wie immer, wenn Gestank vertrieben werden soll, ein starker Wohlgeruch her. Habe Barmherzigkeit: dann läßt es sich mit dem Geldgeben machen; ohne die Barmherzigkeit riecht das Geld übel. Schau, das kann auch ein Bettler sagen, und er müßte durch seine Aussage ebenso unsterblich werden wie jener Kaiser — und Geldmann. Die Barmherzigkeit ist der starke Wohlgeruch. Ist das Gebet das Opfer der Lippen und Gott wohlgefällig, so ist Barmherzigkeit recht eigentlich das Opfer des Herzens, und ist, wie die Schrift sagt[272], ein süßer Geruch in Gottes Nase. O vergiß doch niemals, wenn du an Gott denkst, daß er nicht den geringsten Verstand für Geld hat.

Mein Zuhörer, wofern du ein Redner wärst, welche Aufgabe würdest du wählen: entweder die, daß du zu den Reichen sprächest vom Üben der Freigebigkeit, oder die, daß du zu den Armen sprächest vom Üben der Barmherzigkeit; ich weiß wohl, was ich wähle, oder richtiger, ich habe ja gewählt — wofern ich überhaupt ein Redner bin. O, es liegt etwas so unbeschreiblich Versöhnendes dar-
IX 307 in, daß man zu den Armen vom *Üben* der Barmherzigkeit spricht! Und wie nötig das ist, wenn auch nicht um der Armen willen, so doch um deiner selbst willen, dessen kannst du dich leicht vergewissern. Denn versuch es nur, du sollst sehen, die Vorstellung wird sich in einem fort für dich umkehren, als könne es doch nichts helfen, zu den Armen von Barmherzigkeit zu sprechen, da sie ja doch nichts zu geben haben, und man deshalb zu den Reichen sprechen muß über die Barmherzigkeit gegen die Armen. So ist denn der Arme in seiner Armut ein Bedürftiger, und ist dann wieder verlassen von der Vorstellung der Welt über die Möglichkeit, Barmherzigkeit zu üben, also gezeichnet, preisgegeben als bejammernswerter Gegenstand der Barmherzigkeit, der sich höchstens bücken und sich bedanken kann — wenn der Reiche so gut ist, Barmherzigkeit zu üben. Barmherziger Gott, was für eine Unbarmherzigkeit!

So wendet die Rede sich denn an dich, du Armer und Elender! O, sei barmherzig! Bewahre dies Herz in deiner Brust, welches trotz Armut und Elend dennoch Teilnahme empfindet mit dem Elend anderer, dieses Herz, welches vor Gott den Freimut hat zu wissen, daß man barmherzig sein kann, ja daß man gerade dann im höchsten Grade, im ausgezeichneten und vorzüglichen Sinne barmherzig sein kann, wenn man nichts zu geben hat. „O, sei barmherzig!" Schau, hier gilt wieder das gleiche, wer denkt hier nicht sofort unwillkürlich an den Ruf des Armen, des Bettlers beim Vorübergehen des Reichen: „Sei barmherzig" – wie verkehrt auch dieser Sprachgebrauch ist, da in diesem Fall die Freigebigkeit angerufen wird. Und deshalb sprechen wir die Sprache richtiger, wir, die wir zu dem Armen, zum Allerärmsten sagen: O, sei barmherzig! Laß zu guter Letzt die mißgünstige Kleinlichkeit dieses irdischen Daseins dich nicht dergestalt verderben, daß du die Möglichkeit, barmherzig sein zu können, vergäßest, dich nicht dergestalt verderben, daß eine falsche Scham das Beste in dir erstickte! Eine falsche Scham – ja, denn die wahre kommt erst dann, o, daß sie immer käme, aber auf jeden Fall sollte sie kommen mit dem Geld; bekommst du Geld, und kannst du also geben, dann, erst dann hast du etwas, dessen du dich schämen könntest. Sei barmherzig, sei barmherzig gegen den Reichen! Denke daran, du hast es in deiner Macht, während er das Geld hat! Mißbrauche dann diese Macht nicht; sei nicht so unbarmherzig, des Himmels Strafe auf seine Unbarmherzigkeit herabzurufen! Ja, wir wissen wohl, was kümmert sich schon die Welt um den Seufzer eines Armen zu Gott, wenn er einen Reichen anklagt; dieser hingehauchte Seufzer, dieses überhörte Wort ist ja das Allergleichgültigste: aber dennoch, dennoch, obwohl ich nicht unbekannt bin mit dem Geschrei der Großmäuligkeit – ich wische dergleichen fort, wofern nur kein Armer mich mit Fug anklagen könnte in Einsamkeit vor Gott. O, sei barmherzig! Falls der Reiche karg und knauserig ist, oder selbst wenn er nicht eben mit dem Geld knausert, jedoch so wortkarg und hochfahrend ist: dann sei du reich an Barmherzigkeit! Denn Barmherzigkeit tut Wunder, IX 308
macht die zwei Heller zu einer großen Summe, wenn die arme Witwe sie gibt, macht die karge Gabe zu einer größeren Summe, wenn der Arme mit dem Reichen barmherzig nicht ins Gericht geht, macht den mürrischen Geber weniger schuldig, wenn der Arme es

barmherzig bedeckt. O, wie viele hat nicht das Geld unbarmherzig gemacht — soll das Geld auch die Macht haben, diejenigen unbarmherzig zu machen, welche kein Geld besitzen: dann hat ja die Macht des Geldes völlig gesiegt! Hat aber die Macht des Geldes völlig gesiegt, so ist auch die Barmherzigkeit völlig abgeschafft.

Barmherzigkeit vermag nichts zu tun.

Die heiligen Erzählungen haben unter anderem auch dies Bemerkenswerte, daß sie in all ihrer Einfachheit doch stets alles zum Ausdruck bringen, was gesagt werden soll. Eben das ist auch der Fall bei dem Evangelium von dem reichen und dem armen Mann[273]. Weder das Elend des Lazarus noch die Üppigkeit des Reichen sind näher ausgemalt und geschildert; jedoch ist ein Zug hinzugefügt, der wohl wert ist, beachtet zu werden. Da wird erzählt, daß Lazarus vor der Tür des Reichen lag voller Schwären, doch daß die Hunde kamen und ihm seine Schwären leckten. Was soll mit dem reichen Mann dargestellt werden? Unbarmherzigkeit, oder genauer, unmenschliche Unbarmherzigkeit. Um Unbarmherzigkeit zu beleuchten, kann man auch einen barmherzigen Menschen benutzen, den man daneben stellt. So ist es in der Erzählung vom barmherzigen Samariter geschehen[274], der durch den Gegensatz den Leviten und den Priester beleuchtet. Aber der reiche Mann war unmenschlich, deshalb nimmt das Evangelium die Hunde zu Hilfe. Welcher Gegensatz! Wir wollen nun nicht übertreiben und sagen, ein Hund könne barmherzig sein; aber im Gegensatz zu dem reichen Mann ist es doch, als seien die Hunde barmherzig. Und dies ist das Erschütternde: da der Mensch die Barmherzigkeit aufgegeben hatte, so mußten die Hunde heran, um barmherzig zu sein. — Aber es liegt zugleich noch etwas anderes in dieser Zusammenstellung des reichen Mannes mit den Hunden. Der reiche Mann hatte es reichlich genug in seiner Macht, für Lazarus etwas tun zu können, die Hunde vermochten nichts zu tun; und doch ist es, als seien die Hunde barmherzig.

Schau, eben darüber reden wir in dieser Erwägung. Natürlich versteht sich von selbst: wenn der Barmherzige etwas tun kann, so tut er das mehr als gern. Aber nicht darauf wollen wir die Aufmerksamkeit sammeln, sondern vielmehr darauf, daß man barmherzig sein kann, ohne das mindeste tun zu können. Und das ist von großer Wichtigkeit, da doch wohl die Möglichkeit, barmherzig sein zu können, eine weit größere Vollkommenheit ist als die Möglichkeit, etwas tun zu können.

Gesetzt, es wäre nicht ein einzelner Mensch gewesen, der von Jericho nach Jerusalem reiste, sondern es wären zwei gewesen, und beide wären von Räubern überfallen und verstümmelt worden, und IX 309
kein Reisender wäre vorbeigekommen — gesetzt dann, der eine von ihnen hätte nichts anderes gewußt, als zu jammern, während der andere sein eigenes Leiden vergessen und überwunden hätte, um milde und freundliche Worte zu sprechen, oder sich, was mit heftigen Schmerzen verbunden war, zu einem kleinen Wasser hingeschleppt hätte, um dem andern einen Labetrunk zu verschaffen; oder gesetzt, die beiden wären der Sprache beraubt, aber der eine von ihnen hätte in seinem stummen Gebet auch für den andern zu Gott geseufzt: wäre er dann nicht barmherzig gewesen? — Wenn man mir die Hände abgehauen hat, so kann ich nicht auf der Zither spielen, und wenn man mir die Beine abgehauen hat, so kann ich nicht tanzen; und wenn ich verstümmelt am Ufer liege, so kann ich mich nicht ins Meer stürzen, um einem andern Menschen das Leben zu retten; und wenn ich selbst mit gebrochenen Armen oder Beinen daliege, so kann ich mich nicht in die Flammen stürzen, um andern das Leben zu retten: aber gleichwohl kann ich barmherzig sein.

Oft habe ich darüber nachgedacht, wie ein Künstler die Barmherzigkeit darstellen müßte; aber ich habe mich davon überzeugt, daß es nicht möglich ist[275]. Sobald ein Künstler das tun soll, wird es zweifelhaft, ob es die Barmherzigkeit ist oder etwas anderes. Die Barmherzigkeit zeigt sich am bestimmtesten, wenn der Arme den halben Schilling gibt und dennoch all sein Eigentum, wenn der Hilflose nichts zu tun vermag und dennoch barmherzig ist. Aber die Kunst will am liebsten die Gabe darstellen, also die Freigebigkeit, und will am liebsten darstellen, was sich malerisch am besten ausnimmt, nämlich die große Tat. Versuche, folgendes zu malen: eine arme Frau, die dem andern das einzige Brot gibt, welches sie besitzt — und du siehst wohl leicht, daß du das wichtigste nicht ausdrücken kannst; du kannst ausdrücken, daß es ein einziges Brot ist, nicht aber, daß es das einzige ist, welches sie besitzt. Das

dänische Volk ist wohlbekannt mit den Gefahren auf See. Es gibt ein Bild, welches einen kühnen Seemann darstellt, dem es zu verdanken ist, daß heute das Lotsenboot so oft Menschenleben rettet[276]. Sein Bildnis ist wiedergegeben, und darunter auf der einen Seite ein Wrack, auf der andern Seite ein Lotsenboot. Schau, das läßt sich malen. Und es ist ja herrlich, wie ein rettender Engel durch die Wogen zu steuern und das kühn, mutig, wenn man so will, auch barmherzig zu tun. O, aber hast du es niemals gesehen, so hast du dir doch das Elend vorgestellt oder das Elend derer, die vielleicht von Kind an oder später im Leben so jämmerlich mißhandelt, so übel mitgenommen sind, daß sie nichts, nichts zu tun
IX 310 vermögen, vielleicht sogar kaum imstande sind, mit wirklich deutlichen Worten ihre Teilnahme äußern zu können: sollten wir nun unbarmherzig zu all ihrem Elend diese neue Grausamkeit hinzufügen, daß wir bestritten, sie könnten barmherzig sein — weil sich das freilich nicht darstellen läßt, da ein solcher wahrlich nur als Gegenstand der Barmherzigkeit dargestellt werden könnte! Und doch ist ja sicher, daß gerade eines solchen Barmherzigkeit die schönste und die wahrste ist, und einen zusätzlichen Wert hat, nämlich den, daß der Betreffende nicht in seinem eigenen Leiden stumpf geworden ist und somit die Teilnahme für das Leiden anderer verloren hätte.

Denk dir eine Witwe in Armut: sie hat nur eine einzige Tochter, aber dieser Tochter hat die Natur stiefmütterlich beinahe jede Gabe verweigert, mit der sie das Schicksal der Mutter lindern könnte — denk dir dieses unglückliche Mädchen, welches unter der schweren Bürde seufzt, wie sie dennoch entsprechend dem geringen Vermögen, das ihr vergönnt ward, unerschöpflich ist an Erfindungskraft, um das bißchen, das nichts zu tun, was sie vermag, um das Leben der Mutter zu lindern. Schau, das ist Barmherzigkeit! Kein Reicher wird die Tausende von Reichsbanktalern vergeuden, um einen Künstler das malen zu lassen; denn es läßt sich nicht malen. Aber jedesmal, da der vornehme Gönner, welcher der Beistand der Mutter ist, zu ihnen kommt, steht das arme Mädchen beschämt da; denn „er“, er kann so viel tun, — seine Barmherzigkeit verdunkelt die des Mädchens! O ja, in den Augen der Welt, vielleicht sogar in den Augen eines Künstlers und eines Kunstkenners.

So wendet die Rede sich denn an dich, du Elender, der du gar nichts tun kannst: vergiß nicht, barmherzig zu sein! Sei barmherzig; dieser Trost, daß du barmherzig sein kannst, geschweige denn der Trost, daß du es bist, ist weit größer, als wenn ich dir dafür einstehen könnte, daß der Mächtigste dir Barmherzigkeit erzeigen werde. Sei barmherzig gegen uns Glücklichere! Dein kummervolles Leben ist wie ein gefährlicher Einwand gegen die liebende Lenkung, du hast es deshalb in deiner Macht, uns andere zu ängstigen; so sei denn barmherzig! Wahrlich, wieviel Barmherzigkeit ist nicht den Mächtigen und Glücklichen von einem solchen Unglücklichen erwiesen worden! Was ist wohl am barmherzigsten, entweder der Not anderer mächtig abzuhelfen, oder durch stilles und geduldiges Leiden sich davor zu bewahren, daß man die Freude und das Glück anderer nicht zerstöre? Wer von diesen beiden hat am meisten geliebt: der Glückliche, der mit dem Leiden anderer Teilnahme empfindet, oder der Unglückliche, der mit der Freude und dem Glück anderer wahre Teilnahme empfindet?

„*Aber die Hauptsache ist doch, daß der Not auf jegliche Weise abgeholfen werde, und daß womöglich alles getan werde, um aller Not abzuhelfen.*“ So spricht die Zeitlichkeit, wohlmeinend, und sie kann nun einmal nicht anders sprechen. Die Ewigkeit hingegen sagt: es gibt nur eine einzige Gefahr, nämlich die, daß keine Barmherzigkeit IX 311
geübt wird; selbst wenn aller Not abgeholfen würde, ist doch deshalb nicht entschieden, daß es durch Barmherzigkeit geschehen wäre, und falls das nicht der Fall war, wäre dieses Elend, daß überhaupt keine Barmherzigkeit geübt wurde, größer als alle zeitliche Not.

Die Sache ist die, daß die Welt die Ewigkeit nicht versteht. Die Zeitlichkeit hat eine zeitliche und insofern eine geschäftsmäßige Vorstellung von der Not, und zugleich eine sinnliche Vorstellung von der Größe der Gabe und von der Möglichkeit, etwas tun zu können, um der Not abzuhelfen. „Der Arme, der Elende könnte ja sterben — also ist es das wichtigste, daß geholfen werde.“ Nein, antwortet die Ewigkeit, das wichtigste ist, daß Barmherzigkeit geübt werde, oder daß die Hilfe die Hilfe der Barmherzigkeit sei. „Schaff uns Geld, schaff uns Krankenhäuser, das ist das wichtigste!“ Nein, sagt die Ewigkeit, das wichtigste ist die Barmherzigkeit. Daß ein Mensch stirbt, ist im ewigen Sinne kein Unglück, wohl aber, daß keine Barmherzigkeit geübt ward. Es steht auch, recht merkwürdig, unter jenem Bild[277], das auf der einen Seite ein Wrack wiedergibt und auf der andern ein Lotsenboot, dort steht: Armut – und gewaltsamer *Tod*; Wohlstand – und natürlicher *Tod*: also Tod auf beiden Seiten. Und die Ewigkeit hält unerschütterlich fest, daß die Barmherzigkeit das wichtigste ist. Kein Denker kann so hartnäckig sein, wie die Ewigkeit das in Bezug auf ihren Gedanken ist; kein Denker ist so ruhig, so unberührt von der Hast des Augenblicks und der Gefahr des Augenblicks, der einzuschärfen scheint, es sei doch das wichtigste, daß auf jegliche Weise Hilfe geleistet werde; kein Denker ist so ruhig, so unberührt wie die Ewigkeit. Und kein Denker ist dessen so sicher, daß die Menschen zuletzt doch klein beigeben und seinen Gedanken denken müssen, wie das die Ewigkeit ist, denn sie sagt: Warte nur, wir sprechen uns in der Ewigkeit, und dort sprechen wir uns einzig und allein über die Barmherzigkeit, und einzig und allein über den Unterschied: barmherzig – nicht-barmherzig. O, daß ich die Miene darstellen könnte, welche die Ewigkeit aufsetzen wird, wenn der Reiche auf die Frage, ober er barmherzig gewesen sei, antwortet: ich habe Hunderttausende für die Armen gegeben! Denn die Ewigkeit wird auf ihn blicken, verwundert, wie jemand, der es nicht in seinen Kopf bekommen kann, wovon jener redet; und dann wird sie ihm wiederum die Frage vorlegen: Bist du barmherzig gewesen? Stell dir vor, daß ein Mann zu einem Berg hinausginge, um mit ihm über seine Angelegenheiten zu sprechen, oder daß jemand sich mit dem Wind über seine Geschäfte einließe: mehr wird die Ewigkeit nicht verstehen von dem, was der Reiche über die Hunderttausende sagt, und von dem, was der Mächtige darüber sagt, daß er alles getan habe.

IX 312 Ist es Barmherzigkeit, Hunderttausende für die Armen zu geben? Nein. Ist es Barmherzigkeit, den halben Schilling für die Armen zu geben? Nein. Barmherzigkeit ist: *auf welche Weise* man gibt. Aber dann sind ja die Hunderttausende und der halbe Schilling das Gleichgültige, d. h. ich kann die Barmherzigkeit ebensogut in dem einen wie in dem andern sehen, d. h. die Barmherzigkeit kann in dem halben Schilling zugegen sein und kann dort ebensogut offenbar sein wie in den Hunderttausenden, die man gibt.

Kann ich aber die Barmherzigkeit ebensogut in dem halben Schilling sehen wie in den Hunderttausenden, so kann ich sie eigentlich am besten in dem halben Schilling sehen; denn die Hunderttausende haben eine zufällige Bedeutung, welche das sinnliche Augenmerk leicht auf sich zieht und mich deshalb darin stört, die Barmherzigkeit zu sehen. Ist es Barmherzigkeit, wenn jemand, der alles tun kann, alles für den Elenden tut? Nein. Ist es Barmherzigkeit, wenn jemand, der so gut wie nichts tun kann, dieses nichts für den Elenden tut? Nein. Barmherzigkeit ist: auf welche Weise man dies alles und dieses nichts tut. Aber dann kann ich ja die Barmherzigkeit gleich gut in diesem „alles" und in diesem „nichts" sehen; und wenn das so ist, kann ich es eigentlich am besten in diesem „nichts" sehen, denn die Möglichkeit, alles tun zu können, ist eine glänzende Äußerlichkeit, die eine zufällige Art Bedeutung hat, welche doch stark auf das Sinnliche in mir wirkt, leicht das Augenmerk auf sich zieht und mich darin stört, die Barmherzigkeit zu sehen.

Laß mich das wieder und wieder erläutern. Wofern du die Bewegungen, die Kreise beobachten möchtest, die ein Stein verursacht und bildet, wenn man ihn ins Wasser wirft: würdest du dann in jene fernen Lande reisen, wo der mächtige Wasserfall sich brausend herabstürzt, und dort den Stein hineinwerfen, oder würdest du ihn in das empörte Meer hinauswerfen? Nein, das tätest du nicht. Denn ungeachtet der Stein dort die Bewegungen verursachte und die Kreise bildete wie überall, so würdest du doch dabei gestört, sie wirklich zu sehen. Du würdest deshalb ganz im Gegenteil ein kleines, stilles Gewässer suchen, je kleiner, desto besser fast, würdest den Stein hineinwerfen, und nun, ungestört von allem nicht Hergehörigen, dein Augenmerk darauf sammeln, die Bewegungen zu beobachten. – Was verstehst du unter einem bedeutenden Menschen? Doch wohl einen Menschen, der bedeutenden inneren Wert hat? Wofern es nun dein Ernst wäre, dich in der Betrachtung eines solchen recht zu verlieren, könntest du dann wünschen, ihn von einem ungeheuren Reichtum umgeben zu sehen, oder angetan mit Sternen und Bändern; oder würdest du nicht meinen, eben dies störe dich darin, deinen Sinn völlig darauf zu sammeln, sein bedeutendes Innere zu beschauen? Ebenso steht es mit der Barmherzigkeit. Die Barmherzigkeit ist das wahrhaft Bedeutende;

IX 313 die Hunderttausende oder die Tatsache, daß man weltlich alles tut, sind die *bedeutende* Gabe, die *bedeutende* Hilfe. Aber das eine Bedeutende ist ja das, *worauf* man blicken soll, das andere Bedeutende das, *wovon* man *ab*sehen soll. Und aus Mißtrauen gegen dich selbst wünschest du deshalb *dasjenige* fort, wovon du doch absehen sollst — ach, während die Welt meint, sehr viel leichter auf die Barmherzigkeit aufmerksam werden zu können, wenn sie die Hunderttausende gibt, als wenn sie den halben Schilling gibt, also meint, am leichtesten auf die Barmherzigkeit aufmerksam zu werden, indem sie auf *dasjenige* blickt, wovon man absehen soll, falls man die Barmherzigkeit recht sehen soll.

Doch laßt uns nicht vergessen, daß man die Barmherzigkeit in beiden Fällen sehen kann, in dem halben Schilling und in den Hunderttausenden, in dem Allumfassenden, das der Mächtige tut, und in dem nichts, das der Elende tut. Aber selbst wenn gegeben ist, daß die Barmherzigkeit zugegen sei, du wirst dich doch leicht davon überzeugen: je größer, je erstaunlicher die Gabe ist, je wunderbarer die Hilfe, um so mehr ist da etwas, was dich daran hindern will, bei der Barmherzigkeit gänzlich zu verweilen. Vom Apostel Petrus wird erzählt[278], er habe, als er eines Tages in den Tempel hinaufging, einen Lahmen getroffen, der ihn um ein Almosen bat. Petrus aber sprach zu ihm: „Silber und Gold habe ich nicht, was ich aber habe, das gebe ich dir: im Namen Jesu Christi von Nazareth stehe auf, und wandele! Und griff ihn bei der rechten Hand, und richtete ihn auf. Alsobald stunden seine Schenkel und Knöchel fest; sprang auf und konnte gehen und stehen." Wer dürfte daran zweifeln, daß dies ein Tun der Barmherzigkeit ist; und dennoch, es ist ja ein Wunder. Aber ein Wunder zieht sogleich das Augenmerk auf sich und dadurch zum Teil von der Barmherzigkeit ab, die niemals deutlicher wird, als wenn sie überhaupt nichts tun kann; denn dann hindert ja überhaupt nichts daran, daß man ganz bestimmt und genau sehe, was Barmherzigkeit ist.

Die Ewigkeit versteht sich allein auf die Barmherzigkeit; willst du deshalb lernen, dich auf Barmherzigkeit zu verstehen, so mußt du es von der Ewigkeit lernen. Sollst du dich aber auf das Ewige verstehen, so muß es stille um dich sein, während du dein Augenmerk völlig auf die Innerlichkeit sammelst. Ach, die Hunderttausende machen Lärm, sie können zumindest so leicht dahin kom-

men, Lärm zu machen; dir summt gleichsam der Kopf bei dem Gedanken, du könnest Hunderttausende ebenso leicht geben wie du vier Schillinge gibst; dein Sinn wird zerstreut, du beginnst an das herrliche Los zu denken, nach einem solchen Maßstab Gutes tun zu können. Aber dann ist ja das Ewige zerstört: daß das herrliche, das selige, das seligste Los das ist, Barmherzigkeit zu üben. Und IX 314
nun Macht und Herrschaft! Diese verwirren wieder so leicht den Sinn, du beginnst über das Äußere zu staunen. Wenn du aber staunst, so kannst du dessen sicher sein, daß du nicht Barmherzigkeit siehst, denn die weckt kein Staunen. Worüber sollte man wohl staunen, wenn selbst der Elendeste, und er gerade am besten, Barmherzigkeit üben kann? O, die Barmherzigkeit, wofern du sie in Wahrheit siehst, weckt kein Staunen, sie bewegt dich, sie macht, eben weil sie Innerlichkeit ist, den innerlichsten Eindruck auf dich. Aber wann ist Innerlichkeit deutlicher, als wenn überhaupt nichts Äußeres da ist, oder wenn das Äußere durch Armseligkeit und Bedeutungslosigkeit eher einem Widerstand gleicht und im sinnlichen Sinne wirklich daran hindert, daß man die Innerlichkeit sehe? Und wenn das der Fall ist in Bezug auf die Barmherzigkeit, so haben wir ja die Barmherzigkeit, von der hier die Rede gewesen ist, die Barmherzigkeit, welche ein Tun der Liebe ist, selbst wenn sie nichts zu geben hat und nichts zu tun vermag.

IX 315

VIII

Der Sieg der Versöhnlichkeit in Liebe, welche den Überwundenen gewinnt

„Fest stehen, nachdem man alles überwunden hat" (Eph. 6, 13)[279]! Aber ist denn das nicht leicht genug, versteht sich das nicht von selbst, daß man fest steht, oder stehenbleibt, wenn man alles überwunden hat? Wenn man wirklich alles überwunden hat, was sollte einen dann umreißen können; wenn man wirklich alles überwunden hat, so ist ja nichts mehr da, wogegen man fest stehen muß? O, der erprobte Apostel weiß wohl, wovon er spricht! Es versteht sich von selbst, daß jemand, der sich feige und furchtsam niemals in Gefahr begibt, auch niemals siegt, niemals etwas überwindet; daß er ein Überwundener ist, steht vielmehr von vornherein dadurch fest, daß er sich selbst aufgegeben hat. Aber auf der andern Seite, gerade wenn ein Mensch alles überwunden hat, ist er vielleicht am nächsten daran, alles zu verlieren — verliert er in dem Augenblick etwas, so verliert er leicht alles, was ja auch nur für denjenigen möglich ist, der alles gewonnen hat; gerade der Augenblick des Siegs ist vielleicht der schwierigste, schwieriger als irgendein Augenblick des Kampfes; gerade der Siegesruf „Alles ist entschieden" ist vielleicht das allerzweideutigste Wort, wenn es in derselben Sekunde, da es ausgesprochen wird, bedeutet: „Jetzt ist entschieden, daß alles verloren ist." So kann denn also doch die Rede sein von einem Feststehen, nachdem man alles überwunden hat, ja eigentlich kann wohl erst von diesem Augenblick an wirklich davon die Rede sein. So ist es ja schon für die Vorstellung. Wenn du sagst, daß einer etwas überwindet, so stellst du ihn dir nach vorn geneigt vor, auf den Widerstand eindringend. Noch kann
IX 316 also nicht im tiefsten Sinne vom Feststehen die Rede sein; denn

obwohl der Widerstand entgegensteht, hält er den Andringenden, der ja nach vorn geneigt ist, in einem andern Sinne doch gleichsam fest. Aber jetzt, jetzt ist alles überwunden. Jetzt gilt es, daß er haltmacht und stehenbleibt, daß er nicht im Schwung des Sieges den Sieg verliert. Ist es nicht so? Der Schwache, der Furchtsame unterliegt dem Widerstand; aber der Mutige, der sich kühn der Gefahr aussetzt, fällt gern, wie man sagt, über seine eigenen Beine, wenn er fällt: als Mutiger überwindet er den Widerstand, und doch fällt er. Er fällt nicht in der Gefahr, sondern im eigenen Schwung, also deshalb, weil er nicht fest stand.

Paulus sagt an anderer Stelle, daß wir im Glauben mehr als siegen[280]. Aber kann man denn mehr als siegen? Ja, das kann man, wenn man fest steht, nachdem man gesiegt hat, den Sieg festhält, im Siege bleibt. Wie oft hat man nicht gesehen, daß jemand, der gesiegt hatte, sich zugleich dermaßen angestrengt hatte, daß er nicht einmal wie jener Heerführer[281] einen weiteren solchen Sieg nötig hatte — denn dieser genügte schon zu seinem Untergang! Wie oft hat man nicht gesehen, daß jemand, der eine Last gehoben hatte, die Last nicht tragen konnte, weil er sie gehoben hatte; oder daß jemand, der siegreich gegen den Sturm vorwärtsdrang, ohne zu ermatten, erschöpft die Windstille nicht aushalten konnte, welche mit dem Sieg eintrat; oder daß jemand, der abgehärtet alle Witterungsumschläge, Hitze und Kälte vertragen konnte, den launischen Lufthauch im Augenblick des Sieges nicht ertragen konnte! Und wie oft ward nicht ein Sieg eitel genommen, so daß der Siegende stolz, eingebildet, übermütig und selbstzufrieden wurde und damit just durch Gesiegthaben verlor!

Falls wir nun in einer Begriffsbestimmung ausdrücken sollten, was in jenem apostolischen Wort liegt (fest stehen, nachdem man alles überwunden hat), so müßten wir sagen: es gibt, im geistigen Sinne, stets zwei Siege, einen ersten Sieg, und dann den zweiten, in welchem der erste Sieg festgehalten wird. Das Verhältnis zwischen dem Göttlichen und dem Weltlichen kann man sicherlich nicht genauer ausdrücken als folgendermaßen: das Weltliche spricht stets nur von e i n e m Sieg, das Göttliche stets von zweien. Daß kein Mensch sich glücklich preisen solle, ehe er tot ist (und es damit den Nachlebenden überlassen hat), das kann auch der weltliche Sinn in den Kopf bekommen; aber hingegen wird der weltliche Sinn

ungeduldig werden, wenn er die Rede von dem zweiten Sieg hören soll. Soll nämlich nutzbringend von diesem die Rede sein, oder vom Feststehen, nachdem man gesiegt hat, so geht ein Mensch dessen verlustig, worauf natürlich der weltliche Sinn den größten Wert
IX 317 legt, geht d e s s e n verlustig, um dessentwillen man alle Beschwerlichkeiten des Kampfes ausgehalten hat; denn wenn es sich so verhält, kommt ein Mensch niemals dazu, auf seinen Sieg stolz zu sein, dazu wird ihm auch nicht ein Augenblick Zeit gegönnt. Im Gegenteil, in dem Augenblick, da er gesiegt hat und nun den Triumph vorbereiten will, eben im selben Augenblick führt die göttliche Betrachtung ihn in einen neuen Kampf, in den allerschwierigsten, weil er der innerlichste ist, weil er darin mit sich selbst und mit Gott streitet. Fällt er in diesem Kampf, so fällt er durch eigene Hand; denn im leiblichen und äußeren Sinne kann ich durch eines andern Hand fallen, aber geistig gibt es nur einen einzigen, der mich töten kann, und das bin ich selbst; geistig ist ein Mord nicht denkbar – kein Gewalttäter kann doch wohl einen unsterblichen Geist morden; geistig ist nur Selbstmord möglich. Und siegt der Mensch in diesem zweiten Kampf, so bedeutet das eben, daß er von dem ersten Sieg nicht die Ehre bekommt; denn Siegen bedeutet in dieser Verbindung, Gott die Ehre geben. In dem ersten Kampf kämpft man gegen die Welt um den Sieg, der gewonnen wird; in dem zweiten Kampf kämpft man mit Gott um jenen Sieg. Nur dann steht ein Mensch fest, nachdem er alles überwunden hat, wenn er unmittelbar im Augenblick des Sieges den Sieg an Gott abtritt. Solange er kämpfte, half ihm in gewissem Sinne der Widerstand stehen; aber wenn er Gott die Ehre des Sieges gegeben hat, ist Gott der Beistand, mit dessen Hilfe er feststeht. Daß er durch Gottes Beistand auch gesiegt hat (obwohl man ja doch im äußeren Sinne auch ohne Gottes Beistand siegen kann), ist wohl möglich; aber Gottes Beistand wird erst dann recht deutlich, wenn der Mensch gesiegt hat. O, welche Torheit in den Augen der Welt: des göttlichen Beistandes am meisten zu bedürfen, wenn man gesiegt hat!

Einen solchen doppelten Streit oder doppelten Sieg wollen wir nun des näheren zum Gegenstand der Erwägung machen und wollen sprechen über den Sieg der Versöhnlichkeit in Liebe, welche den Überwundenen gewinnt.

Es wird also, da von einem „Überwundenen" die Rede ist, ein erster Sieg vorausgesetzt, der gewonnen ward. Welches ist dieser? Es ist die Überwindung des Bösen mit dem Guten[282]. Der Kampf mag langwierig und beschwerlich genug gewesen sein; denn soll der Liebende das Böse mit dem Guten überwinden, so ist das ja nicht mit einem Mal und auf einen Schlag entschieden, vielmehr wird der Kampf oft immer anstrengender und, wenn man so will, gefahrvoller — falls man verstehen will, was das Gefahrvolle ist. Je mehr Gutes der Liebende dem Lieblosen getan hat, je länger er es ausgehalten hat, Böses mit Gutem zu vergelten: desto näher rückt in gewissem Sinne die Gefahr, daß doch zuletzt das Böse den Liebenden überwinde, wenn nicht auf andere Weise, dann dadurch, daß es IX 318
ihn kalt und gleichgültig gegen einen solchen Lieblosen macht. O, es gehört eine große Tiefe des Reichtums an Güte dazu, wie ihn nur der Liebende hat, eine stete Wärme unauslöschlicher reiner Glut, um es in der Länge der Zeit aushalten zu können, Böses mit Gutem zu vergelten! — Aber dieser Sieg ist gewonnen, der Lieblose ein Überwundener.

Wie war nun das Verhältnis in jenem Streit? Auf der einen Seite stand der Liebende (oder wie wir ihn auch nennen könnten: der Gute, der Edle; denn in diesem ersten Streit ist noch nicht wirklich offenbar, daß er der Liebende ist), und er hatte auf seiner Seite das Gute. Auf der andern Seite stand der Lieblose, streitend mit Hilfe des Bösen. Dergestalt kämpften sie. Der Liebende hatte es als seine Aufgabe, sich selbst im Guten zu bewahren, damit das Böse keine Macht über ihn erlange. Er hatte es also nicht so sehr mit dem Lieblosen zu tun, sondern vielmehr mit sich selbst; es war nicht um des Lieblosen willen, sondern um des Guten willen, auch im edlen Sinne um seiner selbst willen sein Bestreben, in diesem Kampf zu siegen. Die beiden verhielten sich also kämpfend zueinander, aber außerhalb ihrer selbst, in gewissem Sinne war der Kampf unversöhnlich, wie es der Kampf zwischen Gut und Böse ist; der eine kämpfte mit Hilfe des Guten, der andere im Bunde mit dem Bösen; und der letzte ward zum Überwundenen.

Nun verändert das Verhältnis sich; von nun an wird wahrhaft

offenbar, daß der Liebende mit im Kampfe ist; denn er kämpft nicht bloß dafür, daß das Gute in ihm selbst bleibe, sondern er kämpft *versöhnlich* dafür, daß das Gute in dem Lieblosen siege, oder er kämpft dafür, *den Überwundenen zu gewinnnen*. Das Verhältnis zwischen den beiden ist also nicht mehr ein unmittelbares Streit-Verhältnis, denn der Liebende kämpft auf Seiten des Feindes für dessen Vorteil, er will die Sache des Lieblosen durchkämpfen bis zum Sieg.

Das ist *Versöhnlichkeit in Liebe*. Denn wenn der Feind, oder der, welcher dir Schaden zugefügt hat, zu dir kommt und Aussöhnung sucht — und du dann bereit bist zu vergeben: so ist das ja hübsch und lobenswert und auch liebevoll. O, aber welche Langsamkeit! Sage nicht, „du habest es *sofort* getan, *sobald* er dich darum gebeten habe" — bedenke lieber, wie rasch zur Versöhnung die wahre Liebe im Vergleich damit ist, oder im Vergleich mit einer Raschheit, die durch ihre Abhängigkeit von der Raschheit oder Langsamkeit eines andern mit seiner Bitte um Vergebung, eben deshalb *wesentlich* Langsamkeit ist, selbst wenn sie zufällig sehr rasch kommt. Lange, lange bevor der Widersacher daran denkt, Aussöhnung zu suchen, ist schon der Liebende mit ihm ausgesöhnt; und nicht bloß das, nein, er ist auf das Feindes Seite über-
IX 319 gegangen, kämpft für dessen Sache auch wenn der Feind es nicht versteht und verstehen will, arbeitet dort, um es zur Aussöhnung zu bringen. Schau, das kann man einen Liebeskampf nennen oder einen Kampf in Liebe! Mit Hilfe des Guten *gegen* den Feind kämpfen — das ist lobenswert, ist edel; aber *für* den Feind kämpfen — und gegen wen? gegen sich selbst, wenn man so will: das ist, ja, das ist liebevoll, oder das ist Versöhnlichkeit in Liebe! Und so ist denn auch Versöhnlichkeit in der Heiligen Schrift dargestellt. Die Worte lauten[283]: „Wenn du deine Gabe auf den Altar opferst, und wirst allda eingedenk" — ja, was sollte man nun erwarten, werde und müsse folgen, doch wohl, daß du etwas wider jemanden habest? Aber so heißt es nicht. Dort steht „. . . und wirst allda eingedenk, daß dein Bruder etwas wider dich habe, so laß allda vor dem Altar deine Gabe (denn mit der Gabe hat es, wenn es so ist, keine Eile), und gehe hin, und versöhne dich mit deinem Bruder (denn mit der Aussöhnung hat es Eile, auch um der Gabe willen, die am Altar wartet), und alsdann komm und opfre deine Gabe". Aber ist das

nicht zuviel verlangt; wer bedarf denn der Vergebung: der Unrecht getan hat, oder der Unrecht gelitten hat? Freilich bedarf der, welcher Unrecht getan hat, der Vergebung, o, aber der Liebende, der Unrecht gelitten hat, hat das Bedürfnis zu vergeben, oder das Bedürfnis zur Aussöhnung, zur Versöhnung, welches Wort nicht wie das Wort Vergebung Unterschied macht, indem es an Recht und Unrecht erinnert, sondern liebend im Sinne hat, daß beide bedürftig sind. Es ist nicht im vollkommensten Sinne Versöhnlichkeit, daß man vergibt, wenn man um Vergebung gebeten wird, sondern es ist Versöhnlichkeit, daß man schon dann das Bedürfnis hat zu vergeben, wenn der andere vielleicht am wenigsten geneigt ist, Vergebung zu suchen. Deshalb sagt die Schrift: „Sei willfertig deinem Widersacher baldig“[284]; aber willfertiger kann man doch nicht sein, als wenn man selbst der Bedürftige ist; und „baldiger“ zur Vergebung kann man nicht sein, als wenn man sie gibt, bevor sie verlangt wird, ja dafür kämpft, daß man sie geben kann, während noch Widerstand geleistet wird — nicht wider das Geben, sondern wider das Empfangen der Vergebung. O, achte wohl darauf, wie das Verhältnis ist; denn das wahrhaft Christliche ist stets gerade das Gegenteil dessen, was der natürliche Mensch am leichtesten und natürlichsten versteht. „Für die Vergebung kämpfen“, wer versteht darunter nicht sogleich, daß man dafür kämpfe, Vergebung zu erlangen — ach, denn menschlich gesprochen hält das oft schwer genug. Und dennoch sprechen wir darüber gar nicht; wir sprechen über den liebenden Kampf dafür, daß der andere die Vergebung empfangen, sich versöhnen lassen wolle. Ist das nicht das Christliche? Es ist ja Gott im Himmel, der durch den Apostel sagt „Lasset IX 320
euch versöhnen“[285]: es sind nicht die Menschen, welche zu Gott sagen: „Vergib uns.“ Nein, Gott hat uns zuerst geliebt[286]; und wiederum zum andern Mal, da es die Versöhnung galt, war Gott es, der zuerst kam — ungeachtet er doch wohl im Sinne der Gerechtigkeit den weitesten Weg hatte. Ebenso steht es auch im Verhältnis zwischen Mensch und Mensch: die wahre Versöhnlichkeit ist die, daß man derjenige ist, welcher die Versöhnung anbietet, wenn man, wohlgemerkt, nicht der ist, welcher der Vergebung bedarf.

So kämpft denn der Liebende in Versöhnlichkeit, um den Überwundenen zu gewinnen. — Einen Überwundenen zu gewinnen! Welch schöner Sprachgebrauch bei dem Wort „gewinnen“! Denn merk einmal auf! Wenn wir sagen, einen Sieg „gewinnen“, so hörst du sogleich die Heftigkeit des Kampfes; aber wenn wir sagen, jemanden gewinnen, jemanden für sich gewinnen, welche unendliche Milde ist doch darin! Was ist doch so einschmeichelnd wie der Gedanke und das Wort „jemanden gewinnen“; wie sollte man jetzt an Streit denken können! Denn zu jedem Streit gehören ja zwei, und jetzt ist nur einer da: der Lieblose; denn der Liebende ist in Versöhnlichkeit sein bester Freund, der den Überwundenen gewinnen will. Den Überwundenen gewinnen. Welch wunderliche Umkehrung liegt doch in diesem Ganzen! Man sollte glauben, das „Gewinnen“ sei etwas Geringeres als das „Überwinden“[287], denn „über“ deutet ja an, was das Gewinnen übertrifft; und doch ist die Rede hier wirklich im Steigen, handelt von dem Höheren, während sie doch von dem Gewinnen eines Überwundenen handelt. Im Sinne des Stolzes ist es vielleicht größer, zu überwinden, aber im Sinne der Liebe ist dieses Geringere, „daß man den Überwundenen gewinnt“, das Größere. Schöner Streit, schöner als der Streit der Verliebten, wenn der Liebende allein sein muß, und deshalb um so viel liebevoller ist, wenn er sich ganz allein zur Versöhnung durchkämpfen muß! Schöner Sieg, schönster aller Siege, wenn es dem Liebenden gelingt, den Überwundenen zu gewinnen!

Einen Überwundenen zu gewinnen. Siehst du jetzt den doppelten Sieg, von dem hier die Rede ist! Denn wenn der Liebende nur den einen Kampf kämpfen will, daß er Böses mit Gutem überwinde, und er dann gesiegt hat, so sehe er wohl zu, daß er fest stehe, nachdem er alles überwunden hat. O, sein Fallen liegt nur allzunahe, falls er nicht die Liebe und die göttliche Betrachtung ihn sogleich in den nächsten Kampf führen läßt, daß er den Überwundenen gewinne. Wenn das geschieht, wurde richtig gesteuert, an der gefährlichen Klippe vorbei, wo man stolz darüber wird, daß man es ausgehalten habe, Böses mit Gutem zu vergelten, wo man sich selbst damit wichtig wird, daß man Böses mit Gutem vergolten
IX 321 habe. Denn wenn du sogleich in den nächsten Kampf eintrittst, wer wird dann der Wichtigste? Doch wohl der, den du zu gewinnen strebst? Aber demnach bist du nicht der Wichtigste. Doch eben dies ist das Demütigende, welches nur Liebe aushalten kann, daß es gleichsam mit einem rückwärtsgeht, indes man voranschreitet, daß

es umgekehrt zugeht: wenn man selber alles überwunden hat, ist der Überwundene der Wichtigste geworden. Laßt uns annehmen, der Bruder des verlorenen Sohns sei bereit gewesen, alles für den Bruder zu tun — eines hätte er doch niemals in den Kopf bekommen können: daß der verlorene Bruder der Wichtigste sein solle. Nun, es ist auch schwierig, das in den Kopf zu bekommen, auf diesem Wege kommt es in einen Menschen nicht hinein.

Aber einen Überwundenen zu gewinnen, ist stets schwierig und hat in dem Verhältnis, von dem wir sprechen, eine besondere Schwierigkeit. Ein Überwundener zu sein, ist ein demütigendes Gefühl, deshalb vermeidet ein Überwundener am liebsten den, der ihn überwunden hat; denn durch den Gegensatz wird seine Niederlage am größten, aber keiner macht seine Niederlage so deutlich wie der, welcher ihn überwunden hat. Und doch ist dieser hier der Siegende, der den Überwundenen gewinnen soll, also müssen die beiden zusammengebracht werden. Überdies hat das Verhältnis hier eine besondere Schwierigkeit. Bei minder wichtigen Dingen ließe es sich ja leicht so machen, daß der Siegende es dem Überwundenen verhehlte, daß er der Überwundene sei, ihn fromm betröge, als sei er es, der recht habe, daß er versöhnlich nachgäbe und ihm sogar dort recht gäbe, wo er doch unrecht hätte. Wir wollen nicht entscheiden, wieweit dies irgend zulässig ist; aber in dem Verhältnis, von dem hier die Rede ist, dürfte der Liebende das am allerwenigsten tun. Es wäre Schwachheit, nicht Liebe, dem Lieblosen einzubilden, er habe recht gehabt in dem Bösen, das er getan hat; das wäre nicht Versöhnlichkeit, sondern ein Verrat, der ihn im Bösen bestärkte. Nein, es ist gerade wichtig, es gehört mit zum Tun der Liebe, daß es dem Lieblosen mit Hilfe des Liebenden wahrhaft einleuchte, wie unverantwortlich er gehandelt hat, so daß er sein Unrecht tief empfindet. Dies hat der Liebende zu tun; und dann will er zugleich den Überwundenen gewinnen, doch nein, es ist nicht ein „zugleich", denn es ist ein und dasselbe, da er ihn nur in der Wahrheit für sich gewinnen möchte, oder für die Wahrheit und für sich, ihn aber nicht durch Täuschung für sich gewinnen möchte. Aber je tiefer der Überwundene sein Unrecht empfindet, und insofern auch seine Niederlage, desto mehr muß er sich von demjenigen abgestoßen fühlen, der ihm — liebend diesen Gnadenstoß versetzt. O schwierige Auf-

gabe: zugleich von sich zu stoßen und für sich zu gewinnen, zugleich derart streng zu sein, wie die Wahrheit es heischt, und dennoch derart mild, wie die Liebe es wünscht, um den zu gewinnen,
IX 322 gegen welchen man die Strenge gebraucht! In Wahrheit ein Wunder, falls es gelingt; denn es läuft, wie alles Christliche, dem Sprichwort gerade entgegen: daß man nicht zwei Dinge zugleich tun könne. Daß ein Überwundener dorthin strebt, wo er unwahr die mildeste Dolmetschung findet, ist leicht zu verstehen; aber jemanden für sich zu gewinnen mit Hilfe der strengen Dolmetschung durch die Wahrheit — das ist schwierig.

Nun hat die Erwägung bei der Aufgabe festgemacht. Bedenke, was geschehen wäre, wofern der Lieblose mit einem andern Lieblosen zusammengestoßen wäre, der all seine bösen Leidenschaften genährt und aufgereizt hätte. Bedenke das, indem *du haltmachst, um dann recht zu sehen, wie der Liebende sich verhält.*

Der Lieblose ist ein Überwundener. Aber was bedeutet es hier, daß er ein Überwundener ist? Es bedeutet, daß er von dem Guten, dem Wahren überwunden ist. Und was will der Liebende? Er will ihn für das Gute und Wahre gewinnen. Aber wenn das Überwundensein bedeutet, für das Gute und das Wahre gewonnen zu werden, ist es dann demütigend? Achte nun auf die Liebe und die Versöhnlichkeit. Der Liebende gibt der Sache überhaupt nicht das Aussehen, auch fällt es ihm selbst nicht bei, daß *er* gesiegt habe, daß er der Sieger sei — nein, das Gute hat gesiegt. Um das Demütigende und Kränkende wegzunehmen, schiebt der Liebende etwas Höheres zwischen sich und den Lieblosen ein, und schafft damit sich selber fort. Wenn es im Verhältnis zwischen Mensch und Mensch nicht ein Drittes gibt, wird jedes solche Verhältnis ungesund, entweder zu hitzig oder verbittert. Dieses Dritte, welches die Denker die Idee nennen würden, ist das Wahre, das Gute, oder richtiger das Gottesverhältnis; dieses Dritte ist in bestimmten Fällen das Abkühlende, in anderen Fällen das Mildernde. Wahrlich, dazu ist der Liebende zu liebevoll, als daß er sich selbst dem Überwundenen gegenüberstellte, und selbst der Sieger wäre, der den Sieg genießt — während der andere der Überwundene ist; es ist ja gerade lieblos, sich über einen andern Menschen derart zum Herrn machen zu wollen. Mit Hilfe des Dritten, welches der Lie-

bende zwischen sie eingeschoben hat, sind sie beide gedemütigt: denn der Liebende demütigt sich vor dem Guten, dessen geringer Diener er ist, und zwar, wie er selbst eingesteht, in Gebrechlichkeit; und der Überwundene demütigt sich nicht vor dem Liebenden, sondern vor dem Guten. Aber wenn in einem Verhältnis zwischen zweien beide gedemütigt sind, so liegt darin ja nichts Demütigendes für den einen von ihnen. Wie findig kann doch Liebe sein, was für ein Tausendkünstler ist sie! Möchtest du lieber, daß ich, wie du sagst, ernsthafter spräche, o, du kannst glauben, dem Liebenden gefällt es am besten, daß ich auf solche Art spreche; denn selbst in Bezug auf das, was einen mit dem Ernst der Ewigkeit beschäftigt, gibt es eine Freude über das Gelingen, welche bewirkt, daß IX 323
man am liebsten auf jene Weise reden will. Es liegt auch in jener Art des Redens eine Art Schamhaftigkeit, und insofern wieder eine Fürsorge für den, der unrecht hat; ach, eine Aussöhnung in Liebe ist vielleicht oft mißlungen, weil man sie zu ernsthaft machte, d. h. weil man von Gott nicht die Kunst gelernt hatte (und die lernt man von Gott), selber ernsthaft genug zu sein, es aber so leicht machen zu können, wie die Wahrheit es eben noch zulassen kann. Glaube niemals, daß Ernst Sauertöpfigkeit ist, glaube niemals, jene säuerlich verzogene Miene, bei deren Anblick einem schlecht werden kann, sei Ernst: niemals war derjenige ernsthaft, der nicht vom Ernst gelernt hat, daß man sich auch zu ernsthaft zeigen kann. Wenn es dir wirklich zur zweiten Natur geworden ist, deinen Widersacher gewinnen zu wollen, dann wirst du auch mit solcher Art Aufgaben so vertraut geworden sein, daß sie dich als Kunstaufgaben beschäftigen können. Wenn in dir stets ein frischer Zustrom an Liebe fließt, wenn mit diesem Überfluß alles in Ordnung ist, so ist auch Zeit, findig zu sein. Aber wenn in dem Menschen selbst ein Widerstand ist, wenn er in Anbetracht des strengen Gesetzesgebots sich selbst zwingen muß, hinzugehen und sich mit seinem Widersacher auszusöhnen: so wird die Sache leicht zu ernsthaft und mißlingt gerade aufgrund der — großen Ernsthaftigkeit. Aber diese „große Ernsthaftigkeit", wie achtenwert sie auch sein kann, besonders im Gegensatz zur Unversöhnlichkeit, ist doch nicht das, dessen wir uns befleißigen sollen. Nein, der wahrhaft Liebende ist eben findig.

So verbirgt denn der Liebende auch etwas vor dem Überwunde-

nen. Aber nicht wie das schwächliche Nachgiebigkeit tut, die das Wahre verbirgt: der Liebende verbirgt sich selbst. Um nicht zu stören, ist er gleichsam nur verborgen gegenwärtig, während das eigentlich Gegenwärtige die erhabene Majestät des Guten und Wahren ist. Wenn man darauf nur achtet, so ist auch etwas derart Erhabenes gegenwärtig, daß das bißchen Unterschied zwischen Mensch und Mensch leicht verschwindet. Und dergestalt verhält Liebe sich ja immer. Der wahrhaft Liebende, der es um keinen Preis übers Herz bringen könnte, das geliebte Mädchen seine Überlegenheit fühlen zu lassen, bringt ihr das Wahre dergestalt bei, daß sie nicht merkt, wie er der Lehrer ist, er lockt es aus ihr selbst heraus, legt es ihr auf die Lippen, und hört also nicht sich selbst, sondern sie es sagen, oder er bringt die Wahrheit zutage und verbirgt sich selbst[288]. Ist es nun demütigend, auf solche Weise das Wahre zu lernen? Und dergestalt verhält es sich mit dem Überwundenen, von dem wir hier sprechen. Den Ausdruck des Schmerzes über das Vergangene, die Betrübnis über sein Unrecht, die Bitte um Vergebung: all das nimmt der Liebende in gewissem Sinne entgegen, aber er legt es sogleich beiseite, mit einem heiligen Schauder, wie man das
IX 324 beiseite legt, was einem nicht zukommt, d. h. er macht deutlich, daß es ihm nicht zukomme; er stellt das alles unter eine höhere Bestimmung, gibt es Gott als das, was diesem zukommt. Dergestalt verhält Liebe sich immer. Wofern das Mädchen, unbeschreiblich froh über das Glück, welches sie durch die Vereinigung mit dem Geliebten findet, ihm dafür danken wollte, würde er dann etwa nicht, falls er ein rechter Liebhaber wäre, dies Schreckliche verhindern und sagen: „Nein, meine Liebe, das ist ein kleines Mißverständnis, und Mißverständnis darf es zwischen uns nicht geben, nicht mir sollst du danken, sondern du sollst Gott danken, wofern denn das Glück so groß ist, wie du meinst. Wenn du das tust, so bist du auch gegen jeglichen Irrtum gesichert; denn gesetzt, dein Glück wäre dann doch nicht so groß, dann wäre es doch ein großes Glück, daß du Gott dafür gedankt hättest." — Dies ist also von aller wahren Liebe unabtrennbar: *heilige* Schamhaftigkeit. Denn die Schamhaftigkeit des Weibes betrifft das Irdische, und in der Schamhaftigkeit fühlt sie sich gerade höher als das Irdische, während der Widerspruch schmerzt; aber die heilige Schamhaftigkeit entsteht dadurch, daß ein Gott gegenwärtig ist, und in der Schamhaftigkeit

empfindet der Mensch seine Niedrigkeit. Sobald die entfernteste Andeutung an etwas erinnern will, worüber die Schamhaftigkeit unwissend ist, so entsteht im Weibe die Schamröte; aber sobald ein Mensch im Verhältnis zu einem andern Menschen bedenkt, daß ein Gott gegenwärtig ist, so ist die heilige Schamhaftigkeit da. Man ist nicht schamhaft vor dem andern Menschen, sondern vor dem Dritten, der gegenwärtig ist, oder man ist schamhaft vor dem andern Menschen, sofern man bedenkt, wozu die Gegenwart dieses Dritten den andern Menschen macht. Ähnlich ist es ja sogar in menschlichen Verhältnissen. Denn wenn zwei miteinander sprechen, und der König ist als der Dritte zugegen, aber nur von dem einen gekannt, so ist dieser eine etwas anders, denn er ist ein wenig schamhaft — vor dem König[289]. Der Gedanke an Gottes Gegenwart macht den Menschen schamhaft im Verhältnis zu dem andern Menschen, denn Gottes Gegenwart macht die beiden wesentlich einander gleich. Was für ein Unterschied dann auch im übrigen zwischen zwei Menschen bestünde, wenn es auch, menschlich gesprochen, der himmelschreiendste wäre: Gott hat es in seiner Macht zu sagen: „Wenn ich gegenwärtig bin, wird doch wohl niemand sich unterstehen, von diesem Unterschied zu wissen, das hieße ja, angesichts meiner Gegenwart zu stehen und miteinander zu sprechen, als sei ich nicht gegenwärtig.“

Aber wenn der Liebende selber der Schamhafte ist, wenn er seine Augen kaum aufzuheben wagt, um auf den Überwundenen zu blicken, wie kann es dann demütigen, der Überwundene zu sein! Ein Mensch ist ja schamhaft, wenn ein anderer auf ihn blickt; aber wenn dieser andere, der ihn durch seinen Blick schamhaft machen sollte, selber dabei schamhaft ist, so gibt es ja niemanden, der auf ihn blickt. Aber wenn niemand da ist, der auf einen blickt, so kann ja auch nichts Demütigendes darin liegen, daß man sich vor dem IX 325
Guten oder vor Gott demütigt.

Der Liebende blickt also nicht auf den Überwundenen. *Das war das erste* und sollte das Demütigende verhindern. *Aber in einem anderen Sinne blickt der Liebende doch auf ihn. Das ist das nächste.*

O, daß ich beschreiben könnte, wie der Liebende auf den Überwundenen blickt, wie die Freude aus seinem Auge leuchtet, wie dieser liebevolle Blick so mild auf ihm ruht, wie er lockend und winkend ihn zu gewinnen sucht! Denn es ist dem Liebenden so unbeschreiblich wichtig, daß nichts Störendes zwischeneintritt, daß kein unheilverkündendes Wort unversehens zwischen sie fällt, daß nicht zufällig ein schicksalsschwangerer Blick gewechselt werde, der vielleicht alles wieder für lange Zeit verderben könnte. So blickt denn der Liebende auf ihn; und dabei so ruhig, wie nur das Ewige einen Menschen ruhig machen kann. Denn der Liebende wünscht zwar, diesen Überwundenen zu gewinnen, aber dieser sein Wunsch ist zu heilig, um die Art Leidenschaft zu haben, welche sonst ein Wunsch hat. Der Wunsch bloßer Leidenschaft macht meistens einen Menschen ein wenig verwirrt, hingegen gibt die Reinheit und Heiligkeit jenes Wunsches dem Liebenden eine erhabene Ruhe, die ihm wiederum hilft, daß er den Sieg der Versöhnlichkeit gewinnen kann, den schönsten und den schwierigsten Sieg, denn Stärke ist hier nicht genug, die Stärke muß in der Schwachheit liegen.

Aber ist denn etwas Demütigendes in dem Gefühl, daß man einem andern Menschen so wichtig ist? Liegt darin für das Mädchen etwas Demütigendes, daß der Liebhaber um ihre Liebe anhält; liegt etwas Demütigendes für sie darin, daß so offensichtlich ist, wie sehr es ihn beschäftigt, sie zu gewinnen; liegt etwas Demütigendes für sie darin, im voraus seine Freude zu sehen, falls es gelingt? Nein, das ist doch wohl nicht der Fall. Aber der Liebende, der in Versöhnlichkeit den Überwundenen gewinnen will, ist ja eben in der Lage, daß er in einem weit höheren Sinne um die Liebe des anderen Menschen anhält. Und der Liebende weiß nur allzugut, wie schwierig es ist, derart zu freien, einen vom Bösen frei zu machen, ihn frei zu machen von der Demütigung, der Überwundene zu sein, ihn frei zu machen von dem betrübten Gedanken an die Vergebung, deren er bedarf: also trotz all dieser Schwierigkeiten seine Liebe zu gewinnen.

Dennoch gelingt es dem Liebenden, den Überwundenen zu gewinnen. Alles Störende, jeder denkbare Anstoß ist entfernt wie durch Zauberei: während der Überwundene um Vergebung anhält, hält der Liebende um die Liebe des Überwundenen an. O, es ist doch
IX 326 nicht wahr: daß man stets Antwort bekomme, wie man fragt; das Christentum hat auch dies Sprichwort unwahr gemacht wie alle Sprichworte der menschlichen Klugheit! Denn wenn der Überwundene fragt: „Hast du mir nun auch vergeben?“ so antwortet der

Liebende: „Liebst du mich nun wirklich?“ Aber dann antwortet er ja nicht auf das, was gefragt wird. Nein, das tut er nicht, dazu ist er zu liebevoll, er will gar nicht auf die Frage nach Vergebung antworten; denn dieses Wort, besonders falls Nachdruck darauf gelegt würde, könnte die Sache leicht im schädlichen Sinne zu ernsthaft machen. Wunderliches Gespräch! Es ist ja gleichsam kein Sinn in ihm, der eine fragt ja dahin, und der andere antwortet dorthin: und dennoch sprechen sie, ja das versteht die Liebe, dennoch sprechen sie von ein und demselben.

Aber der Liebende behält das letzte Wort. Denn es wird wohl eine Zeitlang zwischen ihnen hin und her gehen, so daß der eine sagt: „Hast du mir nun auch wirklich vergeben“, und der andere antwortet: „Liebst du mich nun auch wirklich“. Doch schau, niemand, niemand kann es mit einem Liebenden aufnehmen, nicht einmal der, welcher nach der Vergebung fragt. Zuletzt wird er es sich abgewöhnen, nach der Vergebung zu fragen.

So hat denn der Liebende gesiegt, denn er hat den Überwundenen gewonnen.

IX 327

IX

Der Liebe Tun, eines Verstorbenen zu gedenken

Wenn man auf die eine oder andere Weise fürchtet, daß man die Übersicht nicht behalten könne über das, was mannigfaltig und weitläufig ist, so sucht man sich einen kurzen Inbegriff des Ganzen zu verschaffen oder geben zu lassen — um der Überschau willen. So ist denn der Tod der kürzeste Inbegriff des Lebens, oder ist das Leben, auf dessen kürzeste Gestalt zurückgeführt[290]. Deshalb ist es auch stets denen, die in Wahrheit über das menschliche Leben nachdenken, so wichtig gewesen, viele, viele Male mit Hilfe des kurzen Inbegriffs die Probe zu machen auf das, was sie vom Leben verstanden hatten. Denn kein Denker ist so sehr des Lebens mächtig, wie der Tod das ist, dieser mächtige Denker, der nicht bloß jeden Sinnentrug denkend durchdringt, sondern ihn zu Grund und Boden denken, ihn zunichte denken kann. Wofern nun alles für dich in Verwirrung gerät, indes du die mannigfaltigen Wege des Lebens betrachtest, so gehe hinaus zu den Toten, „wo sich alle Wege treffen“[291] — dann ist ja die Überschau leicht. Wofern es dich schwindelt, indes du wieder und wieder des Lebens Verschiedenheiten erblickst und davon hörst, so gehe hinaus zu den Toten, dort hast du Macht über die Verschiedenheiten: unter „des Staubes Brüderschaft“ gibt es keine Unterschiede, sondern nur die nahe Verwandtschaft. Denn daß alle Menschen Blutsverwandte sind, also eines Blutes sind, diese Verwandtschaft des Lebens, das wird im Leben so oft geleugnet; aber daß sie eines Staubes sind, diese Verwandtschaft des Todes, das läßt sich nicht leugnen.

Ja, gehe einmal wieder hinaus zu den Toten, um *dort* das Leben aufs Ziel zu nehmen: genauso verhält sich ja der Schütze, er sucht einen Platz, wo der Feind ihn nicht treffen kann, von wo
IX 328 er aber den Feind treffen kann, und wo er vollkommene Ruhe zum

Zielen haben kann. Wähle nicht die Abendstunde zum Besuch; denn die Ruhe, welche am Abend herrscht und die des Abends unter den Toten verbracht wird, ist oft nicht weit entfernt von einer gewissen Überspanntheit, welche anstrengt und „mit Unruhe sättigt", neue Rätsel aufgibt, anstatt die aufgegebenen zu erklären. Nein, gehe zeitiger am Vormittag hinaus, wenn die Morgensonne durch die Zweige blickt im Wechsel von Licht und Schatten, wenn Schönheit und Freundlichkeit des Friedhofs, wenn das Vogelgezwitscher und das mannigfaltige Leben dort draußen dich fast vergessen lassen, daß du unter Toten bist. Es wird dir dann so scheinen, als wärst du in ein fremdes Land gekommen, das unbekannt geblieben ist mit Verwirrung und Zertrennung des Lebens, im Zustand der Kindheit geblieben, bestehend aus lauter kleinen Familien. Hier draußen ist nämlich erreicht, wonach man im Leben vergebens getrachtet hatte: die gleichmäßige Verteilung. Jede Familie hat ein kleines Stück Erde für sich, ungefähr gleich groß. Die Aussicht ist ungefähr dieselbe für sie alle; die Sonne kann gleichmäßig über sie alle scheinen; kein Gebäude erhebt sich so hoch, daß es die Strahlen der Sonne oder die Erquickung durch den Regen oder den frischen Luftzug des Windes oder den Widerhall des Vogelgesangs dem Nachbarn oder dem Gegenüber wegnimmt. Nein, hier herrscht die gleichmäßige Verteilung. Denn im Leben geschieht es wohl zuweilen einer Familie, die in Überfluß und Wohlstand gelebt hat, daß sie sich einschränken muß; aber im Tode haben sie sich alle einschränken müssen. Einen kleinen Unterschied mag es geben, vielleicht den einer Elle in der Größe des Bodenstücks, oder den, daß die eine Familie einen Baum besitzt, den der andere Einsasse nicht auf seinem Stück hat. Weshalb, glaubst du, besteht dieser Unterschied? Er besteht, um dich durch seine Geringfügigkeit tiefsinnig äffend daran zu erinnern, wie groß der Unterschied gewesen sei. So liebevoll ist der Tod! Denn es ist eben Liebe vom Tod, daß er mit Hilfe dieses kleinen Unterschieds in erhebendem Scherz an den großen erinnert. Der Tod sagt nicht: „Es gibt überhaupt keinen Unterschied", er sagt: „Da kannst du sehen, was der Unterschied war: eine halbe Elle." Wofern es diesen kleinen Unterschied nicht gäbe, so wäre ja auch der Inbegriff des Todes nicht ganz zuverlässig. So kehrt denn das Leben im Tode zurück zur Kindlichkeit. Im Kindesalter war es ja auch der große Unterschied, daß einer einen Baum besaß, eine Blume, einen Stein. Und dieser Unterschied war eine Andeutung dessen, was sich dann im Leben nach einem ganz anderen Maßstab zeigen sollte. Jetzt ist das Leben vorbei, und unter den Toten ist die kleine Andeutung des Unterschieds zurückgeblieben als eine im Scherz gemilderte Erinnerung daran, wie es war.

Schau, hier draußen ist der Ort, um über das Leben nachzudenken, um mit Hilfe des kurzen Inbegriffs, der die Weitläufigkeit all der verwickelten Verhältnisse verkürzt, Überschau zu bekommen. Wie sollte ich dann in einer Schrift über die Liebe diese Gelegen-
IX 329 heit unbenützt vorübergehen lassen, die Gelegenheit einer Probe darauf, was doch eigentlich Liebe sei. Wahrlich, willst du dich dessen recht vergewissern, was in dir oder einem andern Menschen an Liebe zugegen sei, so achte darauf, wie er sich zu einem Verstorbenen verhält. Wenn man über einen Menschen Beobachtungen anstellen will, so ist es um der Beobachtung willen so wichtig, daß man, dieweil man ihn in irgendeinem Verhältnis erblickt, doch allein auf ihn blickt. Wenn nun der eine wirkliche Mensch sich zu dem andern wirklichen Menschen verhält, so sind also zweie da, das Verhältnis ist zusammengesetzt, die Beobachtung des einen allein ist schwierig gemacht. Jener andere Mensch bedeckt nämlich etwas bei dem ersten Menschen, und außerdem kann der andere Mensch ja großen Einfluß darauf haben, daß der erste Mensch sich anders zeigt, als er ist. Hier ist also eine Doppelberechnung notwendig, die Beobachtung muß eine eigene Rechnung darüber führen, welchen Einfluß der andere Mensch durch seine Persönlichkeit, seine Eigenschaften, seine Tugenden und seine Fehler auf den Menschen ausübt, welcher Gegenstand der Beobachtung ist. Wofern du einen Menschen zu Gesicht bekämst, der in vollem Ernst Luftstreiche führte, oder wofern du einen Tänzer dazu brächtest, den Tanz allein zu tanzen, den er sonst mit einem andern tanzt: so könntest du seine Bewegungen am besten beobachten, besser als wenn er sich mit einem wirklichen anderen Menschen schlüge, oder wenn er mit einem wirklichen anderen Menschen tanzte. Und falls du die Kunst verstehst, dich im Gespräch mit jemandem zu einem „Niemand“ zu machen, so erfährst du am besten, was in diesem Menschen wohnt. O, aber wenn ein Mensch sich zu einem Verstorbenen verhält, so ist in diesem Verhältnis nur *einer* zugegen, denn ein Verstorbener ist keine Wirklichkeit; niemand, niemand kann sich

so gut zu einem „Niemand“ machen wie ein Verstorbener, denn er ist „Niemand“. Hier kann also von keiner Mißlichkeit für die Beobachtung die Rede sein, hier wird der Lebende offenbar, hier muß er sich ganz so zeigen, wie er ist; denn ein Verstorbener, ja das ist ein hinterlistiger Mann, er hat sich völlig zurückgezogen, er hat nicht den geringsten Einfluß, weder einen störenden noch einen helfenden, auf den Lebenden, der sich zu ihm verhält. Ein Verstorbener ist kein wirklicher Gegenstand, er ist nur der Anlaß, welcher ständig offenbar macht, was in dem Lebenden wohnt, der sich zu ihm verhält, oder welcher dazu hilft, offenbar zu machen, wie der Lebende beschaffen ist, der sich nicht zu ihm verhält.

Denn gegen Verstorbene haben wir doch wohl auch Pflichten. Sollen wir die Menschen lieben, welche wir sehen, dann auch die, welche wir gesehen haben, aber nicht mehr sehen, weil der Tod sie weggenommen hat. Man soll den Toten nicht durch sein Klagen und Jammern stören; man soll mit einem Toten umgehen wie mit einem Schlafenden, den zu wecken man nicht übers Herz bringt, weil man hofft, er werde wohl von selbst aufwachen. „Man soll nicht zu sehr weinen über den Toten; denn er ist zur Ruhe gekommen“, sagt Sirach (22, 12); und ich weiß das wahre Gedenken nicht besser zu bezeichnen als durch dieses stille Weinen, das nicht im Augenblick aufschluchzt — und alsbald aufhört. Nein, man soll IX 330
des Verstorbenen gedenken, stille weinen, aber lange weinen. Wie lange, das läßt sich nicht im Voraus bestimmen, da kein Gedenkender mit Bestimmtheit wissen kann, wie lange er von dem Verstorbenen geschieden sein wird. Wer aber eines Verstorbenen liebend gedenkt, der kann einige Worte aus Davids Psalm, wo ja auch vom Gedenken die Rede ist, zu den seinen machen: „Vergesse ich dein, so werde meiner Rechten vergessen; meine Zunge soll an meinem Gaumen kleben, wo ich dein nicht gedenke, wo ich nicht lasse dich meine höchste Freude sein“[292] — nur erinnere er sich, daß die Aufgabe nicht die ist, das gleich den ersten Tag zu sagen, sondern sich selbst und dem Verstorbenen treu zu bleiben in dieser Gesinnung, auch wenn man sie verschweigt, was meistens um einer gewissen Schicklichkeit willen und auch um der Sicherheit willen vorzuziehen ist. Das ist eine Aufgabe; und man braucht nicht viel im Leben gesehen zu haben und hat doch genug gesehen, um sich davon zu überzeugen, es müsse sehr wohl eingeschärft

werden, daß es eine Aufgabe, eine Pflicht sei, des Verstorbenen zu gedenken: die Unzuverlässigkeit des allein sich selbst überlassenen menschlichen Gefühls zeigt sich vielleicht niemals größer als gerade in diesem Verhältnis. Und doch ist deshalb ja dieses Gefühl oder sein heftiger Ausbruch nicht unwahr, das will heißen, man meint, was man sagt, man meint es in dem Augenblick, da man es sagt, aber man befriedigt sich selbst und die Leidenschaft seines ungesittigten Gefühls durch ein Reden in Ausdrücken, die derart verpflichten, daß es vielleicht selten jemanden gibt, der nicht durch sein späteres Verhalten sein erstes, ob es gleich wahr gewesen ist, unwahr macht. O, man spricht oft davon, welche ganz andere Betrachtung des menschlichen Lebens man empfinge, falls alles offenbar würde, was das Leben verbirgt — ach, falls der Tod mit dem herausrückte, was er über die Lebenden weiß: welch erschreckender Beitrag zur Menschenkenntnis, der zumindest die Menschenliebe nicht unmittelbar fördern würde!

So laßt uns denn dieses Tun der Liebe nicht vergessen, laßt uns nicht zu betrachten vergessen:

der Liebe Tun, eines Verstorbenen zu gedenken.

Der Liebe Tun, eines Verstorbenen zu gedenken, ist ein Tun der uneigennützigsten Liebe.

IX 331 Wenn man sich davon überzeugen will, daß Liebe gänzlich uneigennützig ist, so kann man ja jede Möglichkeit der Wiedervergeltung entfernen. Aber diese fällt eben weg im Verhältnis zu einem Verstorbenen. Bleibt dann die Liebe gleichwohl gegenwärtig, so ist sie in Wahrheit uneigennützig.

Die Wiedervergeltung in Bezug auf die Liebe kann das sehr Unterschiedliche sein. Man kann dabei unmittelbaren Vorteil und Gewinn haben; und das ist ja wohl immer das Gewöhnliche, dies „Heidnische“, „diejenigen zu lieben, welche wiedervergelten können“[293]. In dieser Bedeutung ist die Wiedervergeltung etwas von der Liebe selbst Unterschiedenes, das Ungleichartige. Aber es gibt auch eine mit der Liebe gleichartige Wiedervergeltung der Liebe: die Gegenliebe. Und soviel Gutes ist doch wohl in der größeren Anzahl der Menschen, daß sie in der Regel diese Wiedervergeltung, die der Dankbarkeit, der Erkenntlichkeit, der Hingebung, kurz die Wiedervergeltung der Gegenliebe für die bedeutsamste halten werden, wenn sie vielleicht auch in einem andern Sinne nicht einräumen wollen, daß sie eine Wiedervergeltung ist, und deshalb meinen, man könne eine Liebe nicht eigennützig nennen, soweit sie nach dieser Wiedervergeltung trachtet. — Aber der Tote leistet in keinem Sinne Wiedervergeltung.

In dieser Hinsicht besteht eine Ähnlichkeit zwischen dem liebenden Gedenken an einen Verstorbenen und der Liebe von Eltern zu den Kindern. Die Eltern lieben die Kinder beinahe ehe sie da sind, und lange bevor sie sich ihrer selbst bewußt werden, also als Nicht-Seiende. Aber ein Verstorbener ist auch ein Nichtseiender; und dies sind die beiden größten Wohltaten: einem Menschen das Leben zu geben, und eines Verstorbenen zu gedenken; doch dies erste Liebestun empfängt Wiedervergeltung. Wofern es für die Eltern keinerlei Hoffnung gäbe, keinerlei Aussicht, einst Freude von den Kindern zu empfangen und Lohn für ihre Liebe — ja, dann gäbe es wohl manchen Vater und manche Mutter, die gleichwohl liebend alles für die Kinder täten: o, aber es gäbe gewiß auch manchen Vater und manche Mutter, deren Liebe erkaltete. Es ist nicht unsere Meinung, hiermit einen solchen Vater oder eine solche Mutter gleich für lieblos zu erklären, nein, aber die Liebe in ihnen wäre doch so schwach, oder die Selbstliebe so stark, daß jene frohe Hoffnung, jene ermunternde Aussicht n ö t i g wäre. Und mit jener Hoffnung, jener Aussicht hat es nun einmal seine Richtigkeit. Die Eltern können zueinander sagen: „Freilich liegt eine lange Zeit vor unserm kleinen Kind, es sind viele Jahre; aber in all der Zeit haben wir doch auch Freude an ihm, und vor allem haben wir die Hoffnung, daß es einst unsere Liebe lohnen wird, daß es, wenn es nichts anderes tut, zur Wiedervergeltung uns unser Alter froh machen wird."

Der Verstorbene hingegen leistet keine Wiedervergeltung. Der liebend Gedenkende kann vielleicht auch sagen: „Es liegt ein langes, der Erinnerung geweihtes Leben vor mir, aber die Aussicht ist im ersten und im letzten Augenblick dieselbe, es gibt in gewissem Sinne überhaupt kein Hindernis für die Aussicht, denn es ist gar keine Aussicht da." O, es ist in gewissem Sinne so hoffnungslos, ist eine so undankbare Arbeit, in dem Sinne, wie der Landmann das sagt, ist eine so niederdrückende Beschäftigung, eines Verstorbenen zu gedenken! Denn ein Verstorbener wächst und ge- IX 332 deiht nicht, wie ein Kind das tut, der Zukunft entgegen: ein Verstorbener wird nur immer mehr zu Staub und Asche. Ein Verstorbener erfreut nicht den Gedenkenden, wie das Kind die Mutter erfreut, erfreut ihn nicht, wie das Kind sie erfreut, wenn es auf ihre Frage, wen es am meisten liebe, antwortet: „Mutter": der Verstorbene liebt niemanden am meisten, er scheint gar keinen zu lieben. O, es ist so verstimmend, daß er derart ruhig drunten im Grabe liegenbleibt, während die Sehnsucht nach ihm wächst, so verstimmend, daß kein Gedanke ist an irgendeine Veränderung, es sei denn die immer stärkere Veränderung der Auflösung! Wohl wahr, er ist dann auch nicht schwierig, wie zuweilen das Kind schwierig sein kann, er verursacht keine schlaflosen Nächte, wenigstens nicht durch seine Schwierigkeit — denn, recht wunderlich, das gute Kind verursacht keine schlaflosen Nächte, und dagegen verursacht ein Verstorbener schlaflose Nächte, je besser er war. O, aber selbst in Bezug auf das schwierigste Kind gibt es doch Hoffnung und Aussicht auf die Wiedervergeltung der Gegenliebe: aber der Tote leistet überhaupt keine Wiedervergeltung; ob du nun um seinetwillen schlaflos und erwartungsvoll bist, oder ob du ihn gänzlich vergißt, es scheint, als sei ihm das völlig gleichgültig.

Wofern du deshalb dich selbst prüfen willst, ob du uneigennützig liebest, so achte einmal darauf, wie du dich zu einem Verstorbenen verhältst. Viel Liebe, zweifellos die meiste Liebe, würde sich bei schärferer Prüfung gewiß als Selbstliebe erweisen. Aber die Sache ist die, im Liebesverhältnis zwischen Lebenden besteht doch gewöhnlich Hoffnung, Aussicht auf Wiedervergeltung, zumindest auf die Wiedervergeltung der Gegenliebe; und im allgemeinen kommt auch die Wiedervergeltung. Aber diese Hoffnung, diese Aussicht, samt dem, daß dann die Wiedervergeltung kommt, bewirkt, daß man nicht ganz sicher sehen kann, was nun Liebe und was Selbstliebe ist, weil man nicht ganz sicher sehen kann, ob die Wiedervergeltung erwartet wird, und in welchem Sinne. Im Verhältnis zu einem Verstorbenen hingegen ist die Beobachtung so leicht. O, wofern die Menschen es gewohnt wären, in Wahrheit uneigennützig zu lieben, so gedächte man gewiß auch der Verstorbenen anders, als man das üblicherweise tut, wenn die erste, zuweilen ziemlich kurze Zeit vorüber ist, in der man die Verstorbenen recht üblerweise mit Jammern und Lärmen liebt.

Der Liebe Tun, eines Verstorbenen zu gedenken, ist ein Tun der freiesten Liebe.

Um recht zu prüfen, ob die Liebe völlig frei ist, kann man ja IX 333 alles entfernen, was einem auf irgendeine Weise ein Tun der Liebe abnötigen könnte. Aber dies fällt eben fort im Verhältnis zu einem Verstorbenen. Bleibt dann die Liebe gleichwohl gegenwärtig, so ist dies die freieste Liebe.

Was einem Menschen das Tun der Liebe abnötigen kann, kann das sehr Unterschiedliche sein und läßt sich demnach nicht aufrechnen. Das Kind schreit, der Arme fleht, die Witwe bestürmt, die Rücksicht nötigt, das Elend zwingt und so denn weiter. Aber alle Liebe in einem Tun, welches dergestalt abgenötigt wird, ist nicht ganz frei.

Je stärker die Nötigung ist, desto weniger frei ist die Liebe. Das bringen wir auch gewöhnlich in Anschlag bei der Liebe der Eltern zu den Kindern. Wenn man die Hilflosigkeit recht schildern will, und sie in ihrer am meisten nötigenden Gestalt schildern will, so pflegt man an den Säugling zu erinnern, der in all seiner Hilflosigkeit daliegt, durch die er den Eltern die Liebe gleichsam abnötigt — sie *gleichsam* abnötigt, denn in Wahrheit nötigt er ja die Liebe nur *den* Eltern ab, die nicht sind, was sie sein sollten. Also der Säugling in seiner Hilflosigkeit! Und doch, wenn ein Mensch erst in seinem Grabe liegt mit drei Ellen Erde über sich, dann ist er hilfloser als das Kind!

Aber das Kind schreit! Wofern das Kind nicht schreien könnte — ja, es bliebe wohl mancher Vater und manche Mutter, die es gleichwohl mit aller Liebe pflegten: o, aber es gäbe wohl auch manchen Vater und manche Mutter, die dann, wenigstens so manches Mal, das Kind vergäßen. Unsere Meinung ist nicht, einen solchen Vater oder eine solche Mutter deshalb gleich lieblos zu nennen; aber die Liebe in ihnen wäre doch so schwach, so selbstsüchtig, daß sie dieser Erinnerung, dieser Nötigung bedürfte.

Der Tote hingegen schreit nicht wie das Kind, er bringt sich nicht in Erinnerung wie der Bedürftige, er fleht nicht wie der Bettler, er nötigt nicht wegen der Rücksicht, er zwingt dich nicht durch das sichtbare Elend, er bestürmt dich nicht wie die Witwe den Richter[294]: der Tote schweigt und sagt nicht ein einziges Wort, er bleibt ganz stille, rührt sich nicht von der Stelle — und vielleicht

leidet er auch kein Übel! Es gibt niemanden, der einen Lebenden weniger belästigt als ein Verstorbener, und niemanden, dem ein Lebender leichter aus dem Wege gehen kann als einem Verstorbenen. Du kannst dein Kind bei Fremden aussetzen, um sein Schreien
IX 334 nicht zu hören, du kannst dich zu Hause verleugnen, um dem Flehen des Bettlers zu entgehen, du kannst verkleidet umhergehen, damit niemand dich erkenne: kurz du kannst im Verhältnis zu Lebenden mancherlei Vorsichtsmittel benutzen, die dich doch vielleicht nicht gänzlich sichern würden, aber im Verhältnis zu einem Verstorbenen bedarfst du nicht der mindesten Vorsicht, und doch bist du völlig sicher. Wofern jemand solchen Sinnes ist, wofern es ihm am besten behagt, den Toten je eher desto lieber loszuwerden, so kann er, völlig unbehelligt und ohne auf irgendeine Weise belangt zu werden, kalt werden ungefähr im selben Augenblick, da der Tote kalt geworden ist. Wenn er nur schandenhalber daran denkt (und das geschieht nicht um des Toten willen), am Begräbnistag ein paar Tränen in der Zeitung zu vergießen, wenn er nur darauf achtet, dem Verstorbenen die letzte Ehre zu erweisen — schandenhalber: so kann er im übrigen dem Toten gerade ins — nein, nicht ins Gesicht lachen, denn er liegt ja nun unter der Erde. Ein Toter hat natürlich keinerlei Rechte im Leben; es gibt keine Obrigkeit, die damit zu tun hat, ob du eines Verstorbenen gedenkst, keine Obrigkeit, die sich in dieses Verhältnis einmischt, wie doch zuweilen in das Verhältnis zwischen Eltern und Kindern — und der Tote selbst unternimmt ganz gewiß keinen Schritt, um auf irgendeine Weise zu belästigen oder zu zwingen. — Willst du deshalb prüfen, ob deine Liebe frei ist, so achte einmal darauf, wie du dich in der Länge der Zeit zu einem Verstorbenen verhältst.

Wofern es nicht so scherzhaft schiene (was doch gewiß nur für den der Fall ist, der nicht weiß, was Ernst ist), so wollte ich sagen, man könne als Inschrift über das Tor zum Friedhof setzen „Hier nötigt man nicht“ oder „Bei uns nötigt man nicht“. Und doch, ich will es wohl sagen, ich will es auch wohl gesagt haben und auch wohl dazu stehen, daß ich es gesagt habe; denn ich habe zu gründlich über den Tod nachgedacht, um nicht zu wissen: jemand, der die Hinterlist, all die tiefsinnige Schalkhaftigkeit, die im Tode liegt, nicht zu benutzen weiß, zur Erweckung wohlgemerkt, der kann gerade nicht ernsthaft über den Tod sprechen. Der Tod ist nicht ernsthaft auf gleiche Weise wie das Ewige es ist. Denn der Ernst des Todes gehört eben zu jenem sonderbar Erwecklichen, jenem Mitklingen eines tiefsinnigen Spotts, welches, losgerissen vom Gedanken des Ewigen, ein leerer und oft ein frecher Scherz ist, aber mit dem Gedanken des Ewigen eben das ist, was es sein soll, und zwar ist es äußerst verschieden von der faden Ernsthaftigkeit, welche am allerwenigsten einen Gedanken festhält und trifft, der eine Spannung besitzt, wie es die des Todes ist.

O, man redet in der Welt so viel davon, daß Liebe frei sein müsse; daß man nicht lieben könne, sobald der geringste Zwang stattfinde; daß man in Bezug auf Liebe überhaupt nicht genötigt werden dürfe: nun gut, so laßt uns denn schauen, wenn es darauf ankommt, wie es mit der freien Liebe steht — wie also der Verstor- IX 335
benen in Liebe gedacht wird; denn ein Verstorbener nötigt einen ja ganz und gar nicht. Ja, im Augenblick des Scheidens, wenn man den Verstorbenen nicht missen kann, dann jammert man. Ist das die so viel berufene freie Liebe, ist das die Liebe zu dem Verstorbenen? Und dann, nach und nach, wie der Verstorbene allmählich zu Staub wird, so zerrinnt auch die Erinnerung zwischen den Fingern, man weiß nicht, wo sie bleibt; man wird nach und nach frei von dieser — schweren Erinnerung. Aber dergestalt frei zu werden, ist das die freie Liebe, ist das die Liebe zu dem Verstorbenen? Das Sprichwort sagt ja: „Aus den Augen, aus dem Sinn." Und dessen kann man stets sicher sein: das Sprichwort sagt die Wahrheit darüber, wie es in der Welt zugeht; etwas anderes ist es, daß jedes Sprichwort im christlichen Sinne unwahr ist.

Falls alles wahr wäre, was man von der freien Liebe sagt, d. h. falls es geschähe, falls die Menschen gewohnt wären, derart zu lieben, so liebten die Menschen auch die Verstorbenen anders, als sie es tun. Aber die Sache ist die, daß in Bezug auf andere menschliche Liebe meistens eine Nötigung stattfindet, wenn nicht anders, dann durch den täglichen Anblick und die Gewohnheit, und deshalb kann man nicht bestimmt sehen, wieweit die Liebe ihren Gegenstand frei festhält, oder wieweit der Gegenstand auf die eine oder andere Weise nötigend Hilfe leistet. Aber im Verhältnis zu einem Verstorbenen wird alles offenbar. Hier ist keine, überhaupt keine Nötigung. Hingegen muß das liebende Gedenken an einen Verstorbenen sich wehren gegen die Wirklichkeit um einen herum,

damit diese nicht durch immer neue Eindrücke gänzlich die Macht bekomme, die Erinnerung auszulöschen; und es muß sich wehren gegen die Zeit: kurz es muß seine Freiheit, zu gedenken, verteidigen gegen das, was einen zum Vergessen nötigen will. Und die Macht der Zeit ist groß. Man merkt es vielleicht nicht in der Zeit, weil die Zeit einem listig jedesmal nur ein Weniges ablistet; man wird es vielleicht erst in der Ewigkeit wirklich gewahr werden, wenn man wieder nachsehen muß und zwar rücklings, was man sich mit Hilfe der Zeit und der 40 Jahre eingepackt hat. Ja, die Zeit ist eine gefährliche Macht; in der Zeit kann man so leicht von vorn beginnen und dann vergessen, was man hat fahrenlassen. Wenn deshalb jemand auch nur ein sehr dickes Buch zu lesen beginnt und nicht recht an sein Gedächtnis glaubt, so legt er Merkzeichen hinein; o, aber wie oft vergißt nicht ein Mensch, in Bezug auf sein ganzes Leben Merkzeichen zu legen, um das rechte Augenmerk zu bekommen! Und nun im Ablauf der Jahre eines Verstorbenen gedenken zu sollen — ach, während er gar nichts tut, um einem zu helfen, vielmehr, falls er etwas tut, oder indem er gar nichts tut, alles tut, um einem zu zeigen, wie gleichgültig es ihm ist! Indessen
IX 336 winken einem des Lebens mannigfaltige Aufforderungen, die Lebenden winken einem und sagen: komm zu uns, wir wissen dich zu schätzen. Der Verstorbene hingegen kann nicht winken, soweit das sonst sein Wunsch wäre, er kann nicht winken, er kann überhaupt nichts tun, um uns an sich zu fesseln, er kann nicht einen Finger rühren, er liegt und wird zu Staub — wie leicht für des Lebens und des Augenblicks Mächte, einen solchen Ohnmächtigen zu überwinden! O, niemand ist doch so hilflos wie ein Verstorbener, während er zugleich in seiner Hilflosigkeit unbedingt nicht die allergeringste Nötigung ausübt! Und deshalb ist keine Liebe frei wie das Tun der Liebe, welches eines Verstorbenen *gedenkt* — denn seiner zu gedenken ist etwas anderes, als ihn in der ersten Zeit nicht vergessen zu können.

Der Liebe Tun, eines Verstorbenen zu gedenken, ist ein Tun der treuesten Liebe.

Um recht zu prüfen, ob die Liebe in einem Menschen treu ist, kann man ja alles entfernen, womit der Gegenstand ihm auf irgendeine Weise helfen könnte, treu zu sein. Aber das alles fällt

eben weg im Verhältnis zu einem Verstorbenen, der kein *wirk-
licher* Gegenstand ist. Wofern dann die Liebe bleibt, ist diese
Liebe die treueste.

Nicht selten ist die Rede vom Mangel an Treue in der Liebe
zwischen den Menschen. So gibt denn der eine dem andern die
Schuld und sagt: „Nicht ich habe mich verändert, er hat sich ver-
ändert." Gut. Und was dann weiter? Bist du dann unverändert
geblieben? „Nein, das war ja natürlich und war eine Selbstver-
ständlichkeit, daß ich mich auch verändert habe." Wir wollen hier
nun nicht erklären, wie unsinnig es mit dieser vermeintlichen
Selbstverständlichkeit ist, durch welche von selbst folgt, daß ich
mich veränderte, *weil* ein anderer sich verändert. Nein, wir spre-
chen vom Verhältnis zu einem Verstorbenen, und da kann doch
wohl nicht davon die Rede sein, daß es der Verstorbene wäre, der
sich verändert hätte. Tritt eine Veränderung in diesem Verhältnis
ein, so muß ich mich verändert haben. Willst du deshalb prüfen,
ob du treulich liebst, so achte einmal darauf, wie du dich zu einem
Verstorbenen verhältst.

Aber die Sache ist die: es ist wahrlich eine schwierige Aufgabe,
in der Zeit sich selbst unverändert zu bewahren; und zugleich
ist die Sache die, daß die Menschen, mehr als wie sie beide die Le-
benden und die Toten lieben, es lieben, sich selbst in allerhand
Einbildungen zu betrügen. O, wie mancher lebt nicht dahin in der
festen Überzeugung, auf die er sterben würde, daß auch er unver-
ändert geblieben wäre, falls der andere sich nicht verändert hätte.
Aber ist das so, ist denn wirklich jeder Lebende im Verhältnis zu
einem Verstorbenen völlig unverändert? O, in keinem Verhältnis
ist vielleicht die Veränderung so merklich, so groß wie in dem zwi- IX 337
schen einem Lebenden und einem Verstorbenen — während doch
wohl nicht der Verstorbene sich verändert.

Wenn zwei Lebende in Liebe zusammenhalten, so hält der eine
den anderen fest, und der Zusammenhalt hält sie beide fest. Aber
mit dem Verstorbenen ist kein Zusammenhalt möglich. Im ersten
Augenblick hinterher kann man vielleicht noch sagen, er halte
einen fest, eine Folge des Zusammenhalts, und deshalb ist es auch
der häufigste Fall, das Gewöhnliche, daß seiner während dieser
Zeit gedacht wird. Im Laufe der Zeit hingegen hält er den Lebenden
nicht mehr fest; und das Verhältnis hört auf, falls der Lebende ihn

nicht festhält. Aber was ist Treue? Ist es Treue, daß ein anderer mich festhält?

Wenn dann der Tod die beiden scheidet, so ruft der zurückbleibende — Treue im ersten Augenblick laut aus, „er werde den Verstorbenen niemals vergessen". O, wie unvorsichtig; denn wahrlich, ein Verstorbener ist ein listiger Mann, wenn man mit ihm spricht, nur ist seine List eine andere als die dessen, von dem es heißt: „Wo man ihn hinsetzt, findet man ihn kaum wieder", denn des Toten List besteht eben darin, daß man ihn nicht wieder wegbekommt, wo man ihn hingesetzt hat. Man ist oft versucht zu glauben, die Menschen hätten die Vorstellung, man könne zu einem Verstorbenen so ungefähr sagen, was man will, in Anbetracht dessen, daß er ja tot ist, nichts hört und nichts antwortet. Und dennoch, dennoch, gib am allermeisten acht auf das, was du zu einem Verstorbenen sagst. Zu einem Lebenden kannst du vielleicht ganz ruhig sagen: „Ich werde dich nie vergessen." Und wenn dann einige Jahre vergangen sind, so habt ihr hoffentlich beide das ganze glücklich und wohl vergessen — es wird zumindest der seltnere Fall sein, daß du so unglücklich wärst, auf einen weniger Vergeßlichen zu treffen. Aber nimm dich in acht vor einem jeden Verstorbenen! Denn der Tote ist ein in sich geschlossener und bestimmter Mann, er ist nicht wie wir andern noch auf Abenteuer aus, in denen wir so manche schnurrige Begebenheit erleben und siebzehnmal vergessen können, was wir gesagt haben. Wenn du zu einem Verstorbenen sagst: „Ich werde dich niemals vergessen", so ist es, als antwortete er: „gut; sei dessen sicher, ich werde niemals vergessen, daß du es gesagt hast". Und wenn auch alle Mitlebenden dir versicherten, er habe es vergessen: aus dem Munde des Toten wirst du das niemals hören. Nein, er geht heim — aber er *verändert* sich nicht. Du wirst nicht zu einem Verstorbenen sagen können, *er* sei älter geworden, und dies erkläre dein verändertes Verhältnis zu ihm — denn ein Verstorbener wird nicht älter. Du wirst nicht zu einem Verstorbenen sagen können, *er* sei im Laufe der Zeit kalt geworden — denn er ist nicht kälter geworden als wie er es war, da du so warm warest; auch nicht, *er* sei häßlicher geworden, weshalb du
IX 338 ihn nicht mehr lieben könnest — denn er ist nicht wesentlich häßlicher geworden denn wie er es als schöne Leiche war, die sich doch zum Gegenstand der Minne nicht eignet; auch nicht, daß *er* sich

mit anderen eingelassen habe — denn ein Verstorbener läßt sich nicht mit anderen ein. Nein, ob du nun wieder anfangen willst, wo ihr abgebrochen habt, oder ob du das nicht willst: ein Verstorbener beginnt mit der pünktlichsten Genauigkeit eben dort, wo ihr abgebrochen habt. Denn ein Verstorbener ist, obwohl man das nicht an ihm sieht, ein starker Mann: er hat die Stärke der Unveränderlichkeit. Und ein Verstorbener ist ein stolzer Mann. Hast du nicht bemerkt, daß der Stolze sich gerade im Verhältnis zu dem, welchen er am tiefsten verachtet, am meisten befleißigt, sich nichts anmerken zu lassen, völlig unverändert zu erscheinen, ganz so zu tun, als sei nichts geschehen, um dadurch nämlich den Verachteten tiefer und tiefer sinken zu lassen — denn nur denjenigen, welchen der Stolze schätzt, macht er wohlwollend aufmerksam auf das Unrecht, auf den Irrtum, um ihm dadurch nämlich zum Rechten zu verhelfen. O, aber ein Verstorbener — wer vermag stolz wie er sich überhaupt nichts anmerken zu lassen, selbst wenn er einen Lebenden verachtet, der ihn und das Abschiedswort vergißt — ein Verstorbener tut ja sogar alles, um sich selbst in Vergessenheit zu bringen! Der Tote kommt nicht zu dir und erinnert dich; er blickt nicht auf dich im Vorübergehen; du triffst ihn niemals; und falls du ihn träfest und ihn sähst, so ist in seiner Miene nichts Unwillkürliches, das wider seinen Willen verraten könnte, was er von dir meint, und wie er über dich urteilt, denn ein Toter hat sein Angesicht in der Gewalt. Wahrlich, wir sollten uns wohl hüten, auf Dichterweise die Toten heraufzubeschwören, damit sie sich in Erinnerung bringen: das Furchtbarste ist eben, daß der Verstorbene sich überhaupt nichts anmerken läßt. Fürchte deshalb den Verstorbenen, fürchte seine Klugheit, fürchte seine Bestimmtheit, fürchte seine Stärke, fürchte seinen Stolz! Aber liebst du ihn, so gedenke seiner liebevoll, und du hast keinen Grund, dich zu fürchten; du wirst von dem Verstorbenen, und gerade von ihm als Verstorbenem, die Klugheit des Gedankens lernen, die Bestimmtheit des Ausdrucks, die Stärke der Unveränderlichkeit, den Stolz im Leben, wie du das von keinem Menschen, auch dem am stärksten Begabten nicht, derart lernen könntest.

Der Verstorbene verändert sich nicht, es kann kein Gedanke sein an die Möglichkeit einer Entschuldigung durch Abschieben der Schuld auf ihn; er ist also treu. Ja, das ist wahr; aber er ist keine

Wirklichkeit, und er tut deshalb nichts, gar nichts, um dich festzuhalten, nur verändert er sich nicht. Tritt dann die Veränderung im Verhältnis zwischen einem Lebenden und einem Toten ein, so ist doch wohl klar, daß *der Lebende* sich verändert haben muß. Tritt dagegen keine Veränderung ein, so ist der Lebende in Wahrheit treu gewesen, treu im liebenden Gedenken an den Verstorbe-
IX 339 nen — ach, während dieser nichts tun konnte, um dich festzuhalten, ach, während er alles tat, um den Schein zu erwecken, er habe dich und was du zu ihm gesagt hattest völlig vergessen. Denn nicht einmal derjenige, welcher wirklich vergessen hat, was man zu ihm gesagt hat, kann bestimmter ausdrücken, daß es vergessen ist, daß das ganze Verhältnis zu ihm, die ganze Sache mit ihm vergessen ist, wie das der Verstorbene tut.

So ist denn der Liebe Tun, eines Verstorbenen zu gedenken, ein Tun der uneigennützigsten, der freiesten, der treuesten Liebe. So gehe denn hin und tue gleich also; gedenke des Verstorbenen, und lerne eben dadurch, die Lebenden uneigennützig, frei, treulich zu lieben. Im Verhältnis zu einem Verstorbenen hast du den Maßstab, an dem du dich selbst prüfen kannst. Wer diesen Maßstab benutzt, wird mit Leichtigkeit die Weitläufigkeit der verwickeltsten Verhältnisse verkürzen können, und er wird den Ekel lernen an der ganzen Menge von Entschuldigungen, welche die Wirklichkeit sogleich an der Hand hat, um zu erklären, *der andere* sei eigennützig, *der andere* habe selbst daran Schuld, daß er vergessen werde, weil er sich nicht in Erinnerung bringe, *der andere* sei treulos. Gedenke des Verstorbenen, dann hast du, außer dem Segen, der unabtrennbar ist von diesem Tun der Liebe, zugleich den besten Weiser, um das Leben richtig zu verstehen: daß es Pflicht ist, die Menschen zu lieben, welche wir nicht sehen, aber auch die, welche wir sehen. Die Pflicht, die Menschen zu lieben, welche wir sehen, kann nicht aufhören, weil der Tod sie von uns scheidet, denn die Pflicht ist ewig; also kann aber die Pflicht gegen die Verstorbenen auch die Mitlebenden nicht dergestalt von uns scheiden, daß diese nicht Gegenstand unserer Liebe blieben.

X IX 340

Der Liebe Tun, die Liebe anzupreisen

„Es zu sagen, ist keine Kunst, wohl aber, es zu tun.“ Dies ist eine sprichwörtliche Redensart, die auch ganz wahr ist, wenn man vernünftigerweise die Fälle und Verhältnisse ausnimmt, wo die Kunst wirklich darin liegt, „es zu sagen“. Denn es wäre ja sonderbar, wenn jemand leugnen wollte, daß die Kunst des Dichters eben die sei, „es zu sagen“, da doch wohl nicht jeder eben das sagen kann, was der Dichter *auf solche Weise* sagt, daß er gerade dadurch sein Dichtertum erweist. Teilweise gilt das auch von der Kunst des Redners.

Aber in Bezug auf die Liebe gilt weder teilweise noch gänzlich, daß die Kunst die sei, es zu sagen, oder daß die Fähigkeit, es irgendwie zu sagen, wesentlich durch den Zufall der Begabung bedingt sei. Eben deshalb ist es so erbaulich, über die Liebe zu sprechen, weil man ständig bedenken und zu sich selbst sagen muß: „Das kann jeder, oder das sollte jeder können“ — während es eine wunderliche Rede wäre, daß jeder ein Dichter sei oder sein könne. Die Liebe, die alle Verschiedenheiten überwindet, die alle Bande löst, um alle mit dem Band der Liebe zu binden, muß natürlich liebevoll darauf achten, daß hier nicht plötzlich eine besondere Art Verschiedenheit sich entzweiend zur Geltung bringt.

Weil sich das so verhält, weil es keine „Kunst“ ist, die Liebe anzupreisen, eben deshalb ist es ein Tun, das zu tun; denn „Kunst“ verhält sich zum Zufall der Begabung, Tun verhält sich zum Allgemein-Menschlichen[295]. So kann denn das Sprichwort auf eine besondere Art seine Anwendung finden. Falls dergestalt jemand in einer flüchtig hingeworfenen Bemerkung, in einem Eil-Vorschlag
(was besonders den heutigen Zeiten zu gefallen scheint) sagte, IX 341
„es sei gut, wenn jemand es angriffe, die Liebe anzupreisen“, so

müßte man antworten: „Das zu sagen, ist keine Kunst, wohl aber, es zu tun" — und zwar ungeachtet „es zu tun" in dieser Verbindung bedeutete „es zu sagen", was doch, wie gezeigt worden ist, in Bezug auf die Liebe keine Kunst ist: so daß es also die Kunst ist und doch keine Kunst, sondern ein Tun. Das Tun ist dann dies, daß man sich die Mühe macht, einen solchen Lobpreis der Liebe zu erheben, was beide Zeit und Fleiß erfordert. Wofern es eine Kunst wäre, die Liebe anzupreisen, so wäre das Verhältnis nicht solcher Art. Denn in Bezug auf eine Kunst ist es wahrlich nicht jedem gegeben, sie auszuüben, selbst wenn er Zeit und Fleiß anwenden und sich die Mühe machen will. Die Liebe hingegen, o, sie ist nicht wie die Kunst neidisch auf sich selber und deshalb nur wenigen gegönnt. Jedem, der Liebe haben will, wird sie gegeben, und will er sich die Mühe machen, sie anzupreisen, so wird ihm das auch gelingen.

So laßt uns nun betrachten

der Liebe Tun, die Liebe anzupreisen.

Es ist ein Tun, und natürlich ein Tun der Liebe, denn es kann nur in Liebe getan werden, näher bestimmt in Wahrheitsliebe. Wir wollen deutlich zu machen versuchen, wie dieses Tun ausgeführt werden muß.

Das Tun, die Liebe anzupreisen, muß nach innen hin in Selbstverleugnung getan werden.

Wenn der Lobpreis der Liebe zu Nutz und Frommen vollbracht werden soll, so muß man es lange Zeit aushalten, einen einzigen Gedanken zu denken, muß es aushalten mit der im geistigen Sinne strengsten Enthaltsamkeit in Bezug auf alles Ungleichartige, Fremde, nicht Hergehörige, Störende, muß es aushalten mit der pünktlichsten und gehorsamsten Absage an jeden anderen Gedanken. Aber das ist sehr anstrengend. Auf solche Weise Sinn und Zusammenhang, ja den Verstand zu verlieren, ist leicht genug; und das würde auch geschehen, falls das eine, das einen beschäftigt, eine einzelne endliche Vorstellung wäre, nicht *ein* unendlicher Gedanke. Aber ist auch das, was den Verstand rettet und bewahrt, ein einziger Gedanke, so ist es doch sehr anstrengend. Einen einzigen Gedanken zu denken; also mit der Richtung nach innen

hin, fort von aller Zerstreuung, im Steigen von Monat zu Monat die Hand immer stärker zu machen, welche die Saite des Denkens spannt, und dann andrerseits im Steigen zu lernen, wie man stets gehorsamer, stets demütiger die Hand leichter und geschmeidiger macht im Gelenk, die Hand, mit der jede Sekunde, falls es nötig würde, die Spannung einen Augenblick vermindert und gelindert werden kann, also mit steigender Leidenschaft immer fester, im- IX 342
mer sicherer zu greifen, und mit wachsender Demut, falls es einen Augenblick nötig ist, immer leichter loszulassen: das ist sehr anstrengend. Und doch kann einem nicht verborgen bleiben, daß eben dies notwendig ist, auch nicht, ob man es tut; denn wenn man nur e i n e n Gedanken denkt, geht die Richtung nach innen hin.

Eines ist es ja, dergestalt zu denken, daß man seine Aufmerksamkeit stets nur nach außen wendet, in Richtung des Gegenstandes, der etwas Äußeres ist; etwas anderes ist es, denkend derart in sich gekehrt zu sein, daß man sich in jedem Augenblick stets seiner selbst, seines eigenen Zustands während des Denkens bewußt ist, oder sich dessen bewußt ist, was während des Denkens in einem selbst geschieht. Aber nur das letzte heißt wesentlich denken, es ist nämlich Durchsichtigkeit; das erste ist ein unklares Denken, welches unter dem Widerspruch leidet, daß derjenige, welcher denkend anderes klärt, im letzten Grunde selber unklar ist. Ein solcher Denker erklärt durch sein Denken anderes, und schau, er versteht sich selber nicht; er macht in der Richtung nach außen hin, auf den Gegenstand zu, vielleicht einen sehr gründlichen Gebrauch von seinen natürlichen Fähigkeiten, aber in Richtung nach innen hin einen sehr oberflächlichen, und deshalb bleibt all sein Denken, wie gründlich es auch scheint, doch im Grunde oberflächlich[296]. Aber wenn der Gegenstand des Denkens im äußeren Sinn weitläufig ist, oder wenn man das, worüber man nachdenkt, in einen gelehrten Gegenstand verwandelt, oder wenn man von einem Gegenstand zum andern springt, so entdeckt man diese letzte Mißlichkeit nicht: daß nämlich aller Klarheit eine Unklarheit zugrunde liegt, anstatt daß wahre Klarheit allein in der Durchsichtigkeit bestehen kann. Wenn man hingegen nur e i n e n Gedanken denkt, so hat man keinen äußeren Gegenstand, so hat man die Richtung nach innen hin auf Selbstvertiefung zu, so muß man die Entdekkung betreffs des eigenen inneren Zustands machen; und diese

Entdeckung ist zuerst sehr demütigend[297]. Es steht mit den Kräften des menschlichen Geistes nicht ebenso wie mit denen des Leibes. Wofern jemand über seine leiblichen Kräfte arbeitet, ja, so arbeitet er sich zuschanden, und damit ist nichts gewonnen. Aber wofern jemand nicht, eben indem er die Richtung nach innen hin wählt, die Kräfte seines Geistes als solche überanstrengt, so entdeckt er überhaupt nicht, oder er entdeckt nicht im tieferen Sinne, daß Gott da ist; und wenn das so ist, dann hat er ja das wichtigste verloren, oder das wichtigste ist ihm wesentlich entgangen. In den Kräften des Leibes als solchen liegt nämlich nichts Selbstisches, aber im menschlichen Geist als solchem liegt eine Selbstsucht, die gebrochen werden muß, falls das Gottesverhältnis in Wahrheit gewonnen werden soll. Das muß nun jemand, der nur *einen* Gedanken denkt, erfahren, er muß erleben, daß die Stockung eintritt, mit der ihm scheinbar alles
IX 343 genommen wird, er muß die Lebensgefahr durchstehen, in der es gilt, das Leben zu verlieren, um es zu gewinnen[298]. Auf diesem Wege muß er vorwärts, falls er etwas Tieferes zutage bringen soll; springt er in dieser Schwierigkeit ab, so wird sein Denken oberflächlich — ungeachtet es freilich zu den heutigen klugen Zeiten zwischen Mann und Mann gleichsam abgemachte Sache ist, ohne daß man sich jedoch bei Gott oder dem Ewigen Rats geholt hätte, abgemachte Sache, daß eine solche Anstrengung nicht nötig sei, ja daß sie Überspanntheit sei. Nun, das versteht sich, sie ist auch nicht nötig, um es behaglich zu haben in einem gedankenlosen Leben oder um die Zeitgenossen durch die bewunderte Vollkommenheit zu befriedigen, daß man bis aufs I-Tüpfelchen genauso ist wie alle anderen. Aber gleichwohl ist sicher: ohne Durchstehen dieser Schwierigkeit und ohne diese Anstrengung bleibt das Denken eines Menschen oberflächlich. Denn im geistigen Sinne gilt, daß ein Mensch eben dann, aber auch erst dann ein Werkzeug zu werden vermag, wenn er seines Geistes Kraft als solche überanstrengt hat; er wird von diesem Augenblick an, falls er aufrichtig und gläubig aushält, die besten Kräfte bekommen; aber es sind nicht seine eigenen, er hat sie in *Selbstverleugnung*. — O, ich weiß nicht, zu wem ich über diese Dinge spreche, wieweit es jemanden gibt, der sich um dergleichen kümmert; aber ich weiß, daß solche gelebt haben, und ich weiß, daß eben die, welche zu Nutz und Frommen die Liebe angepriesen haben, wohlbefahrne und vollbefahrne Leute in diesen

nun teilweise fast unbekannten Fahrwassern gewesen sind. Und für sie kann ich ja schreiben und mich mit dem schönen Wort trösten: „Schreibe!" „Für wen?" „Für die Verstorbenen, für die, welche du geliebt hast in der Vorwelt!"[299] — und in der Liebe zu ihnen werde ich ja auch mit den Teuersten unter den Mitlebenden zusammentreffen.

Wenn man nur einen Gedanken denkt, so muß man in Bezug auf das Denken die Selbstverleugnung entdecken, und eben die Selbstverleugnung entdeckt das Dasein Gottes. Eben dies wird nun der Widerspruch in Seligkeit und Entsetzen: daß man einen Allmächtigen als seinen Mitarbeiter hat. Denn ein Allmächtiger kann nicht dein, eines Menschen Mitarbeiter sein, ohne daß dies bedeutet, du vermögest gar nichts; und auf der andern Seite, wenn er dein Mithelfer ist, so vermagst du alles. Das Anstrengende liegt darin, daß dies ein Widerspruch ist, oder daß beides zugleich wahr ist, so daß du nicht das eine heute erlebst und das andere morgen; und das Anstrengende liegt darin, daß du dir dieses Widerspruchs nicht zwischendurch einmal, sondern in jedem Augenblick bewußt werden mußt. Im selben Augenblick ist es, als vermöchtest du alles IX 344
— und ein selbstischer Gedanke will sich hervorwagen, als seist du es, der das vermöchte, im selben Augenblick kann alles für dich verloren sein; und im selben Augenblick, da der selbstische Gedanke sich aufgibt, kannst du alles wiederhaben. Aber Gott ist unsichtbar; und indem also Gott dieses Werkzeug gebraucht, wozu der Mensch sich selbst in Selbstverleugnung gemacht hat, sieht es aus, als sei es das Werkzeug, welches alles vermöchte, und das führt das Werkzeug in die Versuchung, es selbst so zu verstehen — bis es dann wieder nichts vermag. Es ist schon schwierig, mit einem andern Menschen zusammenzuarbeiten, o, aber nun gar mit dem Allmächtigen zusammenzuarbeiten! Ja, das ist in gewissem Sinne recht leicht; denn was vermag er nicht; dann kann ich es ihn ja tun lassen. Die Schwierigkeit ist deshalb eben die, daß ich mitarbeiten soll, wenn nicht anderswie, dann durch ständig neues Verstehen dessen, daß ich gar nichts vermag, was man nicht ein für allemal versteht. Und das ist schwer zu verstehen, es zu verstehen nicht in dem Augenblick, da man wirklich nichts vermag, wenn man krank ist und unaufgelegt, sondern es in dem Augenblick zu verstehen, da man anscheinend alles vermag. Es ist doch

nichts so rasch wie ein Gedanke, und nichts sucht einen so heftig heim wie ein Gedanke, wenn er einen heimsucht; und nun auf dem Meer der Gedanken, auf der „Tiefe von 70000 Faden"[300] — ehe man lernt, wenn die Nachtzeit kommt, ruhig von den Gedanken w e g zuschlummern im Vertrauen darauf, daß Gott, welcher Liebe ist, sie im Überfluß hat, und vertrauensvoll den Gedanken e n t g e g e n aufzuwachen, dessen sicher, daß Gott nicht geschlafen hat! Der mächtige Kaiser im Osten hatte einen Diener, der ihn täglich an ein bestimmtes Vorhaben erinnerte[301]: aber daß ein geringer Mensch das Verhältnis umkehren und zu Gott, dem Allmächtigen, sagen darf: „Erinnere mich nun unbedingt an dies und das", und daß Gott es dann tut! Ist das nicht, um den Verstand darüber zu verlieren, daß ein Mensch das Recht haben soll, sicher und süß zu schlafen, wenn er nur zu Gott sagt, also wie der Kaiser zum Diener: Erinnere mich unbedingt an dies und das! Aber dann ist wieder der Allmächtige so eifersüchtig auf sich selbst, daß ein einziges selbstisches Wort in dieser tollkühnen Freiheit, die er zuläßt, genügt, und alles ist verloren, dann erinnert Gott nicht bloß nicht an dies und das, sondern es ist, als werde er niemals dies und das, nämlich die Schuld, vergessen. Nein, dann ist es doch weit sicherer, etwas weniger zu vermögen, und sich dann, auf die gewöhnliche menschliche Weise, einzubilden, man sei dessen sicher, daß man es vermöge, das ist weit sicherer, als jenes Anstrengende: ganz eigentlich und buchstäblich nichts zu vermögen, und dagegen in einem bestimmten uneigentlichen Sinne gleichsam alles zu vermögen.

Doch nur in Selbstverleugnung kann ein Mensch zu Nutz und Frommen die Liebe anpreisen; denn Gott ist Liebe, und nur in Selbstverleugnung kann ein Mensch Gott festhalten. Was ein
IX 345 Mensch aus sich selbst über die Liebe weiß, ist sehr oberflächlich, das Tiefere muß er von Gott erfahren, d. h. er muß in Selbstverleugnung werden, was jeder Menschen werden kann: ein Werkzeug für Gott (denn Selbstverleugnung steht im Verhältnis zum Allgemein-Menschlichen und ist dergestalt verschieden von der besonderen Berufung und Erwählung). So kann jeder Mensch alles über die Liebe erfahren, ebenso wie ja jeder Mensch erfahren kann, daß er, wie jeder Mensch, von Gott geliebt wird. Der Unterschied ist nur der, daß einige (was mir nicht so verwunder-

lich erscheint) diesen Gedanken für mehr als hinreichend halten für das längste Leben, so daß sie noch im siebzigsten Jahr nicht glauben, sich genug darüber verwundert zu haben, und daß andere hingegen (was mir sehr sonderbar und beklagenswert erscheint) diesen Gedanken für so unbedeutend halten, da von Gott geliebt zu werden ja nicht mehr ist als was von jedem Menschen gilt — als sei es deshalb weniger.

Nur in Selbstverleugnung kann ein Mensch zu Nutz und Frommen die Liebe anpreisen. Kein Dichter kann das tun. Der Dichter kann von Minne und Freundschaft singen, was zu können der seltene Vorzug ist, aber „der Dichter" kann die Liebe nicht anpreisen[302]. Denn für den Dichter ist doch das Verhältnis zu dem ihn begeisternden Geist wie ein Scherz, die Anrufung seines Beistandes wie ein Scherz[303] (und diese Anrufung dürfte wohl der Selbstverleugnung und dem Gebet entsprechen), seine Naturbegabung hingegen das Entscheidende, und die A u s b e u t e des Verhältnisses zu dem begeisternden Geist ist ihm die Hauptsache, d. h. das Gedicht, das Dichtwerk ist ihm die Hauptsache, welches ja die Ausbeute ist. Aber für den, der die Liebe anpreisen soll (was jeder kann, das ist kein Vorrecht), muß das Verhältnis der Selbstverleugnung zu Gott, oder das Gottesverhältnis in Selbstverleugnung alles sein, muß der Ernst sein; ob das Werk fertig wird oder nicht, muß ein Scherz sein, d. h. das Gottesverhältnis selbst muß ihm wichtiger sein als die Ausbeute. Und es ist in der Selbstverleugnung seine ganz ernsthafte Überzeugung, daß Gott es sei, der ihm hilft.

O, wofern ein Mensch in Selbstverleugnung wirklich allen Sinnentrug, als vermöge er etwas, fortschaffen könnte, wirklich verstehen könnte, daß er selbst gar nichts vermag, d. h. wofern ein Mensch den Sieg der Selbstverleugnung wahrhaft gewinnen könnte, und dann zum Sieg den Triumph der Selbstverleugnung hinzufügte, daß er in Wahrheit und aufrichtig seine ganze Seligkeit fände in diesem Bewußtsein, selbst gar nichts zu vermögen: wie wunderbar müßte ein solcher Mensch über die Liebe sprechen können! Denn in der äußersten Anstrengung der Selbstverleugnung, in diesem Schwinden und Hinfallen aller eigenen Kraft selig zu sein, sich selig zu fühlen, was ist das anderes, als in Wahrheit Gott zu lieben? Aber Gott ist Liebe. Wer sollte dann die Liebe besser anpreisen

IX 346 können als der, welcher in Wahrheit Gott liebt; denn er verhält sich ja auf die einzig richtige Weise zu seinem Gegenstand: er verhält sich zu Gott und zwar in Wahrheit liebend.

Dies ist nach innen hin die Bedingung, oder die Art und Weise, auf die der Lobpreis der Liebe geschehen muß. Den Lobpreis zu erheben, hat natürlich seinen Lohn in sich selbst, wenn man dabei auch das Ziel hat, durch Anpreisen der Liebe, soweit man vermag, die Menschen für die Liebe zu gewinnen, sie recht aufmerksam zu machen auf das, was in Versöhnlichkeit jedem Menschen vergönnt ist, das Höchste nämlich. Denn wer Kunst und Wissenschaft anpreist, der setzt doch den Zwiespalt der Begabten und Nicht-Begabten zwischen den Menschen. Wer aber Liebe anpreist, der versöhnt alle, nicht in einer gemeinsamen Armut, auch nicht in einer gemeinsamen Mittelmäßigkeit, sondern in der Gemeinschaft des Höchsten.

Das Tun, die Liebe anzupreisen, muß nach außen hin in aufopfernder Uneigennützigkeit getan werden.

Durch Selbstverleugnung gewinnt ein Mensch die Fähigkeit, Werkzeug zu sein, indem er nach innen hin sich selbst vor Gott zu nichts macht; durch aufopfernde Uneigennützigkeit macht er sich nach außen hin zu nichts, zu einem unnützen Knecht[304]: nach innen hin wird er sich selbst nicht wichtig, denn er ist nichts, nach außen hin wird er sich selbst auch nicht wichtig, denn er ist nichts; er ist nichts vor Gott – und er vergißt nicht, daß er vor Gott ist, wo er auch sei. Ach, es kann ja geschehen, daß ein Mensch im letzten Augenblick fehlgreift, daß er, in Wahrheit demütig vor Gott, dennoch bei der Hinwendung zu den Menschen stolz wird auf das, was er vermag. Dann ist es eine Versuchung durch den Vergleich, die ihn zu Fall bringt. Er verstand, daß er sich mit Gott nicht vergleichen könne, vor ihm wurde er sich seiner Nichtigkeit bewußt; aber im Vergleich mit den Menschen meinte er doch etwas zu sein. Das will heißen, er vergaß die Selbstverleugnung, er verstrickte sich in einen Sinnentrug, als sei er nur zu einzelnen Stunden vor Gott, ebenso wie man zu einzelnen Stunden die königliche Majestät besucht. Welch traurige Verwirrung! Denn im Verhältnis zu einem Menschen ist es freilich möglich, auf die eine Weise mit ihm in seiner Gegenwart zu sprechen und auf die andere in seiner Abwesenheit; aber sollte es möglich sein, von Gott zu sprechen — in seiner Abwesenheit?[305] Versteht man dies richtig, so ist die aufopfernde Uneigennützigkeit ein und dasselbe wie die Selbstverleugnung. Es wäre doch auch der schrecklichste Widerspruch, wenn jemand über andere herrschen wollte — durch Anpreisen der Liebe. — So ist denn die aufopfernde Uneigennützigkeit in gewissem Sinne, nämlich nach innen hin verstanden, eine unmittelbare Folge der Selbstverleugnung oder ist eins mit der Selbstverleugnung.

Aber nach außen hin ist die aufopfernde Uneigennützigkeit notwendig, falls die Liebe in Wahrheit angepriesen werden soll; und eben dies, daß man die Liebe in Wahrheitsliebe anpreisen will, IX 347
ist ein Tun der Liebe. Man kann sich leicht genug irdische Vorteile verschaffen und, was das Allertraurigste ist, den Beifall der Menschen gewinnen, indem man allerhand Betrug verkündigt. Aber das ist wahrlich nicht liebevoll. Denn das Gegenteil ist liebevoll: in Liebe zum Wahren und zu den Menschen jedes Opfer bringen zu wollen, um das Wahre zu verkünden, und dagegen nicht das geringste vom Wahren opfern zu wollen.

Das Wahre muß in dieser Welt wesentlich als kämpfend betrachtet werden; so gut ist die Welt niemals gewesen, und so gut wird sie niemals werden, daß die meisten das Wahre wollen, oder die wahre Vorstellung vom Wahren haben, so daß also dessen Verkündigung sogleich den allgemeinen Beifall finden müßte. Nein, wer etwas Wahres in Wahrheit verkünden will, der muß sich auf andere Weise vorbereiten als mit Hilfe einer so trügerischen Erwartung, er muß bereit sein, auf den Augenblick wesentlich Verzicht zu tun. Zwar sagt selbst ein Apostel, daß er sich bestrebe, „die Menschen zu gewinnen"[306], doch mit dem Zusatz „aber Gott sind wir offenbar". So ist denn in diesem Wort ganz und gar kein Gedanke an jenes selbstische oder feige, furchtsame Haschen nach dem Beifall der Menschen — als entscheide der Beifall der Menschen, ob etwas wahr ist oder nicht. Nein, Gott ist der Apostel offenbar, indem er die Menschen zu gewinnen sucht; er will sie also nicht für sich gewinnen, sondern für die Wahrheit. Sobald er sieht, er könne sie dergestalt gewinnen, daß sie sich ihm hingeben, ihn aber mißverstehen und seine Lehre entstellen, so wird er sie sogleich von sich stoßen — um sie zu gewinnen. Er will sie also nicht gewinnen, um selbst Vorteil davon zu haben, aber er will sie mit jeglicher Aufopferung,

also auch mit Aufopferung ihres Beifalls für das Wahre gewinnen — wofern ihm das gelingen kann; eben das will er. Deshalb sagt derselbe Apostel an anderer Stelle (1. Thess. 2, 4. 5. 6. 7): „Also reden wir, nicht, als wollten wir den Menschen gefallen, sondern Gott. Denn wir nie mit Schmeichelworten sind umgegangen, noch mit verstecktem Geiz, haben auch nicht Ehre gesucht von den Leuten, weder von euch noch von andern; hätten euch auch mögen schwer sein als Christi Apostel." Wieviel Aufopferung ist doch darin eingeschlossen! Er hat keinerlei Vorteil gesucht, hat sich nicht bezahlen lassen, auch nicht soweit er als Christi Apostel mit Recht hätte Bezahlung fordern können; er hat Verzicht getan auf ihre Ehre, ihren Beifall, ihre Hingebung; in Armut hat er sich ihrer Verkennung, ihrem Spott ausgesetzt: und all das hat er getan — um
IX 348 sie zu gewinnen. Ja, freilich ist es zulässig, auf solche Weise alles zu tun, auch wenn man dann das Leben aufs Spiel setzte und sich hinrichten ließe, um die Menschen zu gewinnen[307]; denn das heißt ja eben, in Selbstaufopferung und Uneigennützigkeit auf alle augenblickshaften Mittel zu verzichten, mit denen man den Augenblick gewinnt — und die Wahrheit verliert. Der Apostel steht fest im Ewigen gegründet; er ist es, der mit den Kräften der Ewigkeit in Selbstaufopferung die Menschen gewinnen will; er, der Apostel, ist es nicht, der ihrer bedarf, um sich selbst zu halten, und deshalb nach dem ersten besten, dem klügsten Mittel greift, um sie zu gewinnen — nicht um ihnen die Wahrheit zu gewinnen, denn dazu sind solche Mittel nicht brauchbar.

Und nun die heutigen Zeiten; wie notwendig ist da doch die Uneigennützigkeit, in den heutigen Zeiten, da alles getan wird, um alles augenblicklich zu machen und das Augenblickliche zum Allumfassenden! — Denn tut man nicht alles, um den Augenblick so übermächtig wie möglich zu machen, übermächtig über das Ewige, über das Wahre, tut man nicht alles, um den Augenblick so selbstzufrieden zu machen in beinahe vornehmer Unwissenheit um Gott und das Ewige, so eingebildet im vermeintlichen Besitz aller Wahrheit, so übermütig in der Vorstellung, selbst der Erfinder des Wahren zu sein! Wie mancher Bessere hat sich nicht vor der Macht des Augenblicks gebeugt und dadurch den Augenblick noch schlimmer gemacht; denn eben wenn jemand ein Besserer war und dann schwach oder selbstisch nachgegeben hat, muß er gerade im Lärm

des Augenblicks Vergessenheit seines Fallens suchen, er muß nun mit aller Macht arbeiten, um den Augenblick noch aufgeblasener zu machen. Ach, die Zeit der Denker scheint vorbei zu sein[308]. Die stille Geduld, die demütige und gehorsame Langsamkeit, der hochherzige Verzicht auf augenblickliche Wirkung, der Abstand der Unendlichkeit vom Augenblick, die ihrem Denken und ihrem Gott hingegebene Liebe, die notwendig sind, um e i n e n Gedanken zu denken: die scheinen zu verschwinden, sie sind beinahe im Begriff, für die Menschen eine Lächerlichkeit zu werden. „Der Mensch ist" wieder „das Maß aller Dinge"[309] geworden und zwar völlig im Sinne des Augenblicks. Alle Mitteilung soll auf passendes Erscheinen in einer schmalen Flugschrift eingerichtet sein, oder soll von der Unwahrheit zugunsten der Unwahrheit gestützt werden. Ja, es ist ja so, als müsse schließlich alle Mitteilung so eingerichtet sein, daß sie in höchstens einer Stunde auf einer Versammlung vorgetragen werden kann, die wieder die eine halbe Stunde mit dem Lärm von Beifalls- und Mißfallensbekundungen vergeudet und in der andern halben Stunde zu verwirrt ist, um die Gedanken sammeln zu können. Und dennoch erstrebt man dies als das Höchste. Die Kinder werden erzogen, dies als das Höchste zu betrachten: daß man in einer Stunde gehört und bewundert wird. Derart wird der Münzfuß des Menschseins verschlechtert. Es ist nicht mehr die Rede von dem IX 349
Höchsten, daß man Gott gefalle, wie der Apostel sagt[310], auch nicht, daß man jenen Herrlichen gefalle, die in einer Vorwelt gelebt haben, auch nicht, daß man den wenigen Vortrefflichen gefalle, die gleichzeitig mit einem leben: in einer Stunde eine Versammlung der ersten besten zusammengelaufenen Leute zufriedenzustellen, die selbst wieder weder Zeit noch Gelegenheit gehabt haben, über das Wahre nachzudenken und also Oberflächlichkeit und halbe Gedanken heischen, falls sie mit Beifall lohnen sollen: das ist das Begehrte[311]. — Das will heißen, damit man dies Begehrte doch einigermaßen begehrenswert finde, hilft man mit einer kleinen Unwahrheit nach, man bildet einander ein, diese Versammelten seien lauter Weise, und jede Versammlung bestehe aus lauter Weisen. Es ist ganz so wie zur Zeit des Sokrates, entsprechend der Erklärung des Anklägers, daß „alle die Jugend zu unterweisen verstünden, und es nur einen einzigen gebe, der das nicht verstünde — nämlich den Sokrates"[312], ebenso sind zu unsern Zeiten „alle" die Weisen,

und es gibt nur hier und da einen einzelnen, der ein Narr ist. So dicht ist die Welt an die Vollkommenheit herangerückt, daß jetzt „alle“ die Weisen sind; wofern die einzelnen Sonderlinge und Narren nicht wären, so wäre die Welt schlechthin vollkommen. Bei all dem sitzt Gott gleichsam und wartet im Himmel. Niemand sehnt sich fort von diesem Lärmen und Treiben des Augenblicks, um die Stille zu finden, in der Gott wohnt; während ein Mensch den andern Menschen bewundert, und ihn bewundert — weil er ganz so ist wie alle andern, sehnt niemand sich nach der Einsamkeit, in der man Gott anbetet; niemand verschmäht in Sehnsucht nach dem Maßstab der Ewigkeit diesen wohlfeilen Ablaß vom Höchsten! — So wichtig ist der Augenblick sich selbst geworden. So notwendig ist deshalb aufopfernde Uneigennützigkeit. O, daß ich eine solche in Wahrheit uneigennützige Gestalt darstellen könnte! Aber dazu ist hier nicht der Ort, wo eigentlich die Rede ist von dem Tun, die Liebe anzupreisen — und deshalb hier nur ein anderer Wunsch: möge der Augenblick, falls jene Gestalt dargestellt würde, doch die Zeit haben, sie zu betrachten!

Aber was für alle Wahrheitsliebe im Verhältnis zum Augenblick gilt, das gilt auch betreffs des wahren Lobpreises der Liebe. Ehe man mit seinem Lobpreis der Liebe den Beifall des Augenblicks zu gewinnen sucht, muß man sich doch wohl zuerst davon überzeugen, wieweit der Augenblick die wahre Vorstellung von der Liebe hat. Hat denn der Augenblick, wie er jetzt ist, die wahre Vorstellung, was Liebe sei, oder kann er sie jemals haben? Nein, unmöglich. Liebe im Sinne des Augenblicks oder des Augenblicklichen
IX 350 ist nämlich weder mehr noch weniger als Selbstliebe. Also ist es selbstisch, derart von der Liebe zu sprechen, und selbstisch, jenen Beifall zu gewinnen. Die wahre Liebe ist die der Selbstverleugnung. Aber was ist Selbstverleugnung? Sie ist eben dies, daß man den Augenblick und das Augenblickliche aufgibt. Aber dann ist es ja völlig unmöglich, den Beifall des Augenblicks zu gewinnen — durch ein wahres Reden über die Liebe, die eben dadurch die wahre Liebe ist, daß sie den Augenblick aufgibt. Es ist unmöglich, es ist so unmöglich, daß der Redende, wenn anders ihm die Wahrheit wichtiger ist als der Beifall des Augenblicks, selber verpflichtet ist, auf das Mißverständnis aufmerksam zu machen, soweit er zufällig einmal den Beifall des Augenblicks gewinnen sollte. Aus

dem hier Entwickelten ist auch leicht zu ersehen, daß die Schlußfolgerung keineswegs richtig ist, die ohne weiteres folgert: Wer die Liebe anpreist, muß selber geliebt worden sein oder geliebt werden — in einer Welt, welche den, der die Liebe war, ans Kreuz geschlagen, in einer Welt, die so viele Liebeszeugen verfolgt und ausgerottet hat.

Und haben sich auch die Verhältnisse in dieser Hinsicht geändert, selbst wenn es nicht mehr zu jenem Äußersten und jener Entscheidung kommt, daß die Wahrheitszeugen[313] Leben und Blut opfern müssen: wesentlich ist doch die Welt nicht besser geworden, sie ist nur weniger leidenschaftlich und kleinlicher geworden. Was deshalb die Welt im allgemeinen liebenswürdig nennt, das wird natürlich die Ewigkeit für etwas Tadelnswertes und Strafwürdiges halten. Ein solcher sogenannter liebenswürdiger Mann ist ein Mann, der vor allem darauf achtet, daß er sich die Forderung der Ewigkeit oder Gottes nach einem wesentlichen und wesentlich angestrengten Dasein nicht zu sehr zu Herzen nimmt. Dieser liebenswürdige Mann weiß Bescheid über alle möglichen Entschuldigungen und Ausflüchte und Klugheitsregeln, über das Feilschen und Schachern und Abmarkten; und dann ist er so liebevoll, andern etwas von seiner Klugheit zu überlassen, mit deren Hilfe man dann selber sein Leben vorteilhaft, leicht und bequem einrichtet. In der Gesellschaft des Liebenswürdigen fühlt man sich so sicher, so behaglich; es fällt einem niemals ein, er könne der Anlaß werden, daß man an das Dasein von etwas Ewigem denke, oder daran, welche Forderung dieses Ewige an jedes Menschen Leben habe, oder daß wegen der Nähe des Ewigen die Forderung den heutigen Tag betreffen könne. Dies ist das Liebenswürdige. Aber unliebenswürdig ist jemand, der, ohne von andern etwas zu fordern, dadurch, daß er streng und im Ernst von sich selbst viel fordert, doch daran erinnert, daß es eine solche Forderung gibt. In der Gesellschaft mit ihm nehmen die Entschuldigungen und Ausflüchte sich weniger gut aus, das Ganze, wofür man lebt, empfängt eine unglückliche Beleuchtung; in der Gesellschaft mit ihm kann keine rechte Behaglichkeit aufkommen, geschweige denn, daß er durch zeitlichen oder wohl sogar durch gottesfürchtig-heiteren Ablaß einem hilft, das Pfühl der Gemütlichkeit zurechtzurücken. Aber was ist jene Liebenswürdigkeit? Sie ist Verrat am Ewigen. Eben deswegen IX 351 schätzt die Zeitlichkeit sie so sehr. Und eben deswegen nimmt die Welt allezeit Ärgernis an dem Wort: „Liebe zu Gott ist Haß gegen die Welt.“ Wenn nämlich die Forderung der Ewigkeit wahrhaft geltend gemacht wird, so sieht es aus, als haßte ein solcher Mensch alles, wofür die meisten Menschen leben. Wie störend deshalb, wie sonderbar, wie unliebenswürdig. Wie liebenswürdig hingegen und wie liebevoll, die Menschen in ihren geliebten Irrtümern zu stärken und zu stützen. Aber ist es denn Liebe, die Menschen zu betrügen; ist es deshalb sicher, daß etwas Liebe ist, weil die Betrogenen es für Liebe halten, weil sie dem Betrüger danken, als sei er ihr größter Wohltäter; ist es Liebe, unter einer Täuschung zu lieben und unter einer Täuschung wiedergeliebt zu werden? Ich glaubte, es sei Liebe: bei der Mitteilung des Wahren persönlich jedes Opfer bringen zu wollen, aber nicht das mindeste von der Wahrheit opfern zu wollen.

Doch selbst wenn wir die Wirklichkeit vergessen wollen, vergessen wollen, wie die Welt ist, und dichterisch das ganze Verhältnis in die Welt der Einbildungskraft verlegen wollen: es liegt in der Natur der Sache, daß *im Verhältnis zwischen Mensch und Mensch* Uneigennützigkeit erfordert wird, damit man die Liebe wahrhaft anpreisen könne. Laßt uns einen solchen dichterischen Versuch wagen, wo wir gar nichts mit der wirklichen Welt zu schaffen haben, sondern nur in der Ferne des Denkens den Gedanken durchgehen, daß die Liebe angepriesen wird. Sollte ein Mensch im dichterischen Sinne schlechthin wahr von der wahren Liebe sprechen, so ist etwas Doppeltes vonnöten: *der Redende muß sich selbst zu dem Selbstsüchtigen machen*[314], *und der Inhalt der Rede muß die Liebe zu dem nichtliebenswerten Gegenstand sein.* Wenn es aber so ist, ist es unmöglich, daß man einen Vorteil hat von dem Lobpreis der Liebe; denn Vorteil kann man davon nur haben, wenn entweder der Redner für den Liebenden gehalten wird, oder der Inhalt der Rede das Einschmeichelnde ist, nämlich die Liebe zu dem liebenswerten Gegenstand. Und wenn es unmöglich ist, vom Lobpreis der Liebe Vorteil zu haben, so ist es ja uneigennützig, den Lobpreis zu erheben. — Schau, jener einfältige Weise des Altertums, der von allen am schönsten zu reden wußte über die Liebe, die das Schöne und den Schönen liebt[315], er war, ja er war

der häßlichste Mann im ganzen Volk, der häßlichste Mann in dem schönsten Volk. Man sollte nun glauben, dies müsse ihn davon abgeschreckt haben, über die Liebe zu sprechen, die das Schöne liebt — man vermeidet es ja doch gewöhnlich, im Hause des Gehenkten vom Strick zu sprechen, und selbst die Schönen vermeiden es gewöhnlich, in der Gegenwart des auffallend Häßlichen über die Schönheit zu sprechen, geschweige denn daß der Häßliche selber es tut. Aber nein, er war wunderlich und sonderbar genug, um eben dies ansprechend und begeisternd zu finden, also wunderlich und sonderbar genug, um sich selbst in die unvorteilhafteste Stellung zu IX 352
bringen, die möglich war. Denn wenn er dann vom Schönen sprach, wenn er in des Denkens und Redens Sehnsucht nach dem Schönen den Zuhörer hinriß — und dieser nun zufällig auf ihn blickte: so wurde er ja noch einmal so häßlich, wie er es schon war, er, der bereits der häßlichste Mann im Volke war. Je mehr er redete, je schöner er von der Schönheit sprach, desto häßlicher wurde er selbst durch den Gegensatz. Dieser Weise muß doch ein Sonderling gewesen sein, er muß nicht nur der häßlichste, sondern zugleich der sonderbarste Mann im ganzen Volk gewesen sein; oder was kann ihn bestimmt haben? Ich denke, wofern er nur eine schöne Nase gehabt hätte (welche er nicht hatte, auch dadurch auffallend gezeichnet unter den Griechen, die alle schöne Nasen hatten), so hätte er nicht ein einziges Wort über die Liebe zum Schönen sagen wollen, es wäre ihm zuwider gewesen aus Furcht davor, daß jemand glauben möge, er spreche von sich selbst oder doch von seiner schönen Nase; das hätte seinen Geist betrübt[316], als betröge er den Gegenstand der Rede, die Schönheit, von der er sprach, durch Hinlenken einiger Aufmerksamkeit auf seine eigene Schönheit. Aber im Vertrauen darauf, daß er selbst der Häßlichste war, glaubte er mit gutem Gewissen alles, alles, alles zum Preis der Schönheit sagen zu können, ohne den geringsten Vorteil davon zu haben, er, der dadurch nur immer häßlicher wurde. Doch die Liebe, welche das Schöne liebt, ist nicht die wahre Liebe, welche die Liebe der Selbstverleugnung ist. Im Verhältnis zu ihr muß nun der Redende, falls alles in Ordnung und dichterisch vollendet sein soll, sich selbst zu dem Selbstsüchtigen machen. Die Liebe der Selbstverleugnung anzupreisen und dann selbst der Liebende sein zu wollen, das ist, ja das ist Mangel an Selbstverleugnung. Wenn der Redner nicht der Selbstsüchtige ist,

so wird er auch leicht unsicher oder unwahr; er wird entweder versucht sein, selber Vorteil von dem Lobpreis zu haben, was ein Betrug an dem Gegenstand ist, oder er wird in eine Art Verlegenheit geraten, so daß er nicht alles darüber zu sagen wagt, wie herrlich diese Liebe sei, aus Furcht davor, daß jemand glauben könne, er spreche über sich selbst. Ist aber der Redner der Selbstsüchtige, oder um es ganz vollkommen zu denken, der Selbstsüchtigste in einem Volk, welches liebenswürdige Redner das Volk der Liebe nennen[317], dann, ja dann kann er freiweg über die Liebe der Selbstverleugnung sprechen, froher darüber, daß er sich selbst zu dem Selbstsüchtigsten gemacht hat, als jener einfältige Weise es darüber gewesen, daß er der Häßlichste war. In der Wirklichkeit würde es freilich lange Vorbereitung heischen, um über die Liebe der Selbstverleugnung sprechen zu können; aber die Vorbereitung bestünde nicht darin, daß man viele Bücher läse oder wegen seiner von allen verstandenen Selbstverleugnung geehrt und geachtet würde (wenn anders es möglich wäre, daß jemand Selbstverleugnung zeigen könnte, indem er täte, was *alle* als Selbstverleugnung von ihm verstün-
IX 353 den), sondern umgekehrt darin, daß er sich selbst zu dem Selbstsüchtigen machte, und es dahin brächte, als der Selbstsüchtigste zu gelten. Und das dürfte sogar nicht so leicht zu erreichen sein. Bei einer Prüfung ausgezeichnet zu werden, oder aber die schlechteste Note zu bekommen, gerade die schlechteste, ist ja ungefähr gleich schwierig, so daß es deshalb gewöhnlich auch eine gleich große Anzahl von beiden gibt. — Dies in Bezug auf den Redenden. Aber der Inhalt der Rede sollte sein: die Liebe zu dem nicht-liebenswerten Gegenstand. Schau, jener einfältige Weise des Altertums, der so schön zu sprechen wußte über die Liebe, welche das Schöne liebt, er hat doch zuweilen auch anders gesprochen, wenn er über *die Liebe zu dem Häßlichen* sprach[318]. Er leugnete nicht, daß lieben heiße, den Schönen zu lieben, aber er sprach dennoch, ja, es war eine Art Scherz, über die Liebe zu dem Häßlichen. Was versteht man denn unter „dem Schönen“? „Der Schöne“ ist der unmittelbare und einfache Gegenstand für die unmittelbare Liebe, die Wahl der Neigung und Leidenschaft. Man braucht gewiß die Liebe zu dem Schönen nicht zu befehlen. Aber der Häßliche! Das ist nichts, was man der Neigung und Leidenschaft anbieten könnte, sie wenden sich ab und sagen: „Ist das etwas, was man lieben

kann!“ Und was ist dann wieder nach unseren Begriffen von Liebe „der Schöne“? Es sind der Geliebte und der Freund. Denn der Geliebte und der Freund sind der unmittelbare und einfache Gegenstand für die unmittelbare Liebe, die Wahl der Leidenschaft und Neigung. Und was ist „der Häßliche“? Es ist „der Nächste“, den man lieben *soll*[319]. Man *soll* ihn lieben, davon wußte jener einfältige Weise nichts, er wußte nicht, daß der Nächste da war und daß man ihn lieben sollte; was er von der Liebe zu dem Häßlichen sagte, war nur eine Neckerei. Der Nächste ist der nicht-liebenswerte Gegenstand, ist nichts, was man der Leidenschaft und Neigung anbieten könnte, sie wenden sich von ihm ab und sagen: „Ist das etwas, was man lieben kann!“ Aber deshalb ist auch kein Vorteil damit verbunden, wenn man darüber spricht, daß der nicht-liebenswerte Gegenstand geliebt werden solle. Und doch ist die wahre Liebe gerade Liebe zum Nächsten oder besteht nicht darin, daß man den liebenswerten Gegenstand, sondern darin, daß man den nicht-liebenswerten Gegenstand liebenswert findet. — Wenn nun, auf daß ganz wahr von der wahren Liebe gesprochen werden könne, der Redende sich zu dem Selbstsüchtigsten gemacht haben muß, und der Inhalt der Rede die Liebe zu dem nicht-liebenswerten Gegenstand sein muß: so ist jeder Vorteil oder Gewinn unmöglich. Der Redende wird nicht zum Lohn selbst geliebt, denn durch den Gegensatz wird ja nur offensichtlicher, wie selbstsüchtig er ist; und der Inhalt der Rede ist nicht dazu geeignet, sich bei den Menschen einzuschmeicheln, die gern von dem hören wollen, was Neigung und Leidenschaft so leicht und so gern verstehen, aber nicht gern von dem hören, woran Neigung und Leidenschaft keineswegs Gefallen finden. — Doch[320] ist dieser dichterische Versuch
ganz folgerichtig und kann unter anderem vielleicht dazu dienen, IX 354
eine Täuschung oder ein Mißverständnis zu beleuchten, das sich wieder und wieder in der gesamten Christenheit gezeigt hat. Man nimmt die christliche Demut und Selbstverleugnung dadurch eitel, daß man sich selbst freilich in *einer* Hinsicht verleugnet, aber nicht den Mut hat, das entscheidend zu tun, weshalb man darauf achtet, in seiner Demut und Selbstverleugnung verstanden zu werden, so daß man also um seiner Demut und Selbstverleugnung willen geachtet und geehrt wird — was doch wohl keine Selbstverleugnung ist.

Damit man die Liebe anpreisen könne, wird also nach innen hin Selbstverleugnung und nach außen hin aufopfernde Uneigennützigkeit erfordert. Wenn dann einer sich unterfängt, die Liebe anzupreisen, und man nun fragt, ob es wirklich Liebe von ihm sei, daß er es tut: so muß die Antwort lauten: „Das kann niemand anders mit Bestimmtheit entscheiden; es ist möglich, daß es Eitelkeit und Stolz ist, kurz vom Bösen ist, aber es ist auch möglich, daß es Liebe ist." —

Schluß IX 355

Wir haben in der vorliegenden Schrift „manchmal und mancherlei
Weise“[321] die Liebe anzupreisen gesucht. Indes wir Gott dafür dan-
ken, daß es uns gelungen ist, mit der Schrift dergestalt fertig zu
werden, wie wir gewünscht haben, wollen wir nun schließen, indem
wir den Apostel Johannes einführen, welcher sagt: „Ihr Lieben,
lasset uns untereinander liebhaben.“[322] Diese Worte, die also apo-
stolische Vollmacht haben, enthalten zugleich, falls du sie betrach-
ten willst, einen Zwischenton oder eine Zwischenstimmung in Be-
zug auf die Gegensätze in der Liebe selbst, was seinen Grund darin
hat, daß sie von demjenigen stammen, der in der Liebe vollkom-
men ward. Du hörst in diesen Worten nicht die Strenge der Pflicht,
der Apostel sagt nicht: „Ihr *sollt* einander lieben“; aber du hörst
auch nicht die Leidenschaft des Dichters, die Heftigkeit der Nei-
gung. Es ist etwas Verklärtes und Seliges in diesen Worten, aber
zugleich eine Wehmut, die gerührt ist über das Leben und gemil-
dert durch das Ewige. Es ist, als sagte der Apostel: „Herrgott, was
ist denn das Ganze, das dich an der Liebe hindern will, was ist
das Ganze, das du durch Selbstliebe gewinnen kannst! Das Ge-
bot sagt, du *sollest* lieben, o, aber wenn du dich selbst und das
Leben verstehen willst, dann ist es ja, als solle der Befehl nicht
nötig sein; denn die Liebe zu den Menschen ist doch das einzige,
wofür zu leben sich lohnt, ohne diese Liebe lebst du eigentlich
nicht; und die Liebe zu den Menschen ist zugleich der einzige selige
Trost, beide hier und dorten; und die Liebe zu den Menschen ist
das einzige sichere Kennzeichen dafür, daß du ein Christ bist“ —
wahrlich, ein Glaubensbekenntnis genügt da nicht. Die Liebe ist, im
christlichen Sinne, befohlen; aber das Liebesgebot ist das alte Ge- IX 356
bot, das immer neu wird. Es geht mit dem Liebesgebot nicht wie
mit einem menschlichen Gebot, das mit den Jahren veraltet und
stumpf wird, oder sich verändert im Verhältnis zu dem, worüber

diejenigen sich einig werden, die ihm gehorchen sollen. Nein, das Liebesgebot bleibt neu bis zum letzten Tag, gleichermaßen neu noch an dem Tage, da es am ältesten geworden ist. Das Gebot wird also nicht im geringsten verändert, am allerwenigsten von einem Apostel. Die Veränderung kann dann nur die sein, daß der Liebende mit dem Gebot mehr und mehr vertraut wird, daß er gleichsam eins wird mit dem Gebot, welches er liebt: deshalb kann er so mild, so wehmütig sprechen, beinahe als sei vergessen, daß Liebe das Gebot ist. Vergißt du hingegen, daß der Apostel der Liebe hier spricht, so mißverstehst du ihn; denn solche Worte sind nicht der Beginn einer Rede über die Liebe, sondern sie sind deren Vollendung. Wir erkühnen uns deshalb nicht, derart zu sprechen. Was im Munde des im Dienst ergrauten und vollendeten Apostels Wahrheit ist, das könnte im Munde des Anfängers so leicht Tändelei sein, mit der er viel zu zeitig der Schule des Gebots entliefe und sich dem „Schul-Joch" entzöge. Wir führen deshalb den Apostel redend ein, wir machen nicht seine Worte zu den unseren, sondern uns zu Zuhörern: „Ihr Lieben, lasset uns untereinander liebhaben!"

Und dann nur noch eines, gedenke an das christliche gleich um gleich, das gleich um gleich der Ewigkeit. Dies christliche gleich um gleich ist eine so wichtige und entscheidende christliche Bestimmung, daß ich wünschen könnte, wenn auch nicht jede Schrift, in der ich nach Vermögen das Christliche entwickle, so doch eine Schrift mit diesem Gedanken zu schließen.

Vom Christentum spricht man verhältnismäßig (ich meine im Verhältnis dazu, daß sonst so sehr viel geredet wird) seltener in den heutigen Zeiten. Aber in dem Reden, das man hört (denn die Angriffe sind ja doch wohl kein Reden über das Christentum), stellt man nicht selten das Christliche in der beinahe weichlichen Gestalt einer gewissen verzärtelten Liebe dar. Es ist alles Liebe und nochmals Liebe; schone dich selbst und dein Fleisch und Blut, habe gute oder frohe Tage ohne Selbstbekümmerung, denn Gott ist Liebe und nochmals Liebe; — von der Strenge darf man gar nicht reden; es soll alles der Liebe freie Sprache und freies Wesen sein. Doch so verstanden wird Gottes Liebe leicht eine märchenhafte und kindliche Vorstellung, die Gestalt Christi wird zu mild und süßlich, als daß wahr sein könnte, daß er den Juden ein Ärgernis und den Griechen eine Torheit gewesen ist[323]: es ist, als sei das Christentum kindisch geworden.

Die Sache ist ganz einfach. Das Christentum hat das jüdische gleich um gleich abgeschafft: „Auge um Auge und Zahn um
Zahn“[324]; aber es hat das christliche gleich um gleich, das gleich IX 357
um gleich der Ewigkeit an die Stelle gesetzt. Das Christentum wendet die Aufmerksamkeit von dem Äußeren völlig ab, kehrt sie nach innen hin, macht dir jedes Verhältnis zu andern Menschen zu einem Gottesverhältnis: so wirst du schon beide in dem einen wie in dem andern Sinne gleich um gleich empfangen. Im christlichen Sinne bekommt es ein Mensch, schließlich und wesentlich, in allem nur mit Gott zu tun, ungeachtet er doch in der Welt bleiben soll und in den Verhältnissen des irdischen Lebens, wie sie ihm angewiesen sind. Aber in allem mit Gott zu tun zu haben (so daß man also niemals unterwegs aufgehalten wird, auf halbem Wege, durch ein Untergericht, durch das menschliche Urteil, als sei dies das Entscheidende), ist zugleich der höchste Trost und die größte Anstrengung, die größte Milde und Strenge. Das ist die Erziehung des Menschen; denn das Verhältnis zu Gott bedeutet Erziehung, Gott ist der Erzieher. Aber die wahre Erziehung muß gerade ebenso streng sein wie sie milde ist, und umgekehrt. Und wenn nun ein menschlicher Erzieher viele Kinder auf einmal erziehen muß, wie verhält er sich dann? Für all dies viele Reden und Zurechtweisen und den ganzen Wortschwall bleibt natürlich keine Zeit, und wenn es die Zeit gäbe, so wird natürlich die Erziehung schlecht durch das viele Reden; nein, der tüchtige Erzieher erzieht am liebsten mit Hilfe der Augen. Er zieht das Auge des einzelnen Kindes von diesem selbst ab, d. h., er zwingt das Kind, in allem auf ihn zu blikken. Gerade ebenso handelt Gott; er lenkt die ganze Welt, und er erzieht diese unzähligen Menschen durch seinen Blick. Denn was ist das Gewissen? Im Gewissen blickt Gott auf den Menschen, so daß der Mensch nun in allem auf ihn blicken muß. Dergestalt erzieht Gott. Aber das Kind, welches erzogen wird, bildet sich leicht ein, das Verhältnis zu den Kameraden, die kleine Welt, die sie bilden, sei die Wirklichkeit, wohingegen der Erzieher es mit seinem Blick lehrt, daß all dies für die Erziehung des Kindes gebraucht werde. Ebenso bildet der Erwachsene sich leicht ein, was er mit der Welt zu schaffen habe, sei die Wirklichkeit; aber Gott erzieht ihn

zu dem Verständnis, daß all dies nur zur Erziehung benutzt werde. Dergestalt ist Gott der Erzieher; seine Liebe ist die größte Milde und die größte Strenge. Es ist wie im Verhalten der Natur, wo die Schwere zugleich die Leichtigkeit ist. Der Himmelskörper schwebt leicht im Unendlichen — durch die Schwere; gerät er aber aus seiner Bahn, wird er allzu leicht, so wird die Leichtigkeit zur Schwere, und er fällt schwer — durch die Leichtigkeit. Ebenso ist Gottes Strenge für den Liebenden und Demütigen Milde, aber für den Hartherzigen ist seine Milde Strenge. Die Tatsache, daß Gott die Welt hat erlösen wollen, diese Milde, wird ja für denjenigen, der die Erlösung nicht empfangen will, zur höchsten Strenge, zu einer noch größeren Strenge, als wenn Gott das niemals gewollt hätte,
IX 358 sondern die Welt bloß richten wollte. Schau, das ist die Einheit von Strenge und Milde, daß du dich in allem zu Gott verhältst, ist die größte Milde und die größte Strenge.

Wenn du deshalb genau hinhörst, wirst du selbst in dem, was man am allerbestimmtesten Evangelium nennen darf, die Strenge mithören. Wenn dergestalt zu dem Hauptmann von Kapernaum gesagt wird: „Dir geschehe, wie du geglaubt hast“[325], ja, dann läßt sich ja keine frohere Botschaft denken, kein milderes, kein erbarmungsvolleres Wort! Und dennoch, was wird da gesagt? Da wird gesagt: „Dir geschehe, wie du geglaubt hast.“ Wollen wir dies Wort auf uns selbst anwenden, so müssen wir sagen: „Dir geschieht, wie du glaubst, hast du den Glauben an die Erlösung, so wirst du erlöst.“[326] Wie mild, wie erbarmungsvoll! Aber ist es nun auch sicher, daß ich den Glauben habe — denn die Tatsache, daß der Hauptmann geglaubt hat, kann ich doch wohl nicht ohne weiteres auf mich übertragen, als hätte ich den Glauben, weil der Hauptmann ihn hatte. Laßt uns denken, jemand fragte das Christentum: „Ist es nun auch sicher, daß ich den Glauben habe?“, so würde das Christentum antworten: „Dir geschieht, wie du glaubst“ — oder was hätte Christus wohl gedacht, wenn der Hauptmann, anstatt glaubend zu ihm zu kommen, zu ihm gekommen wäre, um vertraulich in Erfahrung zu bringen, ob er den Glauben habe! „Dir geschieht, wie du glaubst“, das will heißen, es ist ewig sicher, daß dir geschieht, wie du glaubst, dafür steht dir das Christentum ein; aber ob du, gerade „du“ den Glauben hast, das gehört doch wohl nicht mit zu Lehre und Verkündigung des Christentums, so daß es

dir verkündigen sollte, du habest den Glauben. Wenn dann die angstvollen Bekümmerungen sich erheben, daß du doch vielleicht den Glauben nicht habest, so wiederholt das Christentum unverändert: „Dir geschieht, wie du glaubst." Wie streng! Du erfährst aus der Erzählung vom Hauptmann, daß er den Glauben hatte, was dich eigentlich gar nichts angeht; und dann erfährst du das Christliche, daß ihm geschehen sei, wie er geglaubt habe — aber du bist ja nicht der Hauptmann. Laßt uns denken, jemand sagte zum Christentum: „Es ist ganz sicher, daß ich getauft bin, dann ist es doch auch wohl ganz sicher, daß ich den Glauben habe?", so würde das Christentum antworten: „Dir geschieht, wie du glaubst." Der Hauptmann, obwohl nicht getauft, hat geglaubt; deshalb ist ihm geschehen, wie er geglaubt hat, erst mit seinem Glauben ist das Evangelium ein Evangelium. Wofern der Hauptmann, ob er gleich kam und Christus um Hilfe bat, doch in seiner Seele ein wenig zweifelhaft gewesen wäre, wieweit Christus ihm zu helfen vermöchte, und Christus dann das gleiche zu ihm gesagt hätte: „Dir geschehe, wie du geglaubt hast": was dann? Wäre das dann ein Evangelium gewesen? Nein, für den Hauptmann nicht; denn es IX 359
wäre ein Urteil über ihn gewesen. Es sieht so eilfertig aus, dieses „Dir geschehe", aber jenes nächste „w i e du glaubst" hält so mächtig gegen. Man kann nach diesem Wort ebensogut die Strenge wie die Milde predigen; denn in diesem Wort liegt auch die Strenge, die christliche Strenge, die ja auch keinerlei Bedenken getragen hat[327], die Furchtsamen von Gottes Reich auszuschließen[328], oder vielleicht richtiger keinerlei Bedenken getragen hat zu lehren, daß die Furchtsamen sich selbst ausschließen, so daß man sich also ebensowenig in Gottes Reich hineintrotzt, wie man sich feige und weichlich hineinjammert. Aber in den heutigen Zeiten, wo im Staatsleben so viel die Rede ist von Sicherheit und nochmals Sicherheit, überträgt man das wohl zuletzt aufs Christentum, und läßt die Taufe die Sicherheit sein — was sie ja freilich auch ist, wofern du wirklich glaubst, daß sie die Sicherheit sei: „Dir geschieht, wie du glaubst." Hätte man damit recht, daß man ohne weiteres die Taufe zur Sicherheit macht, so wäre es freilich aus mit der Strenge[329]. Aber Gott läßt sich nicht spotten[330], und er läßt sich auch nicht zum Narren halten. Er ist zu hoch erhaben im Himmel, als daß ihm einfallen könnte, eines Menschen Anstrengung sollte für ihn etwas

Verdienstliches haben. Dennoch fordert er diese; und dann noch eines mehr, daß nämlich der Mensch selbst sich nicht unterstehe zu glauben, sie habe etwas Verdienstliches. Aber Gott ist auch zu hoch erhaben im Himmel, um kindisch den lieben Gott zu spielen mit einem feigen und saumseligen Menschen. Es ist ewig sicher, daß dir geschieht, wie du glaubst; aber des Glaubens Gewißheit, oder die Gewißheit, daß du, gerade du glaubst, mußt du in jedem Augenblick erlangen mit Gottes Hilfe, also nicht auf eine äußere Weise. Du mußt Gott zu Hilfe haben, um zu glauben, daß du durch die Taufe erlöst bist; du mußt Gott zu Hilfe haben, um zu glauben, daß du im Abendmahl die gnadenvolle Vergebung deiner Sünden empfängst. Denn freilich wird dort die Vergebung der Sünden zugesagt, sie wird auch dir zugesagt, aber der Pfarrer hat nicht das Recht, dir zu sagen, daß du den Glauben habest, und doch wird dir die Vergebung nur zugesagt, wofern du glaubst. Dir geschieht, wie du glaubst. Aber alles, was in dir ist an Fleisch und Blut und Hangen am Irdischen und an Furchtsamkeit, muß verzweifeln, daß du keine äußere Gewißheit erlangen kannst, eine Gewißheit ein für allemal, und auf die bequemste Weise. Schau, dies ist der Kampf des Glaubens, in dem du jeden Tag versucht werden magst. Das Evangelium ist nicht das Gesetz, das Evangelium will dich nicht durch Strenge erlösen, sondern durch Milde; aber diese Milde will dich erlösen, sie will dich nicht betrügen, und deshalb ist Strenge in ihr.

Und gilt dieses gleich um gleich sogar in Bezug auf das, was am bestimmtesten Evangelium genannt werden darf, wieviel mehr dann
IX 360 *dort, wo das Christentum selbst das Gesetz verkündigt.* Es heißt: „Vergebet, so wird euch auch vergeben."[331] Indessen könnte es doch vielleicht jemandem gelingen, diese Worte dergestalt mißzuverstehen, daß er sich einbildete, es sei möglich, selber die Vergebung zu empfangen, ungeachtet er nicht vergab. Wahrlich, das ist ein Mißverständnis. Die Meinung des Christentums ist folgende: Vergebung *ist* Vergebung; deine Vergebung ist deine Vergebung; deine Vergebung gegenüber einem andern ist deine eigene Vergebung; die Vergebung, welche du gibst, empfängst du, nicht umgekehrt gibst du die Vergebung, welche du empfängst. Es ist, als wolle das Christentum sagen: bete zu Gott demütig und

gläubig um deine Vergebung, denn er ist doch derart barmherzig wie kein Mensch es ist; willst du aber die Probe darauf machen, wie es sich mit der Vergebung verhält, so beobachte dich selbst. Falls du aufrichtig vor Gott und von ganzem Herzen deinem Feind vergibst (aber ob du das tust, merke wohl, das kann Gott sehen), so darfst du auch auf deine Vergebung hoffen, denn es ist ein und dasselbe; Gott vergibt dir weder mehr noch weniger noch anders als w i e du deinen Schuldigern vergibst. Es ist nur ein Sinnentrug, sich einzubilden, daß man selber Vergebung habe, ungeachtet man träge ist, anderen zu vergeben. Nein, es besteht keine genauere Übereinstimmung zwischen dem Himmel droben und dessen Spiegelbild im Meer, welches gerade ebenso tief ist wie der Abstand hoch, als wie sie zwischen Vergebung und Vergebung besteht. Es ist auch eine Einbildung, daß man selber seine Vergebung glaube, wenn man nicht vergeben will; denn wie sollte der Mensch in Wahrheit an Vergebung glauben, dessen eigenes Leben ein Einwand dagegen ist, daß es Vergebung gibt! Aber man bildet sich ein, man verhalte sich betreffs seiner selbst zu Gott, und dagegen verhalte man sich in Bezug auf den andern Menschen nur zu dem andern Menschen, anstatt daß man sich in allem zu Gott verhält. — Deshalb heißt, e i n e n a n d e r n M e n s c h e n v o r G o t t a n k l a g e n, s i c h s e l b s t a n k l a g e n, g l e i c h u m g l e i c h. Wenn auch ein Mensch, menschlich gesprochen, wirklich Unrecht leidet, so nehme er sich doch wohl davor in acht, sich zu ereifern und den Schuldigen vor Gott anzuklagen. O, man will so gern sich selbst betrügen, man will sich so gern einbilden, ein Mensch könne, soweit es ihn betrifft, gleichsam ein vertrauliches Verhältnis zu Gott haben. Aber es geht mit dem Verhältnis zu Gott wie mit dem Verhältnis zur Obrigkeit, du kannst nicht vertraulich mit einer Obrigkeitsperson sprechen über das, was deren Obliegenheit ist — aber Gottes Obliegenheit ist es, Gott zu sein. Falls ein dienender Mensch, dem du sonst gewogen bist, ein Vergehen begangen hat, z. B. einen Diebstahl, und du nicht weißt, was du bei der IX 361
Angelegenheit tun sollst: so wende dich keinesfalls vertraulich an den Vorgesetzten der ausübenden Obrigkeit; denn er versteht keine Vertraulichkeit betreffs eines Diebstahls, er läßt sogleich den Schuldigen verhaften und das Verfahren beginnen. Und ebenso auch, wenn du so tun willst, als seist du in keinerlei Fall verwickelt

und dich nun vertraulich vor Gott über deine Widersacher beschweren willst; dann strengt Gott kurzerhand ein Verfahren wider dich an; denn vor Gott bist du selbst ein Schuldiger — einen andern anklagen heißt, sich selbst anklagen. Du meinst, Gott solle gleichsam für dich Partei ergreifen; Gott solle sich mit dir im Verein gegen deinen Feind wenden, gegen den, der dir Unrecht getan hat. Aber das ist ein Mißverständnis. Gott schaut gleichmäßig auf alle, und ist das ganz, wozu du ihn nur zu einem Teil machen willst. Wendest du dich an ihn in seiner Eigenschaft als Richter — ja, es ist gleichsam Milde von ihm, daß er dich davor warnt, denn er weiß wohl, was daraus für dich folgt, wie streng es dich treffen wird; doch willst du dir also nichts sagen lassen, wendest du dich an ihn in seiner Eigenschaft als Richter: so hilft es nichts, daß du meinst, er solle den anderen richten; denn du selbst hast ihn zu deinem Richter gemacht, und er ist, gleich um gleich, im selben Augenblick dein Richter, d. h., er richtet zugleich dich. Läßt du dich hingegen nicht darauf ein, jemanden vor Gott anzuklagen oder Gott zum Richter zu machen, so ist Gott der gnädige Gott. Laß mich diesen Zusammenhang durch eine Begebenheit erläutern[332].

Es war einmal ein Verbrecher, der einiges Geld gestohlen hatte, darunter einen Hunderttalerschein. Diesen wollte er gewechselt haben und wandte sich deshalb an einen anderen Verbrecher in dessen Haus; der nahm den Schein, ging in das nächste Zimmer wie um ihn zu wechseln, kam dann wieder heraus, tat als sei nichts geschehen und bot dem Wartenden guten Tag, als sähen sie sich jetzt zum erstenmal: kurz, er betrog ihn um den Hunderttalerschein. Darüber wurde der erste so erbittert, daß er in seinem Zorn die Sache der Obrigkeit anzeigte, wie schändlich man ihn betrogen habe. Der andere wurde natürlich auch verhaftet, es wurde auch ein Verfahren wegen Betrügerei angestrengt — ach, in diesem Verfahren war die erste Frage, welche die Obrigkeit untersuchte, die: wie der Kläger zu dem Geld gekommen sei. So kam es zu zwei Verfahren. Schau, der erste verstand sehr richtig, daß er in der Sache mit der Betrügerei recht habe, er wollte nun der redliche Mann sein, der gute Bürger, der sich an die Obrigkeit wendet, um sein Recht zu bekommen. O, aber die Obrigkeit läßt sich nicht dergestalt vertraulich mit einer Sache ein oder mit etwas Einzelnem, was man ihr vorzulegen beliebt, auch gibt sie der Sache nicht immer die Wendung,

die der Kläger oder der Anzeigende angibt: die Obrigkeit tut einen tieferen Blick in die Sachlage. Und ebenso steht es mit dem Verhältnis zu Gott. Wenn du vor Gott einen anderen Menschen an- IX 362
klagst, dann werden sogleich zwei Verfahren angestrengt; eben dann, wenn du kommst und gegen den andern Menschen Anklage erhebst, kommt Gott auf den Gedanken, wie es mit dir zusammenhange[333].

Gleich um gleich; ja, so streng ist das Christentum, daß es sogar eine verschärfende Ungleichheit geltend macht. Es steht geschrieben: „Was siehest du aber den Splitter in deines Bruders Auge, und wirst nicht gewahr des Balkens in deinem Auge?“[334] Ein frommer Mann[335] hat folgende fromme Erläuterung dieser Worte gegeben: Der Balken in deinem Auge ist weder mehr noch weniger, als daß du den Splitter in deines Bruders Auge siehst und richtest. Aber es wäre ja das strengste gleich um gleich, wenn das Erblicken des Splitters im Auge eines anderen zu einem Splitter im eigenen Auge würde. Doch das Christentum ist noch strenger: dieser Splitter, oder dessen richtendes Erblicken, ist ein Balken. Und wenn du auch den Balken nicht siehst, und wenn ihn auch kein Mensch sieht: Gott sieht ihn. Also ein Splitter ist ein Balken! Ist das nicht eine Strenge, die eine Mücke zu einem Elefanten macht! O, aber wenn du bedenkst, daß im christlichen und im wahren Sinne Gott stets überall dabei ist, daß einzig und allein um ihn sich alles dreht, so wirst du diese Strenge wohl verstehen können, du wirst verstehen, daß das Erblicken des Splitters im Auge deines Bruders — in Gottes Gegenwart (und Gott ist ja stets gegenwärtig) ein Majestätsverbrechen ist. Ja, wofern du, um den Splitter zu sehen, einen Augenblick und eine Stätte benutzen könntest, wo Gott nicht zugegen wäre! Aber im christlichen Sinne sollst du ja gerade lernen, eben dies festzuhalten, daß Gott allezeit zugegen ist; und ist er zugegen, so schaut er auch auf dich. In einem Augenblick, da du dir wirklich Gott gegenwärtig denkst, verfielest du auch gewiß nicht darauf, einen Splitter im Auge deines Bruders zu sehen, oder diesen furchtbar strengen Maßstab anzulegen — du, der du selber schuldig bist. Aber die Sache ist die: wenn auch jeder bessere Mensch doch, soweit es sein eigenes Leben betrifft, sich befleißigt, den Gedanken an Gottes Allgegenwart nahe zu haben (und etwas Verkehrteres

läßt sich ja nicht denken, als sich Gottes Allgegenwart fernab zu denken), so vergessen die Menschen Gottes Allgegenwart doch oft, sobald sie sich zu anderen Menschen verhalten, vergessen, daß Gott zugegen ist in dem Verhältnis, und begnügen sich mit einem bloß menschlichen Vergleich. So hat man denn Sicherheit und Ruhe, um den Splitter zu entdecken. Welches ist nun die Schuld? Es ist die, daß du vergißt, Gott sei gegenwärtig (und er ist ja stets gegenwärtig), oder die, daß du dich selbst in seiner Gegenwart vergißt. Wie
IX 363 unvorsichtig, in Gottes Gegenwart so streng zu urteilen, daß ein Splitter unter das Urteil fällt, — gleich um gleich, willst du so streng sein, dann kann Gott dich überbieten — da ist der Balken in deinem eigenen Auge. Schon die Obrigkeit hat es wohl bei jenem Verbrecher, von dem wir gesprochen haben, für eine Art Frechheit gehalten, daß er den Gerechten spielen wollte, der mit Gesetz und Gericht sein Recht verfolgt, ach, ein Verbrecher, der selbst durch Gesetz und Gericht verfolgt werden soll: aber Gott hält es für eine Vermessenheit, daß ein Mensch den Reinen spielen und den Splitter im Auge seines Bruders richten will.

Wie streng ist doch dieses christliche gleich um gleich! Das jüdische, das weltliche, das geschäftliche gleich um gleich ist dies: Achte unbedingt darauf, daß du gegen die andern das gleiche tust wie sie gegen dich. Aber das christliche gleich um gleich ist dies: wie du gegen andere handelst, ganz ebenso handelt Gott gegen dich. Im christlichen Sinne hast du überhaupt nichts mit dem zu tun, was die andern gegen dich tun, es geht dich nichts an, es ist eine Neugier, eine Naseweisheit, ein Mangel an Sammlung, dich in Dinge einzumischen, die dich so wenig etwas angehen, als seist du abwesend. Du hast nur mit dem zu tun, was du gegen andere tust, oder damit, wie du aufnimmst, was andere gegen dich tun; die Richtung geht nach innen hin, du hast wesentlich nur mit dir selbst vor Gott zu tun. Diese Welt der Innerlichkeit, die Wiedergabe dessen, was andere Menschen Wirklichkeit nennen, das ist die Wirklichkeit. In dieser Welt der Innerlichkeit ist das christliche gleich um gleich zu Hause; es kehrt sich ab und will dich abkehren vom Äußeren (ohne dich doch aus der Welt herauszunehmen), will dich gen oben kehren, oder nach innen hin. Denn im christlichen Sinne ist die Liebe zu den Menschen die Liebe zu Gott, und die Liebe zu Gott die Liebe zu den Menschen: was du gegen die Men-

schen tust, das tust du gegen Gott, und deshalb, was du gegen die Menschen tust, das tut Gott gegen dich. Erbitterst du dich gegen die Menschen, die dir Unrecht tun, so erbitterst du dich eigentlich gegen Gott; denn im letzten Grund läßt doch Gott zu, daß dir Unrecht getan wird. Nimmst du hingegen mit Danksagung das Unrecht aus Gottes Hand „als eine gute und eine vollkommene Gabe“[336], so erbitterst du dich auch nicht gegen die Menschen. Willst du nicht vergeben, so willst du eigentlich etwas anderes, du willst Gott hartherzig machen, damit auch er nicht vergebe: wie sollte dieser hartherzige Gott dann dir vergeben? Kannst du die Verfehlungen der Menschen gegen dich nicht ertragen, wie sollte Gott dann deine Sünden gegen ihn ertragen können? Nein, gleich um gleich. Denn Gott ist eigentlich selber dieses reine gleich um gleich, die reine Wiedergabe dessen, wie du selber bist. Ist Zorn in dir, so ist Gott Zorn in dir; ist Milde und Barmherzigkeit in dir, so ist Gott Barmherzigkeit in dir. Das unendlich Liebevolle IX 364
ist dies, daß er überhaupt mit dir zu tun haben will, und daß niemand, niemand so liebevoll jede, auch die geringste Liebe in dir entdeckt, wie Gott das tut. Gottes Verhältnis zum Menschen besteht darin, daß er in jedem Augenblick unendlich macht, was in jedem Augenblick im Menschen vorhanden ist. In der Einsamkeit, das weißt du wohl, wohnt das Echo. Es achtet genau, o so genau auf jeden Laut, auch den geringsten, und gibt ihn genau, o so genau wieder. Gibt es ein Wort, welches du nicht gern zu dir gesagt hören möchtest, dann hüte dich, es zu sagen, hüte dich, daß es dir nicht in der Einsamkeit entschlüpft, denn sogleich wiederholt das Echo es und sagt es zu „dir“. Falls du niemals einsam wardst, so entdecktest du auch das Dasein Gottes nicht; aber falls du in Wahrheit einsam wardst, so lerntest du auch, daß Gott alles, was du zu anderen Menschen sagst und gegen sie tust, bloß wiederholt, er wiederholt es in der Vergrößerung der Unendlichkeit; Gott wiederholt das Wort der Gnade oder des Gerichts, welches du über einen anderen aussprichst, er sagt wortgetreu das gleiche über dich: und dieses gleiche ist die Gnade oder das Gericht über dich. Aber wer glaubt an das Echo, wenn er Tag und Nacht im Getreibe der Stadt lebt; und wer glaubt daran, daß ein solcher Beobachter da sei, daß es so genau zugehe mit dem gleich um gleich, wer glaubt daran, wenn er von frühester Kindheit an gewohnt ist, verwirrt zu leben!

Hört dann ein solcher Verwirrter etwas vom Christlichen, so ist er doch außerstande, richtig hinzuhören; wie das Christliche nicht recht dazu kommt, in seinem Innern widerzutönen, so entdeckt er auch nicht den Widerhall, welcher das christliche gleich um gleich ist. Hier im Lärm des Lebens bemerkt er vielleicht nicht der Ewigkeit oder Gottes Wiederholung des ausgesprochenen Worts, er bildet sich vielleicht ein, die Vergeltung geschehe im Äußeren oder auf äußere Art; denn das Äußere ist ein zu grober Körper, um der Widerhall zu sein, und das sinnliche Ohr ist zu harthörig, um die Wiederholung der Ewigkeit zu entdecken. Aber ob es ein Mensch nun entdeckt oder nicht, das Wort, welches er selbst gesagt hat, wird dennoch über ihn gesagt. Ein solcher Mensch lebt dann hin wie jemand, der nicht weiß, was man über ihn sagt. Nun, falls ein Mensch unwissend bleibt betreffs dessen, was die Stadt über ihn sagt, so wäre das vielleicht gut, vielleicht dürfte auch Unwahrheit sein, was die Stadt über ihn sagt: o, aber was hilft es, wenn man einen Augenblick oder einige Jahre unwissend bliebe betreffs dessen, was die Ewigkeit über einen sagt — was ja doch wohl Wahrheit ist!

Nein, gleich um gleich! Wir sagen das wahrlich nicht, als sei es unsere Meinung, zu guter Letzt verdiene ein Mensch sich doch die Gnade. O, das erste, was du lernst, wenn du dich in allem zu Gott verhältst, ist eben dies, daß du überhaupt kein Verdienst hast. Versuch es nur, zur Ewigkeit zu sagen: „Ich habe verdient“, dann ant-
IX 365 wortet die Ewigkeit: „Du hast verdient ...“ Willst du Verdienst haben und etwas verdient haben, dann ist Strafe das einzige; willst du dir nicht glaubend eines anderen Verdienst[337] zueignen, so empfängst du nach Verdienst. — Wir sagen das auch nicht, als sei unsere Meinung die, es sei besser, wenn du tagaus, tagein in Todesangst dasäßest, um auf die Wiederholung der Ewigkeit zu lauschen, wir sagen nicht einmal, das sei besser als die Kleinlichkeit, die in der heutigen Zeit Gottes Liebe benutzt, um Ablaß von jedem gefahrvolleren und angestrengteren Streben zu verkaufen. Nein, aber wie das wohlerzogene Kind eine unvergeßliche Vorstellung von der Strenge hat, ebenso darf auch der Mensch, der sich zu Gottes Liebe verhält, falls er sie nicht „altvettelisch“ (1. Tim 4, 7) oder leichtfertig eitel nehmen soll, Furcht und Zittern niemals vergessen, obwohl er in Gottes Liebe ruht. Ein solcher wird es gewiß auch vermeiden, zu Gott vom Unrecht anderer gegen ihn zu sprechen, vom

Splitter im Auge des Bruders; denn ein solcher wird zu Gott am liebsten allein von der Gnade sprechen, damit jenes schicksalschwangere Wort „Recht“ ihm nicht alles verderbe durch das strenge gleich um gleich, das er selbst beschworen hätte.

ANHANG

A

AUS DEN ENTWÜRFEN

Zu Seite 21.

Diese Rede Nr. 2 fällt aus der Reihe heraus und wird zu „Der Liebe Tun“ als Beilage hinzugefügt, sie ist mehr als Erwägung angelegt, und hat zugleich eine ausgeprägt belehrende Eigenart. Also: Beilage: Daß Liebe Pflicht sei; daß wir lieben sollen. Eine christliche Erwägung. VIII B 71,4

*

Ergänzung zu Seite 24.

Der Minne liegt ein Trieb zugrunde, der Freundschaft liegt Neigung zugrunde, aber Trieb und Neigung sind Naturbestimmung, und die Naturbestimmung ist immer das Selbstische, nur die ewige Bestimmung des Geistes treibt das Selbstische aus, deshalb findet sich in Minne und Freundschaft noch eine versteckte Selbstliebe. Wenn das Mädchen nur einen einzigen lieben kann, was der Dichter mit Freuden hört und besingt, einen einzigen Menschen in der ganzen Welt, so ist das freilich Minne; aber dieser Minne ist ja auch der glühendste Ausdruck der Vorliebe zu eigen. In der Vorliebe, vor allem denn in ihrem Aufflammen, liegt eben die Selbstliebe verborgen, wessen sich weder das Mädchen noch die Minne bewußt werden. Sich in einer unbedingt himmelstürmenden Vorliebe zu einem einzigen Menschen zu verhalten, heißt zugleich, sich zu sich selbst in Selbstliebe zu verhalten; in einer solchen Vorliebe liegt eine bewußte oder unbewußte Selbstherrlichkeit, die willkürlich ihren Willen haben will. Erlaubnis zu bekommen, diesen einen Menschen zu lieben, ist die Befriedigung der Verliebtheit und der Vorliebe, aber im Grunde auch die der Selbstliebe; verzweifelt man, falls die Erlaubnis verweigert wird, so zeigt das eben, daß die VIII B 71,6

Minne Selbstliebe war. Aber eben weil dies der Minne entgeht, kann es ihr einfallen, sich in dem schwindelnden Ausdruck zu verkündigen, daß man einen andern Menschen höher liebe als sich selbst; ach, denn der Verliebte hat noch nicht gelernt, in Ernst und Wahrheit der Ewigkeit sich selbst zu lieben.

*

VIII B 31,22 Ergänzung zu Seite 90, Absatz 2.

Laßt uns eine andere Verschiedenheit des irdischen Lebens denken: die zwischen Gelehrtem und Laien. Nun, die Zeiten sind vorbei, da der Gelehrte es hochmütig in aller Öffentlichkeit zu sehen verlangte, daß die anderen Menschen im Vergleich mit ihm nur Stumme seien. Aber kann deshalb etwa nicht immer noch die gleiche Verderbtheit in einem Menschen wohnen, nur versteckter und hinterlistiger? So lehrt denn die gelehrte Verderbtheit, es sei und bleibe doch eine tiefe Kluft zwischen den Wissenden und den Unwissenden; die Wissenden seien Menschen, die anderen bloße Ziffer, zum Überfluß, eine Verschwendung des Daseins, zum Teil notwendig als Unterbau. Dies ist das Geheimnis. Aber Vorsicht, heißt es, man darf das nicht auf augenfällige Weise ausdrücken, um die Menschen nicht zu erregen, und heutzutage soll man sich dergleichen nicht aussetzen. So will denn die gelehrte Verderbtheit den Gelehrten einbilden, sie gehörten nur sich selbst, seien nur für sich selbst da, hätten nichts mit andern Menschen zu schaffen, seien von ihnen nicht gekannt. Doch darf man so etwas nicht laut sagen, das könnte gefährlich sein, die Kunst ist eben die, derart heimlich jede Berührung und jedes Bekenntnis zur Verwandtschaft mit anderen Menschen zu vermeiden, daß diese überhaupt nicht aufmerksam werden. Sich mit ihnen einzulassen, kann doch nichts helfen, und deshalb ist es das beste, sie erfahren niemals, daß der Gelehrte dagewesen ist. Dergestalt verschlossen in sich selbst, nur seinen Genossen zugehörig und denen, die von derselben Synagoge sind, soll er für andere Menschen wie eine flüchtige Erscheinung im Vorübergehen sein, selten gesehen, rasch vergessen. Ach ja, die Welt hat sich verändert seit jenen Zeiten, da die Gelehrten sich in prachtvollem Aufzug der erstaunten Menge zeigten und ihre Verehrung entgegennahmen; die Welt hat sich verändert —

und die Verderbtheit mit ihr; so ist denn doch alles das gleiche geblieben.

Und wofern es dann einen Gelehrten gäbe (dessen Leben also deren Gesellschaft im besonderen zugehörte), der es nicht übers Herz bringen könnte, der jenes Geheimnis verabscheute, der lieber offen bekennen wollte, daß Gelehrsamkeit nicht jedermanns Sache sei, aber auf der andern Seite auch nicht entscheidend sei für den Unterschied zwischen Mensch und Mensch: so würde er wohl in doppelte Gefahr geraten. Seine Standesgenossen hielten ihn für einen Verräter, und die Geringeren mißverstünden und verachteten ihn vielleicht. Ja, hätte er sich an die Spitze eines Aufstandes der Unwissenheit wider alles, was Kunst und Wissenschaft ist, stellen wollen, so hätten sie ihn vielleicht verehrt, aber das wollte er nicht. Und wenn er dann dastünde, verklagt von den Seinen und verspottet von den Geringeren: dann würde die gelehrte Verderbtheit triumphieren. Und mancher Bessere unter den Gelehrten könnte sich die Teilnahme am Spott vielleicht nicht versagen. Mancher Bessere — ja, denn der Bessere wäre vielleicht in der Gesellschaft mit den Gelehrten oder in einer Umgebung, die ihm seine Verschiedenheit als Gelehrter verbürgte, jeden Augenblick bereit, begeistert den Satz zu verfechten: daß alle Menschen wesentlich gleich seien. Ach, aber auf solche Art die Gleichheit verfechten, heißt ja doch im Grunde, die Verschiedenheit verfestigen.

*

Ergänzung zu Seite 152, Absatz 5.

Denn soll Liebe von reinem Herzen sein, so ist damit ja nicht VIII B 36,2
bloß die Rede davon, daß Liebe ein Herzensanliegen ist, sondern die Reinheit des Herzens ist der Ausdruck für das Verhältnis zu Gott, da nur der reines Herzens ist, Gott schauen kann[338], und da ein Mensch nur reines Herzens werden kann durch Schauen Gottes, d. h. durch das Gewissensverhältnis. Und wenn die Liebe von ungefärbter Glaubenstreue[339] sein soll, so ist damit ja nicht bloß die Rede von der Treue der beiden, daß sie einander ungefärbte Treue geloben und wirklich meinen, was sie geloben, sondern die ungefärbte Glaubenstreue ist das Verhältnis zu Gott, denn nur durch Aufrichtigkeit vor ihm wird ein Mensch davor gerettet, in einem

Irrtum betreffs seines eigenen Herzens zu verharren; aber somit ist ja „ungefärbte Glaubenstreue" wieder ein Ausdruck für das Gewissensverhältnis.

*

Ergänzung zu Seite 294 f.

VIII B 55,4 Denn daß Minne und Freundschaft das Leben verschönern, das irdische Dasein froher (vielleicht auch unbedeutender, als es sonst würde), zufriedener, ruhiger machen können, und alles, was sich in dieser Hinsicht sagen läßt, das bestreite ich nicht, auch nicht, daß der eine Mensch doch auf so mancherlei Weise des andern Menschen bedarf, und daß es insofern richtig ist, diesen gegenseitigen Beistand zu suchen, richtiger als ihn aus unwahrem Stolz zu verschmähen: aber eines kann ich nicht begreifen, weshalb man das alles Liebe nennen will – und auf jeden Fall ist es wahrlich keine christliche Liebe, die eben daran erkannt wird, ob der Unterschied zwischen mein und dein gänzlich aufgehoben ist.

*

Ergänzung zu Nr. 10 der 2. Folge, Seite 393 ff.

VIII B 73 Soll nicht benutzt werden.

p. 130 NB. Dies ist etwas aus dem Buch „Der Liebe Tun", das nicht benutzt worden ist.

Sein Platz war in der 2. Folge, Nr. 10, und es sollte folgendermaßen beginnen:

p. 131 So wird denn aufopfernde Uneigennützigkeit erfordert. Eben weil wir uns in dieser Hinsicht dessen bewußt sind, daß unser Streben in Wahrheit uneigennützig ist, darf ich diese Schrift ein Tun der Liebe nennen. Wir haben uns redlich Mühe gegeben, um die Liebe so schön zu machen, wie sie in Wahrheit ist, und es ist unser Wunsch, daß der, welcher das Buch liest, für die Liebe gewonnen werde. Dies ist unser Tun. Ob die Schrift Leser bekommt, ist nicht unsere Sache; unser Tun wird doch wohl nicht deshalb weniger uneigennützig – weil wir keine Leser bekommen; es sei denn, daß jemand sagte, das sei Eitelkeit, Stolz, Übermut usw. Aber falls wir dann, im voraus wohl von der Möglichkeit dieser Gefahr wissend, uns in ihrer Wirklichkeit still und ruhig darein finden, wie sie uns vorher unter der Arbeit nicht gestört hat: ist das dann nicht ein Tun der Liebe? O, das Ewige ist doch, auch im Streit der Gedanken, das stärkste! Möchte es uns nur gelingen, uns stets an das Ewige zu halten!

Darauf folgt das nächste.

Eine Selbstverteidigung p.131

„Fasset uns; wir haben niemand Leid getan,
wir haben niemand verführt,
wir haben niemand übervorteilt."
2. Kor. VII, 2.

Sogar ein Apostel hat es für nötig gehalten, sich selbst zu empfehlen, sich selbst zu rühmen — „aber zur Erbauung"[340]. Er tut es also aus Liebe. Denjenigen nämlich, der sich dessen bewußt ist, daß er recht hat, und klar sieht, wieviel Unrecht ihm getan wird; denjenigen, der aus froher Erfahrung weiß, wieviel Beschwerlichkeit er in Sanftmut leicht ertragen hat; denjenigen, der gelassen in der Gewißheit ruht, daß Gott ihm Kräfte geben werde, um leicht und froh jegliche weitere Verunrechtung und Verfolgung zu ertragen: p.132
den kann nur die Liebe bewegen, sich selbst zu rühmen; denn den Zorn und den Stolz würde es weit mehr befriedigen, die Menschen fast darin zu bestärken, ihm womöglich noch mehr Unrecht zu tun. Kein Heide würde deshalb unter solchen Umständen sich selbst rühmen. Diese Liebe zu den Angreifern, die Liebe, welche sie um ihretwillen daran zu hindern sucht, noch mehr Unrecht zu tun, ist dem Heidentum fremd.

Also sogar ein Apostel hat es für nötig gehalten, sich selbst zu empfehlen, sich selbst zu rühmen, aber zur Erbauung. Sollten wir für irgendetwas Tadel verdienen, dann wohl eher aufgrund einer zu großen Gleichgültigkeit gegen das Urteil der Leute, was auch unrichtig und tadelnswert ist, doch wohlgemerkt, nur dann, wenn man die Gleichgültigkeit gegen das Urteil von Toren und das „einer bösen und ehebrecherischen Art"[341] ausnimmt, deren Beifall man nicht bloß nicht begehren darf, sondern wogegen man gleichgültig sein soll und muß, d. h. man muß sich befleißigen, hier von Grund auf gleichgültig zu sein. Aber soweit es doch auch eine Pflicht ist, sich selbst zu empfehlen, wie die Wahrheit es heischt, wollen wir den Verstoß, die Verantwortung nicht verschulden, es gänzlich unterlassen zu haben. So laßt uns denn folgendermaßen sprechen:

Ist jemand fleißig, dann ich wohl mehr; ist jemand uneigennützig, dann ich wohl mehr; opfert jemand sich für eine Sache, dann ich wohl mehr[342]. Sieben Jahre lang sind wir nun Schriftsteller dänischer Sprache gewesen. Wir haben nach einem Maßstab gearbeitet, wie es selten gesehen ward. Mit all diesen Arbeiten haben wir nicht einen Pfennig verdient[343]. Wir haben in all der Zeit keine einzige Ermunterung oder Auszeichnung genossen, wonach wir freilich auch niemals begehrt haben. Wir haben uns im Verhältnis zu der uns nächststehenden Gruppe von mächtigeren Schriftstellern (der literarischen Aristokratie[344]) redlich bestrebt, ihnen zu geben, was ihr Recht ist; aber wir haben dabei sehr sorgfältig darauf geachtet, daß uns das kleine schmeichelnde Wort nicht entschlüpfe, das uns einigen Beistand von der Gruppe der mächtigeren Schriftsteller gewinnen konnte, also einen unwahren Beistand, einen Beistand durch Sinnentrug. Wir haben mit Betrübnis gesehen, daß die geringere Klasse, von einigen Verderbern irregeführt, auf mancherlei Weise durch Anzüglichkeit die Angesehenen zu kränken versucht hat[345]. Wir hatten erwartet, die mächtigeren Schriftsteller würden hier zeigen, daß sie die Mächtigeren seien. Aber da das nicht geschehen ist,
p. 133 haben wir nicht auf uns warten lassen, und uns beim ersten gegebenen Anlaß mit gutem Bedacht allen Gefahren der Verhöhnung und der unterschiedlichsten Art von Verkennung ausgesetzt. — Wir haben in unserm Streben redlich darauf verzichtet, mit Hilfe irgendeines Sinnentrugs zu arbeiten. Wir wußten wohl, und wußten es ehe wir begannen, wußten es aus unserer Kenntnis des Altertums und von dem tiefsinnigsten Dichter, der irgendwo einen König dem Prinzen eben diese Klugheit einschärfen läßt[346], wir wußten wohl, daß es einen trefflichen Sinnentrug entwickelt, der einem dazu hilft, Ansehen zu genießen, wenn man verborgen lebt, zurückgezogen, vornehm, selten von den Menschen gesehen. Aber wir haben es mit gutem Bedacht und mit den Edlen vor Augen, die wir für die Lehrer des Menschengeschlechts halten, verschmäht und verachtet, der Wahrheit Ansehen zu verschaffen mit Hilfe eines Sinnentrugs, oder

richtiger uns selbst Ansehen zu verschaffen auf Kosten der Wahrheit. Wir haben uns vielmehr auf jede Weise bestrebt, uns selbst zunichte zu machen, um in Wahrheit der Wahrheit zu dienen. Wir haben nicht gemeint, unsere Sache gewönne in Wahrheit dadurch, daß wir geachtet und geehrt würden — und dann vielleicht dessen müde würden, für sie zu arbeiten; wir meinen vielmehr, daß unsere Sache, wie jede gute Sache, sich am besten ausnimmt, wenn wir selber gering geachtet, verlacht, verhöhnt, mißhandelt neben— unserer guten Sache stehen. Wir wissen wohl, daß unsere Uneigennützigkeit für Selbstliebe gehalten wurde. Wir haben nichts dagegen. Wird man selbst für liebevoll gehalten, wenn man über die Liebe sprechen soll, so entsteht leicht ein Sinnentrug. Es ist mit dem Reden über die Liebe wie mit dem Bohren eines künstlichen Brunnens[347]: je tiefer man bohrt, desto besser; aber man bohrt eben am tiefsten, wenn man selber für selbstsüchtig gehalten wird, während man über die Liebe spricht und wahr über sie spricht. — Wir haben bei unserer Arbeit, die oft über eines Menschen Kräfte ging, aber Gott sei gelobt, niemals ohne seinen Beistand gewesen ist, das Bestreben gehabt, der schönen Regel nachzukommen, daß man einem Tänzer niemals ansehen darf, daß er Luft holt. Wir haben uns davon überzeugt, daß die Menschen in ihrem Urteil dieser Regel nicht folgen; denn wenn sie ihn nicht Luft holen sehen, oder ihn nicht ächzen hören, so glauben sie gar nicht, daß er tanzt. Wenn jemand über ein kleines Buch stöhnt, so glaubt man, er sei fleißig; p.134
und wenn jemand die anstrengendste Arbeit wie einen Scherz treibt, so glaubt man, es sei ein Scherz, und er pfusche[348]. — Schau, wir meinen, es sei unsere Pflicht, das einmal zu sagen, Gott weiß, wie unlieb es uns in gewissem Sinne ist.

Und nun wollen wir noch ein Werk der Liebe tun, indem wir ein paar Worte über unsere sozialen Zustände sagen. Wir wissen wohl, daß dies Tun seinen Lohn in sich selber haben muß, denn wie es von den Menschen gelohnt wird, haben wir genugsam erfahren — aber wahrlich auch, wie es seinen Lohn in sich selbst hat. — Es gibt zu unsern Zeiten wie immer falsche Propheten und Sophisten genug. Diese Sophisten schmeicheln dem Volk. Sie schmeicheln dem Volk nicht, zumindest nicht dem dänischen Volk, indem sie sagen, es sei ein reich begabtes Volk, denn das ist es; aber sie schmeicheln, indem sie nichts anderes sagen. Dem reich Begabten gegenüber soll man sich nicht darauf beschränken, eben dies zu sagen, denn das heißt, ihm schmeicheln, da seine Begabung ja Gottes Gabe ist, und die Frage ist: wie er sie gebraucht.

Es gibt in einem kleinen Volk eine Gefahr, die nur allzunahe liegt und doch in einem kleinen Volk am allergrößten ist: das ist der Zusammenhalt in kleinen Gruppen (Klüngel, Clique)[349]. In einem kleinen Volk kennt man einander zu gut; man bekommt Angst voreinander, und deshalb ist man so leicht versucht, einige Stück zu werden. Aber der Zusammenhalt verwechselt so leicht die Sache mit dem Vorteil, und verzärtelt die Menschen zu einer feigen, furchtsamen, unwahren, gottlosen Art Schüchternheit. Zuletzt hört man auf, Mensch zu sein; keiner ist Mensch, sondern jeder ist Partei-Mensch in seinem Zusammenhalt. Wir haben, eben in Kenntnis dieser Gefahr und in Sorge um unsere gute Sache, mit keinem Tüttel und mit keinem Wort mit irgendjemandem Zusammenhalt gesucht, und wir haben redlich jeden von uns gestoßen, der auf unwahre Weise einen Zusammenhalt bilden wollte. Wir haben uns eben durch das, was uns selbst widerfahren ist, zum Überfluß davon überzeugt, wie groß die Gefahr ist, und wie wichtig es ist, daß man ihr gegenüber uneigennützig aushält. Ein kleines Volk, das eine eigene Sprache hat, ein kleines Volk, das nur eine einzige größere Stadt hat, in der es fast gänzlich aufgeht: kann sich leicht in eine Kleinstadt[350] verwandeln. Wir Kleinstadt-Volk können untereinander einig werden, daß ein bestimmter Maßstab, solch ein „bis zu einem gewissen Maße", genug ist, d. h. wir können uns selbst in das gelobte Land der Mittelmäßigkeit verwandeln: und
p. 135 wer tritt uns dann entgegen! In einem großen Volk besteht die Wahrscheinlichkeit, daß in jedem Augenblick einige leben, die den Maßstab der Ewigkeit aufrechterhalten; aber in einem kleinen Volk kann die Verschwörung ziemlich ungehindert zustande kommen, die Verschwörung nicht gegen den König, nicht gegen die Obrigkeit, sondern gegen Gott, gegen die Forderung der Ewigkeit an jeden einzelnen Menschen. Und dann kann es einem kleinen Volk gelingen, in guten Tagen selbstgefällig das Höchste abzuschaffen. Man schmeichelt der Mittelmäßigkeit, die Mittelmäßigkeit bewundert die Mittelmäßigkeit, durch Mißgunst und Niedertracht erstickt man jedes höhere Streben, welches den Maßstab abgibt: so ist denn die Sache leicht gemacht — in einer Kleinstadt.

Es ist in einem kleinen Volk eine Gefahr möglich, die nur allzu nahe liegt, und gerade in einem kleinen Volk am gefährlichsten ist: das ist der Stadtklatsch, das Afterreden, oder das dauernde Reden zwischen Mann und Mann über Mann und Mann. In dem großen Land, wo die Staatsmaschine mit 100 000 Pferdekräften braust und lärmt, wo die Ereignisse sich überstürzen: da verschwindet das Gerede wieder — man hört es und überhört es. Aber in einem kleinen Land, wo alle Tage alles so still und ruhig ist, kann leicht, falls man nicht im Ernst darüber wacht, der Stadtklatsch zuletzt das einzige werden, was man hört, und kann eine solche Macht erlangen, daß man schließlich nicht einmal aussprechen darf, wie schlimm es damit steht, weil man verzweifelt jede Hoffnung auf Rettung aufgegeben hat und deshalb unwahr das Gerede ein Nichts nennt, weil jeder sich damit tröstet, daß er ihm wohl entgehe, und weil alle sich darüber einig sind, es für Wahnsinn zu halten, wenn jemand den Klatsch aufs Korn nehmen will, und also alle darin einig sind, den Mutigen verraten und verkauft sein zu lassen. Es wäre wunderlich von dem Unwissenden, daran zu zweifeln, und von dem Wissenden, zu bestreiten, daß es in allen Ländern Stadtklatsch und Afterreden gibt, und daß es gerade eine Eigentümlichkeit der neuesten Zeit ist, den Skandal zu einer offiziellen Macht im Staat, zu einer Art Notwendigkeit gemacht zu haben. Aber man gebe doch wohl acht auf das Größenverhältnis, die Proportion. Und eben weil man in Dänemark darauf nicht geachtet hat, wage ich zu behaupten, und darf es eigentlich nicht verschweigen, und es ist unverantwortlich, daß es noch nicht gesagt worden ist: *daß in keinem Lande Europas der Stadtklatsch derart zur Herrschaft gekommen ist wie in Dänemark.* Es versteht sich doch von selbst, daß in kleinen Zimmern häufiger ge- p.136
lüftet werden muß — daran denkt man gar nicht in Dänemark. Wir leben in Hinsicht auf Stadtklatsch und Afterreden, als geschehe das in den großen Räumlichkeiten von Paris oder London. Es versteht sich doch von selbst: wenn der Behälter, in dem man baden soll, klein ist, so muß er häufiger ausgespült werden, und man muß darauf achten, daß nicht zu viele auf einmal ins Wasser gehen. Daran denkt man in Dänemark gar nicht. In einem kleinen Land, wo einer den andern kennt, wo sich nichts ereignet, wo sich alles festsetzt: da herrscht das dauernde Reden zwischen Mann und Mann

unablässig über Mann und Mann; ja, aus Furcht, daß der Klatsch nicht imstande sei, den Schlamm und den Unrat hinreichend in Bewegung zu setzen, benutzt man die Hebelkraft der Presse — um den Schlamm aufzuwühlen. Und eben weil die Verhältnisse so klein sind, erlangt diese Rederei schließlich Macht über die Sittlichkeit. Schau, im Altertum war es die Würde eines Hochstehenden, über die Reinheit der Sitten zu wachen; im Christentum war es dann die Geistlichkeit, die richtend darüber wachte mit Hilfe der öffentlichen Beichte, die im Hause Gottes stattfand — denn wahrlich, es war eine ernste Sache, über die Sitten zu richten. Aber jetzt, jetzt ist die Pöbelhaftigkeit Richter über die Sitten, jetzt liegt das Urteil über die Sitten bei der Unsittlichkeit. O, grauenhafte Abscheulichkeit! Steht denn das auch nur im geringsten Maße im Verhältnis zueinander: daß ein Mann ein Verbrechen begeht oder sich sogar wohl nur einer Ausschweifung schuldig macht — und daß dann die Unsittlichkeit über die Sitten urteilt. Man lasse also, falls wir die Reinheit der Sitten mit der Tugend eines Weibes vergleichen wollen, man lasse also das junge Mädchen nicht im Hause der Eltern bleiben, unter deren Aufsicht, man stelle sie auch nicht unter die Vormundschaft des strengen, rechtschaffenen, edlen Mannes: nein, man schicke sie zu den Verächtlichen und sage zu ihnen: „Laßt sehen, daß ihr ihre Tugend hütet."

Schau, dies muß einmal gesagt werden, und wahrlich, es ist ein uneigennütziges Tun, und wahrlich, es ist unverantwortlich von den besseren Journalisten, die unablässig über das Allergleichgültigste schreiben, daß sie nicht den Mut haben, darüber zu schreiben, wie an einer Entsittlichung durch Mißgunst und Feigheit und Weichlichkeit und Pöbelhaftigkeit in Dänemark gearbeitet
p.137 wird. Ich weiß wohl: die Gefahr, der ich mich aussetze, indem ich dies sage, ist nicht wie sonst wohl, und wie man es uns zuweilen noch einbilden will, die: daß man ein Gegenstand für Verfolgung seitens der Regierung wird. O, ganz und gar nicht, gerade die Regierung und die Obrigkeit in unserm kleinen Volk verstehen mich am besten[351]; und man braucht nicht gerade ein großer Politiker zu sein, um zu sehen, daß überall in Europa die Regierungen hier eher geschwächt sind, als daß sie im Besitz zu großer Macht wären; man braucht nicht gerade ein großer Politiker zu sein, um zu sehen, was

auch in Paris von einem großen Dichter ausgesprochen wurde: daß „die Menge" die gefährliche Macht in Europa ist. Nein, die Gefahr, der ich mich aussetze, ist eine andere, ist die, vor der die Menschen am stärksten zurückschaudern. Denn die Gefahr bei einem Angriff auf die Regierung, wenn man von einer öffentlichen Meinung unterstützt wird, ist ja nicht so groß; wohl aber die, daß man sich den Nachstellungen einer verwirrten und zum Teil verderbten öffentlichen Meinung aussetzt — in einem kleinen Volk, wo man beinahe im Begriff ist, die Kinder dahin zu erziehen, zumindest durch die Presse, daß sie alles verhöhnen und verspotten, was sie nicht verstehen, als wünsche man die Erfüllung der Weissagung herbei, mit der einer von den alten Propheten dem Volk Israel gedroht hat: Knaben werden eure Richter sein[352]. Dänemark ist zu klein, um beide eine öffentliche Meinung und Stadtklatsch zu haben. Eins von beiden deshalb: entweder achtet jeder einzelne gewissenhaft darauf, durch Schweigsamkeit dem Stadtklatsch entgegenzuarbeiten, oder der Stadtklatsch wird zur öffentlichen Meinung in Dänemark. Und dies ist die Gefahr, der ich mich aussetze, dieser Kampf mit Schatten, wie Sokrates es nennt[353], da er in seiner Verteidigung sagt: die, welche ihn eben erst verklagt hätten, seien namentlich bekannt, aber die, welche ihn viele Jahre lang angeklagt hätten, seien wie Schatten. Und dies ist die Gefahr, der ich mich aussetze, daß zweifelhaft ist, ob ich ein gutes Werk tue oder etwas Anmaßendes, je nach dem, ob man geruht, den Stadtklatsch die öffentliche Meinung in Dänemark zu nennen oder nicht.

So mag denn dies Werk der Liebe getan sein — und möge es wohl verstanden werden. Wir sagen das nicht um unserer selbst willen, denn wir sind nunmehr darin geübt, allerlei zu erdulden; wir haben uns in der Schule einiger Jahre bestrebt zu entwickeln, wozu wir von Geburt auf Anlage gehabt haben. Ich habe hier ein wohlbedachtes Wort gesagt. Es geschieht nicht aus diesem oder jenem bestimmten p.138
Anlaß, es ist nicht geschrieben, wie man in einer Zeitung schreibt, aus Anlaß dessen, was gestern geschehen ist. Nein, selbst die Rede über das Augenblickliche darf nicht augenblickshaft sein, sie muß solche Art haben, daß sie an und für sich auch zu einer anderen, aber, wohlgemerkt, einer ähnlichen Zeit geschrieben sein könnte, damit sie zu jeder Zeit gelesen werden kann.

B

TAGEBUCHAUFZEICHNUNGEN KIERKEGAARDS ZU „DER LIEBE TUN"

Das Wort zu dem Hauptmann von Kapernaum: Dir geschehe, VII A 228
wie du geglaubt hast[354], ist zwar ein tröstendes, ein frohmachendes Wort, enthält aber zugleich das Gericht: hast du wirklich den Glauben. Deshalb könnte man folgendermaßen über dies Wort predigen:

Das Richtende und das Frohmachende darin, daß einem Menschen stets geschieht, wie er glaubt.

*

Trotz allem, was die Leute über meine geburtshelferische Vor- VIII A 4
sicht gelernt haben sollten: das langsame Vorgehen, und das ständige So-Tun, als wüßte ich nicht mehr, nicht das nächste — wird man nun vermutlich aus Anlaß meiner neuen Erbaulichen Reden[355] schreien, ich wisse das nächste nicht, wisse nichts von der Gemeinschaft. Die Narren! Aber auf der andern Seite muß ich mir selbst vor Gott gestehen, daß in gewissem Sinne etwas Wahres daran ist, nur nicht wie die Leute es verstehen, daß nämlich stets, wenn ich erst die eine Seite recht deutlich und scharf ans Licht gebracht habe: dann die andere sich um so stärker geltend macht.

Nun habe ich mein Thema für das nächste Buch. Es soll heißen:

Der Liebe Tun.

*

VIII A 19 Über das Verhältnis zwischen den guten Werken und dem Glauben[356].

Die guten Werke im Sinne von Verdienstlichkeit sind Gott natürlich ein Greuel. Dennoch werden die Werke von einem Menschen gefordert. Aber sie sollen sein und doch nicht sein; sie sollen sein, und er soll doch demütig darüber unwissend sein, daß sie sind, oder daß sie etwas bedeuten sollten. Es ist, wie wenn eine Mahlzeit nur diese bestimmte Mahlzeit ist durch die Art, auf die sie aufgetischt wird: ebenso sollten die guten Werke in Demut, im Glauben aufgetischt werden. Oder es ist, wie wenn ein Kind den Eltern ein Geschenk macht, aber mit dem, was es selbst von den Eltern als Gabe bekommen hat: all das Anspruchsvolle, welches sonst darin liegt, daß man ein Geschenk macht, verschwindet, da das Kind von den Eltern die Gabe bekommen hat, die es den Eltern verehrt.

*

VIII A 55 Gebet

Vater im Himmel! Im Verhältnis zu einem Menschen geschieht es wohl zuweilen, daß wir eines sagen, während er zugegen ist, und leider, wenn er fortgegangen ist, etwas anderes, wir sprechen von ihm in seiner Gegenwart anders als in seiner Abwesenheit. O, aber du unser Gott, wie sollten wir von dir in deiner Abwesenheit sprechen können — du, der du allgegenwärtig bist, wie sollten wir anders von dir sprechen können, der du allezeit derselbe bleibst! So gib denn du, o Gott, daß wir uns befleißigen, der Geistes-Abwesenheit entgegenzuarbeiten, die uns einbilden will, du seist abwesend, auf daß wir zur Sammlung und Erbauung unsers Gemüts, zur Zucht und Läuterung des Sinns bedenken mögen, daß du allzeit gegenwärtig bist[357].

*

Das christliche gleich um gleich. Reden.

VIII A 114

Das Christentum hat abgeschafft: Auge um Auge und Zahn um Zahn[358], hat das Verhältnis umgekehrt, und dann ein gleich um gleich eingeführt: wie du dich zu den Menschen verhältst, so verhält Gott sich zu dir.

Vergebung ist Vergebung.
(Vergebet, so wird euch auch vergeben werden[359].
Vergib uns unsere Schuld, wie wir vergeben[360].)

Das Richten eines anderen *ist* sich selbst richten.

Wenn du dich *im Leben* mit deinem Widersacher versöhnst — so opferst du *vor dem Altar* Gott deine Gabe. (Denn wo Versöhnung geschieht, da ist der Altar, und die Versöhnung selbst ist das einzige Opfer, das auf Gottes Altar geopfert werden kann[361].)

Im Neuen Testament wird es so dargestellt,
als sei es eine andere Gabe, die er opferte:
geh zuvor hin, und versöhne dich, und
alsdann komm, und opfre deine Gabe[362].

*

Ein Künstler, ein Dichter, ein Wissenschaftler usw. kann gut das ganze Leben lang bewundert leben, und es ist ein Zufall, ob ein solcher verfolgt oder verhöhnt wird. Jeder solche verhält sich als Ungleichheit zum Allgemein-Menschlichen, und seine Leistung berührt nicht wesentlich die Existenz, da sie in der Welt der Einbildungskraft geschieht. Aber ein Ethiker muß wesentlich verfolgt werden — sonst ist er ein mäßiger Ethiker. Ein Ethiker verhält sich zum Allgemein-Menschlichen (also zu jedem Menschen, und zwar im Gleichmaß, nicht als Ungleichheit), und er verhält sich zu der menschlichen Existenz als eine Forderung. Wofern nun ein Ethiker sieht, daß man ihn bewundern will (was völlig richtig ist im Verhältnis zu einem Dichter, Künstler usw., da es das Verhältnis zur Ungleichheit ist), so muß er selbst einsehen, daß dies ein Betrug ist, eine Unwahrheit. Einen Ethiker sollen die Menschen nicht bewundern, sondern durch ihn sollen sie zum Ethischen befördert werden. Im gleichen Augenblick, da die Menschen Erlaubnis be- VIII A 160 kommen, einen Ethiker zu bewundern, machen sie ihn zum Genie, d. h. zur Ungleichheit — und das ist eben, ethisch, der schrecklichste Betrug, denn das Ethische ist das Allgemein-Menschliche und soll es sein. Ein Ethiker muß ständig festhalten und einschärfen, daß jeder Mensch ebensogut kann wie er. Schau, nun wird das Verhältnis verändert. Anstatt die Bewunderung der Menschen zu heischen (wogegen die Menschen gar nicht so abgeneigt sind, besonders wenn es ihrer Bequemlichkeit entgegenkommt, wie durch den Satz: er kann leicht, er ist Genie usw.), fordert er Existenz von ihnen. So werden sie denn zornig. Sie wollen ihn gern bewundern, um ihn loszuwerden, d. h. den Stachel in seiner Existenz, aber das Menschliche in ihm, daß er sagt: jeder andere Mensch kann ebensogut wie ich — das ist das Verhaßte, welches bewirkt, daß die Menschen ihn forthaben wollen.

Und daher kommt es wieder, daß, wenn er dann tot ist, sie ihn ehren; denn nun ist der Stachel von ihm genommen, der in der Gleichzeitigkeit liegt. Was der Einwand gegen eines solchen Ethikers Leben ist, solange er lebt, dasselbe ist die Lobrede über ihn, wenn er tot ist. Gibt der Ethiker nach, solange er lebt, dann behagt das der Welt einen Augenblick, aber es dauert nicht lange, bis sie selbst sagt, es sei doch Schwachheit von ihm — so viel Verstand hat die Welt doch für das Ethische. Will er aber nicht nachgeben, so erbittert die Welt sich, aber wenn er tot ist, sagt dieselbe Welt: es war doch richtig von ihm[363].

*

VIII A 189 Was Sokrates von der Liebe zum Häßlichen sagt[364], ist eigentlich die christliche Lehre von der Nächstenliebe. Der Häßliche ist nämlich der reflektierte, also der ethische Gegenstand, während der Schöne der unmittelbare ist, den wir deshalb alle mehr als gern lieben wollen. — In diesem Sinne ist „der Nächste“ der „Häßliche“.

*

VIII A 295 Wer von der Liebe der Selbstverleugnung sprechen soll, braucht sich gar keine besondere Mühe zu geben, um als der Selbstsüchtige zu erscheinen; denn ist er der wahrhaft Liebende, so muß die Welt ihn für den Selbstsüchtigen halten[365].

*

Zu einer Stelle in den christlichen Erwägungen, 2. Folge, Nr. VI: VIII A 298
daß es eine bedenkliche Sache sei, etwas Großes in der Welt zu werden[366] — hierzu muß bemerkt werden, daß das nicht in der Betrachtung als Staat der Fall ist. Dergestalt kann man von Mynster wohl sagen, er sei etwas Großes geworden, aber er hat eine starke Neigung, in der Minderzahl sein zu wollen.

*

Die Erwägung Nr. VII in der 2. Folge (über Barmherzigkeit)[367] VIII A 299
ist zugleich richtig gegen den Kommunismus gewendet. Es ist keine Kunst, von dergleichen in allgemeinen Ausdrücken zu sprechen, die nichts bedeuten, aber hier ist der Sache eine ganz andere Wendung gegeben, und freilich eine christliche.

*

Es denkt jetzt vermutlich niemand daran, daß zu dem Wort „Er- VIII A 308
wägungen" bereits ein Stichwort erschienen ist in der Einleitung einer der christlichen Reden, Nr. VI.[368]

*

In der Stelle über das Volk der Liebe[369] liegt zugleich ein Seiten- VIII A 309
hieb auf Grundtvig; denn es ist doch eigentlich Anmaßung, daß ein einzelnes Volk sich „das Volk der Liebe" nennen will, das ist eitel und selbstsüchtig.

ANMERKUNGEN DES ÜBERSETZERS

[172] fast: auch bei Kierkegaard deutsch.
[173] Vgl. Mark. 8,1–10.
[174] Vgl. auch Matth. 7,25.
[175] Vgl. Luk. 14,28.
[176] Vgl. 1. Kor. 14,26. Luther übersetzt: „Lasset es alles geschehen zur Besserung".
[177] wo offene Herzen sind: Dänisch „hvor der er Hjerterum"; wörtlich: „wo Herzensraum ist".
[178] Vgl. 1. Kor. 13,1.
[179] 1. Kor. 8,1.
[180] Vgl. 2. Kor. 12,19.
[181] Vgl. Sprüche 16,32.
[182] Kierkegaard spielt auf die Philosophie der Hegelianer an.
[183] Vgl. Mark. 4,26–29.
[184] Vgl. Matth. 7,4.
[185] Vgl. Luk. 7,47.
[186] Vgl. Jak. 1,19.
[187] Luther übersetzt „die Liebe eifert nicht".
[188] Luther übersetzt „sie rechnet das Böse nicht zu".
[189] Kierkegaard meint Abraham a Santa Clara; vgl. Papirer VII A 41.
[190] Vgl. Luk. 15,11–32.
[191] 1. Kor. 13,13.
[192] Vgl. zu den folgenden Ausführungen über das Verhältnis von Glaube und Wissen Papirer VII A 215 (diese deutsche Kierkegaard-Ausgabe, Tagebücher Band II, Seite 72f.) und Papirer VIII A 186: „Das Wissen ist das (im Sinne der Erhabenheit) unendlich Gleichgültige. Das Wissen ist wie ein Auktionator, der bei der Auktion das Dasein ausbietet. Der Auktionator sagt auch ‚10 Reichsbanktaler' (der Wert der Sache), aber das bedeutet nichts, erst wenn einer ruft ‚geboten': so sind 10 Reichsbanktaler geboten".
[193] Kierkegaard hat in den Ausführungen über Glauben (dänisch „Tro") und Mißtrauen (dänisch „Mistroiskhed") ein unübersetzbares Wortspiel. Man könnte dies Wortspiel festhalten, wenn man „Tro" hier mit „Vertrauen" übersetzte; damit ginge jedoch der Zusammenhang mit dem Gegenstand der Erwägung verloren: „Liebe glaubet alles".
[194] Vgl. hierzu Kierkegaards während der Arbeit an „Der Liebe Tun" entstandenen Entwürfe zur „Dialektik der Mitteilung"; diese deutsche

Kierkegaard-Ausgabe, Tagebücher Band II, Seite 113ff.

195 Kierkegaard hat in seiner Studentenzeit einen sehr starken Eindruck von Fichtes Schrift „Die Bestimmung des Menschen" empfangen (vgl. Papirer I A 68; diese deutsche Kierkegaard-Ausgabe, Tagebücher Band I, Seite 14). Man könnte in der hier dargelegten Unterscheidung von Wissen und Glauben einen Nachklang aus jener Fichteschen Schrift finden.

196 Gemeint ist Sokrates. Vgl. Diogenes Laertius II,5,31. Vgl. auch SV XI, 155f. (diese deutsche Kierkegaard-Ausgabe, 24./25. Abt., Seite 40f.).

197 Matth. 7,1.

198 Vgl. Matth. 10,28.

199 Vgl. oben Seite 21.

200 Vgl. Anm. 79.

201 Kierkegaard könnte hier an Sokrates denken.

202 Vgl. Röm. 5,5.

203 Vgl. Luk. 12,18.

204 Vgl. 1. Kor. 15,42ff.

205 Vgl. z.B. 2. Kor. 4,17.

206 Vgl. z.B. 1. Kor. 9,24f.

207 Vgl. hierzu Kierkegaards Predigt über die Himmelfahrtsgeschichte in der „Selbstprüfung", SV XIII, 341ff. (diese deutsche Kierkegaard-Ausgabe, 27./29. Abt., Seite 89ff.).

208 Vgl. 1. Kor. 13,13.

209 Vgl. Papirer VIII A 305 (diese deutsche Kierkegaard-Ausgabe, Tagebücher Band II, Seite 164).

210 Kierkegaards Äußerung über das Spiel der Verzweiflung mit der Möglichkeit paßt sehr gut zu der Art mancher romantischer Dichter, z.B. E. T. A. Hoffmanns, auch zu Kierkegaards eigener dichterischer Art in seiner romantischen Frühzeit. Insofern ergänzt diese Äußerung Kierkegaards negatives Urteil über den Dichter in Teil I (vgl. oben Seite 51ff).

211 Vgl. Joh. 15,9f.

212 Kierkegaard denkt an die „Büchse der Pandora"; vgl. Hesiod, „Werke und Tage", 94ff.

213 Vgl. Jak. 1,27.

214 Vgl. Röm. 5,4.

215 Bei dem, was das Leben von ihm geschieden hat, denkt Kierkegaard gewiß an seine ehemalige Braut Regine Olsen.

216 Vgl. oben Seite 144.

217 Vgl. 1. Mose 1,26f.

218 Vgl. Matth. 5,48.

219 Vgl. Matth. 19,17.

220 als solche: d.h. ohne daß sie von der Nächstenliebe übergriffen sind.

221 1. Kor. 3,21.

222 Vgl. Luk. 17,33.

223 Vgl. Anm. 164.

224 Vgl. Röm. 8,38.

225 Kierkegaard meint den römischen Kaiser Domitian; vgl. Sueton, Domitian III.

225a In polemischen Entwürfen gegen eine Ende 1846 erschienene Rezension seiner „Unwissenschaftlichen Nachschrift" schreibt Kierkegaard über den Zusammenhang von Stolz und Demut folgendes: „Denn so wunderlich ist es: während in den Kirchen doch oft genug gegen den Stolz gepredigt wird, habe ich, der ich doch nicht ganz ohne psychologische Kenntnis der Menschen bin, niemals einen einzigen getroffen, dem ich bescheinigen würde, daß er in Wahrheit stolz wäre. Aber vielleicht kommt das daher, daß die Pfarrer eifrig dagegen predigen. Vielleicht; aber die Pfarrer predigen ja auch gegen die Eitelkeit; und ich werde niemals leugnen, daß ich sehr viele Menschen gekannt habe, denen ich bescheinigen werde, daß sie eitel sind. Ist das nicht doch sonderbar! Und im Grunde ist es noch viel sonderbarer, denn während ich doch nicht ganz unbekannt bin mit den schriftlichen und mündlichen Vorträgen der Herren Pfarrer über den Stolz: bin ich es der Wahrheit schuldig, zu gestehen, daß ich nicht einen einzigen Pfarrer gefunden habe, der eigentlich wußte, was Stolz sei. So stolz bin ich; und das ist ganz folgerichtig; denn Stolz ist meines Erachtens etwas so Herrliches, daß jemand, der weiß, was er ist, ihn auch hat. Stolz ist Demut vor Gott und Demut vor Gott ist Stolz. Was die Menschen Stolz nennen, ist ein schmutziges Gemisch von Bescheidenheit und Eitelkeit." (Papirer VII[1] B 92, Seite 306).

226 Vgl. Anm. 220.

227 Kierkegaard meint die Ironie.

228 Kierkegaard meint den Sokrates.

228a Vgl. SV IV, 276 (diese deutsche Kierkegaard-Ausgabe, 11./12. Abt., Seite 3).

229 Vgl. Platons Theätet 149a.

230 Platon, Theätet 151 (vgl. diese deutsche Kierkegaard-Ausgabe, 10. Abt., Anm. 54).

230a Zu dem vorhergehenden Absatz findet sich in Kierkegaards vorläufiger Ausarbeitung folgende Randbemerkung: „Denn wer arbeiten will, muß zugleich sich selbst behaupten, er wird kenntlich, und braucht zugleich einige Kraft zur Selbstbehauptung; aber der Liebende ist, im Sinne des Denkens, bereit, gänzlich zugrunde zu gehen, Grundlage für andere zu werden, und deshalb wird er unkenntlich in der Selbstaufopferung". (Papirer VIII B 55,8).

231 Vgl. 1. Petri 4,8.

232 Vgl. oben Seite 200.

233 Vgl. 1. Joh. 4,18.

234 Vgl. 1. Joh. 4,17.

235 Richter 14,14.

236 Vgl. Luk. 7,47.

237 Vgl. Polydeukes, Onomastikon I, 45–46.

238 Vgl. 1. Kor. 14,20.

[238a] Vgl. Platon, Phaidros 22.23.48.
[239] Zitat aus einem Choral des dänischen Choraldichters Thomas Kingo („Gak under Jesu kors at staa"; heutiges dänisches Gesangbuch Nr. 166).
[240] Vgl. Daniel 3,21–30.
[241] Dies leidenschaftliche Urteil Kierkegaards über den gewissenlosen Sensationsjournalismus hat seinen Erlebnishintergrund in Kierkegaards Auseinandersetzung mit dem „Corsaren"; vgl. diese deutsche Kierkegaard-Ausgabe, 32. Abt.
[241a] Vgl. 2. Kor. 4,18.
[242] Kierkegaard hat das kritische Verhältnis zu den biblischen Texten seitens der beginnenden liberalen Theologie ohne weiteres für einen Ausdruck des Unglaubens gehalten. Vgl. dazu: Hayo Gerdes, Das Christusbild Sören Kierkegaards, Düsseldorf-Köln 1960, Seite 27ff.
[243] Vgl. Jes. 38,17.
[244] Vgl. Hebr. 11,1.
[245] Vgl. hierzu Kierkegaards Ausführungen über „die Fortsetzung der Sünde" in der „Krankheit zum Tode"; SV XI, 215ff. (diese deutsche Kierkegaard-Ausgabe, 24./25. Abt., Seite 105ff.).
[246] Vgl. Röm. 7,8.
[247] Matth. 18,7.
[248] Vgl. Luk. 10,20.
[249] Vgl. Röm. 8,38.
[250] 1. Kor. 13,8.
[251] Das Zitat ist nicht nachgewiesen.
[252] Vgl. 1. Mose 1,3.
[253] Kierkegaard hat hier ein unübersetzbares Wortspiel zwischen „Es werde" (dänisch „bliv") und „Ich bleibe" (dänisch „jeg bliver"), welches darauf beruht, daß das Dänische für „werden" und „bleiben" nur ein Wort hat.
[254] Kierkegaard meint Quintus Fabius Maximus, genannt „Cunctator".
[255] Vgl. Anm. 251.
[256] Vgl. oben Seite 276.
[257] von häuslicher Emsigkeit: Noch in Kierkegaards Druckmanuskript heißt es statt dessen: „von Kochen und Kinderzeugen".
[258] Vgl. den Anhang, unten Seite 442.
[259] Hebr. 13,16.
[260] Vgl. diese deutsche Kierkegaard-Ausgabe, 4. Abt., Anm. 39.
[261] Vgl. Jak. 5,9.
[262] Vgl. Matth. 23,14.
[263] Vgl. Matth. 6,3.
[264] Vgl. Luk. 10,30ff.
[265] Vgl. Mark. 12,41–44.
[266] ein Land des Elends: in Kierkegaards Druckmanuskript heißt es statt dessen: „eine Hölle".
[267] Jugurtha, nach Sallust, Jugurtha 35.
[268] Das sagt Sokrates von sich in Platons Apologie 19 e und 33 b.

269 Vgl. 1. Kor 4,12 und 1. Thess. 2,9.

270 Nach Ausweis des Druckmanuskripts meint Kierkegaard mit dem Menschenverkauf die Zuhälterei.

271 Nach Sueton, Vespasian 23 und Cassius Dio LXVI,14 hielt der römische Kaiser Vespasian seinem Sohn Titus, nachdem dieser ihn wegen einer auf Bedürfnisanstalten gelegten Steuer getadelt hatte, das eingekommene Geld unter die Nase und fragte, ob es stinke; daher sprichwörtlich: es stinkt nicht (non olet).

272 Vgl. Eph. 5,2; Phil. 4,18.

273 Vgl. Luk. 16,19–31.

274 Vgl. Luk. 10,25–37.

275 Vgl. Papirer VIII A 88 (diese deutsche Kierkegaard-Ausgabe, Tagebücher, Band II, Seite 96 und dazu die dortige Anmerkung 243).

276 Nach Mitteilung der dänischen Herausgeber handelt es sich um einen in Dänemark weit verbreiteten Steindruck, der den Kommandeur P. N. Sølling darstellt. Eine um 1800 von Sølling neu eingeführte Art von Lotsenboot wurde nach ihm genannt.

277 Vgl. Anm. 276. Kierkegaard erwähnt die Bildaufschrift auch im Tagebuch: Papirer VIII A 207.

278 Apg. 3,1ff. Vgl. auch diese deutsche Kierkegaard-Ausgabe, 18. Abt., Seite 362.

279 Luther übersetzt: „Alles wohl ausrichten und das Feld behalten".

280 Vgl. Röm. 8,37. Luther übersetzt: „Aber in dem allen überwinden wir weit . . ."

281 Nach Plutarch, Pyrrhus 21, soll Pyrrhus, der König von Epirus, nach der gewonnenen Schlacht von Asculum ausgerufen haben: „Wenn wir noch einen solchen Sieg über die Römer gewinnen, sind wir gänzlich verloren."

282 Vgl. Röm. 12,21.

283 Matth. 5,23f.

284 Matth. 5,25.

285 2. Kor. 5,20.

286 Vgl. 1. Joh. 4,19.

287 Kierkegaards Wortspiel zwischen „gewinnen" (dänisch „vinde") und „überwinden" (dänisch „overvinde") läßt sich im Deutschen nur unvollkommen wiedergeben.

288 Man vergleiche Kierkegaards Darstellung seines Verhältnisses zu seiner Braut während der Zeit der Verlobung in der Aufzeichnung Papirer III A 133 (diese deutsche Kierkegaard-Ausgabe, Tagebücher, Band I, Seite 259).

289 Während der Arbeit an der Erwägung Nr. VII hat Kierkegaard den dänischen König Christian VIII. besucht; vgl. Papirer VIII A 294 (diese deutsche Kierkegaard-Ausgabe, Tagebücher, Band II, Seite 156).

290 Vgl. oben Seite 118.

291 Das Zitat ist nicht nachgewiesen.

292 Psalm 137,5f.

293 Vgl. Luk. 6,32–34; Luk. 14,12–14.
294 Vgl. Luk. 18,2–5.
295 Vgl. den Anhang, unten Seite 441.
296 Dies Urteil ließe sich auf weite Bereiche des naturwissenschaftlichen Denkens im 19. Jahrhundert beziehen. Kierkegaard hat sich in den letzten Monaten des Jahres 1846 nach Ausweis der Tagebücher besonders gründlich mit den durch die Naturwissenschaft gestellten ethisch-religiösen Fragen beschäftigt; vgl. dazu diese deutsche Kierkegaard-Ausgabe, 17. Abt., Seite 121–140, besonders Seite 139f.
297 In einem Entwurf zur 10. Erwägung schreibt Kierkegaard in diesem Zusammenhang: „Dann entdeckt man nach innen hin den Pfahl im Fleisch – daß Gott es ist, der alles gibt, daß man selbst überhaupt nichts vermag" (Papirer VIII B 58,3).
298 Vgl. Mark. 8,35.
299 Vgl. Herder, Sämtliche Werke, Zur schönen Literatur und Kunst, Teil 16, Stuttgart 1829, Seite 114. Das Wort sollte ursprünglich als Motto zu „Furcht und Zittern" stehen; vgl. Papirer IV A 126 (diese deutsche Kierkegaard-Ausgabe, Tagebücher, Band I, Seite 309). Auch in der unmittelbar nach Vollendung von „Der Liebe Tun" niedergeschriebenen Tagebuchnotiz VIII A 271 (diese deutsche Kierkegaard-Ausgabe, Tagebücher, Band II, Seite 160ff.) spricht Kierkegaard unter Bezugnahme auf „Furcht und Zittern" davon, daß jetzt wieder die meisten nicht verstünden, wovon er spreche.
300 Vgl. SV VI, Seite 415. 437f. (diese deutsche Kierkegaard-Ausgabe, 15. Abt., Seite 474. 500f.).
301 Vgl. Anmerkung 48.
302 Vgl. oben Seite 34ff.
303 Vgl. z.B. den Beginn der Odyssee: „Sag mir den Mann, o Muse, den vielverschlagnen ... Dies und anderes künd auch uns mit Gunsten, o Göttin!"
304 Vgl. Luk. 17,10.
305 Vgl. den Anhang, unten Seite 440.
306 2. Kor. 5,11. Luther übersetzt: „fahren wir schön mit den Leuten".
307 Vielleicht liegt in diesem Gedanken der Keim zu Kierkegaards Schrift „Hat ein Mensch das Recht, sich für die Wahrheit totschlagen zu lassen?". Jedenfalls hat er die erste Skizze dazu unmittelbar nach Abgabe des Manuskripts von „Der Liebe Tun" ins Tagebuch geschrieben (Papirer VIII A 271; diese deutsche Kierkegaard-Ausgabe, Tagebücher, Band II, Seite 160–162). Vgl. auch Anmerkung 299.
308 Vgl. Papirer VIII A 627 (diese deutsche Kierkegaard-Ausgabe, Tagebücher, Band II, Seite 223).
309 Dieser Satz des Sophisten Protagoras findet sich bei Platon: Theätet 152 A. Vgl. auch SV IV, 205f. (diese deutsche Kierkegaard-Ausgabe, 10. Abt., Seite 36), ebenso Papirer VII A 235 (diese deutsche Kierkegaard-Ausgabe, Tagebücher, Band II, Seite 238).
310 Vgl. 1. Thess. 4,1.

311 Kierkegaard denkt hier an die „Treffen“ der damaligen nationaldemokratischen Bewegung, bei denen neben den nationaldemokratischen Parteigrößen gelegentlich z. B. auch Grundtvig sprach; vgl. Papirer VII A 96 (diese deutsche Kierkegaard-Ausgabe, Tagebücher, Band II, Seite 45 f.).

312 Vgl. Platon, Apologie 24 e. 25 a.

313 Dies ist eine der ersten Stellen, an denen der für Kierkegaard später so wichtige Begriff des „Wahrheitszeugen“ auftaucht; vgl. H. Gerdes, Sören Kierkegaard, Berlin 1966, Seite 85 f. 114.

314 Vgl. den Anhang, unten Seite 443.

315 Sokrates in Platons Symposion.

316 Vgl. Eph. 4,30.

317 Vgl. den Anhang, unten Seite 443.

318 Vgl. Platon, Symposion 210 bc.

319 Vgl. den Anhang, unten Seite 442.

320 In der vorläufigen Ausarbeitung hatte der hier beginnende Schluß der 10. Erwägung folgende Gestalt: „So verhält die Sache sich, wenn man einen Augenblick die Wirklichkeit vergißt und das ganze Verhältnis in die Welt der Einbildungskraft überführt. Aber in den Verhältnissen der Wirklichkeit wird die aufopfernde Uneigennützigkeit der Wahrheitsliebe erfordert, auf daß man wahr von der Liebe sprechen könne“.

321 Hebr. 1,1.

322 1. Joh. 4,7.

323 Vgl. 1. Kor. 1,23.

324 2. Mose 21,24.

325 Matth. 8,13.

326 Man vergleiche mit diesen Ausführungen Kierkegaards Luthers Satz aus dem „Sermon zu Leipzig“ (WA II, 249): „Wann so jemand daran zweifelt: und nit fest dafür hält, er hab einen gnädigen Gott, der hat ihn auch nit. Wie er glaubt, so hat er . . . glaubt er es, so ist er selig, glaubt er es nit: so ist er verdammt.“

327 Bedenken getragen hat: Dänisch „har taget i Betaenkning“; die dänische Redewendung bedeutet eigentlich nur „in Erwägung ziehen“. Jedoch kann nach älterem dänischem Sprachgebrauch das Wort „Betaenkning“ auch die Bedeutung „Bedenklichkeit“ haben. Der Zusammenhang legt nahe, daß Kierkegaard hier den älteren Sprachgebrauch zu einer dem Deutschen „Bedenken tragen“ entsprechenden Wendung benutzt.

328 Vgl. 1. Joh. 4,18.

329 Nach Ausweis der Entwürfe bezieht Kierkegaard sich hier auf „die bequeme, feige, furchtsame Orthodoxie“ (Papirer VIII B 65).

330 Vgl. Gal. 6,7.

331 Matth. 6,14.

332 Kierkegaard benutzt im folgenden eine Tagebuchaufzeichnung aus dem Herbst 1846 (Papirer VII A 87; diese deutsche Kierkegaard-Ausgabe, Tagebücher, Band II, Seite 43).

333 In den Entwürfen hat Kierkegaard hier noch folgenden Nachsatz:

„– denn um es scherzend auszudrücken (und wahrlich, der Scherz hat auch seine Berechtigung im Ernst), vor Gott sind wir nicht bloß alle Jüten, sondern wir sind alle Räuber“ (VIII B 71,42). „Vor Gott sind wir alle Jüten“ ist eine dänische Redensart, etwa der Bedeutung: „Vor Gott sind wir alle gleichermaßen unvollkommen“; die Jüten galten als besonders einfältig.

334 Matth. 7,3.

335 Es handelt sich um Abraham a St. Clara. Kierkegaard war im Besitz dessen sämtlicher Werke (Passau und Lindau, 1835ff.), in denen er zahlreiche Stellen mit dem Bleistift angestrichen hat; darunter in Band 15/16, Seite 148, auch folgende Stelle: „Hieraus, sagt der heilige Dorotheus Serm. 6, sey abzunehmen, daß unser Heiland die Sünde des Nächsten verglichen habe einem Splitter; das Urtheil aber über selbige habe er verglichen einem Balken: also sündiget viel gröber derjenige, so den Sünder urtheilet, als wann er die Sünde des verurtheilten Menschen selbst beginge; dahero fährt der mehrgemeldte heilige Mann fort, und sagt: eine so schwere Sünde ist es, seinen Nächsten richten, daß selbige schier alle Sünden an Bosheit übertreffe.“

336 Vgl. Jak. 1,17.

337 eines anderen Verdienst: verstehe: das Verdienst Christi.

338 Vgl. Matth. 5,8.

339 Vgl. Anm. 139.

340 Vgl. 2. Kor. 10,8; 12,19.

341 Matth. 16,4.

342 Vgl. 2. Kor. 11,23.

343 Zwar hat Kierkegaard aus dem Verkauf seiner Bücher eine Einnahme erzielt, welche die reinen Herstellungskosten um ein geringes überstieg. Bringt man jedoch in Anrechnung, daß Kierkegaard seine gesamte Arbeitskraft für die schriftstellerische Arbeit verbraucht hat, so ist, rein finanziell betrachtet, seine Schriftstellerei ein Verlustgeschäft ungeheuerlichen Ausmaßes gewesen. Kierkegaard hat im wesentlichen vom Verzehr seines vom Vater ererbten, beträchtlichen Vermögens gelebt. Bei seinem Tode reichten seine flüssigen Mittel gerade noch zur Bezahlung seines Begräbnisses.

344 Kierkegaard meint wohl den Kreis um Heiberg; vgl. H. Gerdes, Sören Kierkegaard, Berlin 1966, Seite 15f.

345 Kierkegaard spielt hier und im folgenden auf den „Corsarenstreit“ an. Vgl. diese deutsche Kierkegaard-Ausgabe, 32. Abt.

346 Vgl. Shakespeare, Heinrich IV., I. Teil, 3. Aufzug, 2. Auftritt; vgl. auch Papirer VII A 105 (diese deutsche Kierkegaard-Ausgabe, Tagebücher Band II, Seite 51f.).

347 Nach Ausweis der Entwürfe meint Kierkegaard hier einen artesischen Brunnen.

348 Kierkegaard könnte hier an P. L. Møllers Rezension der „Stadien auf des Lebens Weg“ denken; vgl. diese deutsche Kierkegaard-Ausgabe, 32. Abt., Seite 155ff.

349 Noch heute gehört Dänemark zu den vereinsfreudigsten Ländern

Europas.

350 Kleinstadt: Dänisch „Kjøbstadt". Das dänische Wort klingt an Kopenhagen („Kjøbenhavn") an.

351 Kierkegaard meint hier natürlich die bis 1848 in Dänemark noch aufgeklärt-absolutistische Regierung des Königs.

352 Vgl. Jes. 3,4.

353 Vgl. Platon, Apologie 18.

354 Vgl. Seite 414f.

355 Vgl. SV VIII, Seite 107ff. (diese deutsche Kierkegaard-Ausgabe, 18. Abt.).

356 Vgl. Seite 146.

357 Vgl. Seite 401.

358 Vgl. Seite 412.

359 Vgl. Seite 416.

360 Vgl. Metth. 6,12.

361 Die Randbemerkung wird in der dänischen Ausgabe der Tagebücher als besondere Ziffer VII A 115 gezählt.

362 Matth. 5,24.

363 Vgl. Seite 393.

364 Vgl. Seite 408.

365 Vgl. Seite 406f.

366 Vgl. Seite 360.

367 Vgl. Seite 347.

368 Vgl. SV VIII, 385ff. (diese deutsche Kierkegaard-Ausgabe, 18. Abt., Seite 320ff.).

369 Vgl. Seite 408.

Sören Kierkegaard Gesammelte Werke in GTB Siebenstern

600 Entweder/Oder – Erster Teil, Band 1
601 Entweder/Oder – Erster Teil, Band 2
602 Entweder/Oder – Zweiter Teil, Band 1
603 Entweder/Oder – Zweiter Teil, Band 2
604 Furcht und Zittern
605 Die Wiederholung · Drei erbauliche Reden 1843
606 Erbauliche Reden 1843/44
607 Philosophische Brocken
608 Der Begriff Angst · Vorworte
609 Erbauliche Reden 1844/45
610 Stadien auf des Lebens Weg, Band 1
611 Stadien auf des Lebens Weg, Band 2
612 Abschließende unwissenschaftliche Nachschrift zu den Philosophische Brocken / Erster Teil
613 Abschließende unwissenschaftliche Nachschrift zu den Philosophischen Brocken / Zweiter Teil
614 Eine literarische Anzeige
615 Erbauliche Reden in verschiedenem Geist

006 A

Gütersloher Verlagshaus Gerd Mohn

Sören Kierkegaard Gesammelte Werke in GTB Siebenstern

616 Der Liebe Tun, Band 1
617 Der Liebe Tun, Band 2
618 Christliche Reden 1848
619 Kleine Schriften 1848/49
620 Die Krankheit zum Tode (Bereits erschienen als GTB 422)
621 Einübung im Christentum
622 Erbauliche Reden 1850/51 · Zur Selbstprüfung der Gegenwart anbefohlen · Urteilt selbst
623 Erstlingsschriften
624 Über den Begriff der Ironie mit ständiger Rücksicht auf Sokrates, Band 1
625 Über den Begriff der Ironie mit ständiger Rücksicht auf Sokrates, Band 2
626 Kleine Aufsätze 1842–1851 · Der Corsarenstreit
627 Die Schriften über sich selbst
628 Der Augenblick
629 Briefe
630 Das Buch über Adler
631 Registerband

006 B

Gütersloher Verlagshaus Gerd Mohn